A DANÇA DO SAGRADO FEMININO

Iris J. Stewart

A DANÇA DO SAGRADO FEMININO

O Despertar Espiritual da Mulher através da Dança, dos Movimentos e dos Rituais

Tradução
Claudia Gerpe Duarte e Eduardo Gerpe Duarte

Editora Pensamento
SÃO PAULO

Título original: *Sacred Woman, Sacred Dance.*
Copyright © 2000, 2013 Iris Stewart.
Copyright da edição brasileira © 2016 Editora Pensamento-Cultrix Ltda.
Publicado nos Estados Unidos pela Inner Traditions, uma divisão da Inner Traditions International, Rochester, Vermont.
Publicado mediante acordo com Inner Traditions International.
1ª edição 2016.
2ª reimpressão 2019.

Todos os direitos reservados. Nenhuma parte deste livro pode ser reproduzida ou usada de qualquer forma ou por qualquer meio, eletrônico ou mecânico, inclusive fotocópias, gravações ou sistema de armazenamento em banco de dados, sem permissão por escrito, exceto nos casos de trechos curtos citados em resenhas críticas ou artigos de revista.

A Editora Pensamento não se responsabiliza por eventuais mudanças ocorridas nos endereços convencionais ou eletrônicos citados neste livro.

Créditos: Frontispício, "Celebration", de G. E. Mullen, ladrilho de cerâmica.
Pág. 6, Betsey Beckman, membro da Sacred Guild Dance, dançando *Rite of Sprinkling*. Pág. 183, dançarinas do Bharata Natyam, do sul da Índia.
Fotografia de Payson Stevens

Editor: Adilson Silva Ramachandra
Editora de texto: Denise de Carvalho Rocha
Gerente editorial: Roseli de S. Ferraz
Produção editorial: Indiara Faria Kayo
Assistente de produção editorial: Brenda Narciso
Editoração eletrônica: Join Bureau
Revisão: Vivian Miwa Matsushita

Dados Internacionais de Catalogação na Publicação (CIP)
(Câmara Brasileira do Livro, SP, Brasil)

Stewart, Iris J.
 A dança do Sagrado Feminino : o despertar espiritual da mulher através da dança, dos movimentos e dos rituais / Iris J. Stewart. – São Paulo : Pensamento, 2016.

 Título original: Sacred woman, sacred dance
 Bibliografia.
 ISBN 978-85-315-1940-6

 1. Dança para mulheres – Aspectos religiosos 2. Mulheres – Vida religiosa 3. Vida espiritual I. Título.

16-01165   CDD-204.4

Índices para catálogo sistemático:
 1. Dança do Sagrado Feminino : Vida espiritual   204.4

Direitos de tradução para o Brasil adquiridos com exclusividade pela
EDITORA PENSAMENTO-CULTRIX LTDA., que se reserva a
propriedade literária desta tradução.
Rua Dr. Mário Vicente, 368 – 04270-000 – São Paulo – SP
Fone: (11) 2066-9000
http://www.editorapensamento.com.br
E-mail: atendimento@editorapensamento.com.br
Foi feito o depósito legal.

Dedico este livro a Minnie Leigh Evans Stewart,
a menina que ousou dançar!

E a Drew Stewart e Phoebe e Henry Washer,
todos dançarinos!

SUMÁRIO

Agradecimentos
9

Prefácio da Edição Brasileira
11

Introdução:
Em Busca da Dança Sagrada da Mulher
21

PRIMEIRA PARTE
No Princípio Havia a Dança

1 A Deusa Dançou
39

2 A Sacerdotisa Dançou
59

3 Dançando através da Teologia
89

4 WomanDance
125

5 O Traje da Dançarina: Simbólico e Glorioso
155

SEGUNDA PARTE
A Dança Sagrada Moderna Hoje

6 Dança Moderna: a Dança Sagrada da Eternidade
185

7 A Dança da Lua
209

8 O Círculo Sagrado
219

9 A Dança da Serpente
229

10 A Dança da Lamentação
241

11 O Ritmo Universal: a Dança do Tambor
253

12 O Extático e o Transcendental
265

13 A Dança dos Elementos
283

14 A Dança do Espelho
299

15 Chaves para Entrar em Contato com a Espiritualidade
por meio da Dança Sagrada
305

Recursos
315

Notas
321

Bibliografia
335

Agradecimentos

Desejo expressar a minha gratidão e reconhecimento a todos aqueles que ajudaram a transformar uma nova visão da herança espiritual das mulheres do antigo passado em uma estrutura aplicável à nossa vida atual. Ao meu editor, Ehud Sperling, por se mostrar aberto a uma visão da história das mulheres não encontrada nos registros escritos lineares tradicionais e pelo seu apoio ao projeto ao longo das suas diversas fases; aos meus editores na Inner Traditions, Robin Dutcher e Jeanie Levitan, por ajudar a colocar em foco os muitos aspectos variados, porém intricadamente relacionados, que se aglutinam para formar um estudo coerente da maneira de as mulheres expressarem o Divino. Muito obrigada a Hal Zina Bennett, o meu agente, pelo seu incentivo e apoio. Um reconhecimento especial a Elizabeth Fisher, cuja experiência como escritora, editora e produtora, bem como a sua forte dedicação à meta de tornar estas informações exclusivas e essenciais disponíveis para as mulheres, me ajudaram a permanecer concentrada e no caminho certo durante todo o processo.

Sou grata àqueles que me ajudaram a trazer o registro ainda existente das realizações das mulheres na Antiguidade para uma realidade visual *in loco*, onde elas realmente aconteceram em todo o mundo; especialmente a Carol Christ, Melissa Miller, Resit Ergener e outros. Também quero agradecer às numerosas pessoas que contribuíram com fotos, ilustrações e imagens gráficas, e que auxiliaram na parte da informática, e à ajuda e conselhos no trabalho descomunal de localizar fotos e outros recursos, entre elas Drew Stewart Washer, Gayla Meredyth Yates, David Washer, Elizabeth Artemis Mourat, Leslie Cabarga e Jody Lyman.

AUTORA IRIS STEWART.
FOTOGRAFADA POR
ARNOLD SNYDER.

Prefácio da Edição Brasileira

Nada é mais mágico do que uma história cujo tempo chegou. Há algo da Divina Providência no *timing*, no momento que descobrimos um livro, ou no momento que o livro nos descobre. Uma vida nas artes e nos mistérios me ensinou que as histórias procuradas por nossa alma também estão à nossa procura. Elas nos chamam através das páginas da história, das artes, e através das agitações coletivas de nosso inconsciente coletivo. Elas nos chamam para o poço de memória sagrada onde os nossos sonhos mais profundos esperam o clarão de reconhecimento, aquele momento de ressonância que move o ser inteiro com uma inspiração sublime demais para palavras. Ao mergulhar, descobrimos que é a narrativa certa, no momento histórico certo, no momento certo de nossas vidas.

Quando abrimos um livro e descobrimos que a jornada do escritor é a nossa própria jornada, nos enchemos dos sentimentos de afinidade, serendipidade, e sim – Divina Providência que vem quando encontramos um companheiro de jornada. Alguém que trilhou, assim como nós, os mesmos caminhos, que tem conhecimento rico para compartilhar que pode nos ajudar ao longo do nosso caminho. Foi assim que me senti quando folheei *A Dança do Sagrado Feminino* pela primeira vez, e é assim que eu imagino que você vai se sentir agora que já deu o primeiro passo para o mundo maravilhoso que espera por você.

A dança do Sagrado Feminino é bastante antiga, como Iris Stewart demonstra nestas páginas, mas somente nas últimas décadas entrou em foco, especialmente no Ocidente. Um de seus primeiros arautos, Isadora Duncan, proclamou sua visão da dançarina do futuro como uma sacerdotisa da dança que iria trazer uma nova realidade humanista para um mundo desprovido de beleza e verdade.

Mais de um século atrás, ela profetizou a chegada da dançarina do futuro – não uma dançarina no sentido redutivo e performático, mas uma obra de arte viva, e um canal para a força divina de inspiração:

> A dançarina do futuro será aquela cujo corpo e cuja alma têm crescido tão harmoniosamente que a linguagem natural da alma se tornará o movimento do corpo [...] [Ela] não pertence a nenhuma nação, mas a toda humanidade [...] [ela vai dançar] na forma de mulher em sua maior e mais pura expressão. De todo seu corpo brilhará inteligência radiante, trazendo ao mundo a mensagem dos pensamentos e aspirações de milhares de mulheres. Ela vai dançar a liberdade da mulher [...] [Ela será] o espírito livre que irá habitar o corpo da Nova Mulher – a maior inteligência no corpo mais livre. (Isadora Duncan, *The Art of the Dance*, 1928, pp. 62-63)

As sementes plantadas por essa visão profética estão brotando em todo o planeta enquanto as mulheres despertam para o chamado da Deusa e respondem ao Seu convite para a dança sagrada. Ao entrar na dança, elas descobrem um templo de sabedoria atemporal em que passado, presente e futuro se fundem em um eterno agora; uma plenitude de presença que cura o corpo, a mente, o espírito e a comunidade.

O livro de Iris Stewart é mais do que apenas um convite para esta dança. É uma linha do tempo brilhando com nossas danças e dançarinas antigas e contemporâneas; uma galeria das culturas e indivíduos que têm mantido a dança viva por tanto tempo nos recantos secretos da alma feminina. Cada página traz novos tesouros inspiradores, sejam os costumes de outras culturas, imaginações despertadas por civilizações arcaicas e antiguidades da arte, ou a prosa sensível de Iris Stewart.

Publicado no alvorecer da Era da Informação em 2003, esta obra de referência surgiu como um mapa da dança sagrada para as mulheres buscadoras de todo o mundo. Mais do que nunca, tornou-se possível escutar nossos corações, sonhos e desejos com a liberdade de investigação que veio com a internet. Portas foram se abrindo lentamente, e as fronteiras desaparecendo.

Mulheres em qualquer lugar podiam digitar as palavras-chave "Dança", "Sagrada" e "Feminina" e em segundos encontrar uma riqueza de conhecimento, sabedoria e inspiração sobre o tema. Com o aumento da consciência do princípio feminino da divindade cósmica no século XX, tornou-se possível ampliar a nossa vista em todos os continentes e culturas e descobrir que as mulheres já estavam dançando com a Deusa em todos os lugares. Quando este livro foi lançado, ele mostrou que as raízes da dança sagrada feminina encontravam-se muito mais profundas e arraigadas do que imaginávamos.

Essas mesmas palavras-chave me guiaram até o livro em 2003. Eu estava cada vez mais ritualizando a minha própria prática da dança, e começando a buscar algo além da coreografia e de técnicas. Quis responder à minha ânsia de significado mais profundo e experiência transcendente através da dança. Embora eu já fosse uma dançarina oriental estabelecida, estava profundamente movida a buscar meu caminho através da natureza, metáforas, mitos, e uma longa história pessoal com os ritos da Deusa. Senti que juntando essas ferramentas podia revelar um motivo e método Divino para a dança. Quando folheei *A Dança do Sagrado Feminino* pela primeira vez, foi como um *flash* luminoso, uma sinapse saltando da mente da autora para a leitora. O livro iria se tornar um catalisador para a revolução pessoal que eu tinha iniciado com a busca do sagrado na dança.

Comecei a refletir sobre os momentos em minha vida quando eu tinha sentido o êxtase de cura transcendente; aqueles momentos em que eu me dissolvia no Todo e trocava meu ego por minha alma. Vi que os rituais mais catárticos e curativos haviam sempre me envolvido em algum tipo de movimento, seja nos ritos de umbanda do meu Brasil adotado ou nos retiros xamânicos e círculos de tambor Wicca que eu frequentava nos Estados Unidos. O êxtase estava lá para ser acessado, e o caminho para o espírito desceu primeiro pelo corpo.

Lembrei-me de meus anos turbulentos de faculdade, com o peso da carga horária integral e de três empregos sobre meus ombros. Eu teria enlouquecido se não fossem as rodas de pogo que aconteciam na cena de rock industrial e punk que eu frequentava. Lembrei-me de como eu me entregava à espiral caótica de corpos enquanto a bateria e as guitarras gritantes exorcizavam minha angústia e eu me banhava em suor catártico. O tempo parava. Eu entrava em um estado liminar no qual era eu mesma e uma "não eu" ao mesmo tempo. Todos os outros jovens ao meu redor – nós éramos um. Socando o ar e balançando as nossas cabeças numa espiral fervilhante, nós transmutávamos nossa ansiedade juvenil em exuberância pura.

Esse período de reflexão me trouxe de volta às minhas raízes balcânicas e provocou um renascimento da tradição da dança dos Bálcãs na minha prática e em meu repertório. Lembrei-me de como eu me sentia na minha infância nas danças circulares do meu povo, a minha tribo na Macedônia. Uma memória celular ressonante evocou o sentimento de unidade – pés em sincronia rítmica, mãos juntando corações em uma dança espiral mais profunda do que a identidade étnica. Quando eu retomei essa dança já na fase adulta, percebi que era a dança da Terra – celebrando seus ciclos, sua generosidade e seu magnetismo. Com os grandes tambores de pele de cabra, *zurli* (*mizmars*) de paletas e gaitas de fole, eu afundava na alma do meu povo, a terra, e gerações de memória étnica que formam a base do meu ser.

Estava tudo ali o tempo todo, como uma pilha de gravetos esperando a faísca que surgiu assim que li *A Dança do Sagrado Feminino*. É um dos principais pontos fortes deste livro – sua capacidade de incendiar a imaginação e acionar o reconhecimento das semelhanças ocultas entre a dança e o universo. "A dança se torna sagrada à medida em que a beleza do movimento transmite o ideal divino. Na dança sagrada, somos encontrados e utilizados pela alma da natureza, cujas energias são percebidas ritmicamente como a contínua dança da vida e da forma". (p. 26).

Ela nos lembra que ritmos e formas foram essenciais para os antigos em sua busca pela união com a "divindade e o fluxo cósmico da existência", que traz maior significado espiritual para os padrões universais e as formas como espirais que caracterizam tantas danças sagradas. Eu espiralei de volta aos tempos e danças da minha juventude e estava prestes a espiralar adiante quando este livro apresentou duas mulheres que se tornariam minhas maiores mestras de dança sagrada: Isadora Duncan e Gabrielle Roth.

Ao longo dessa década estudando essas visionárias, eu me identifiquei profundamente com as revelações que elas trouxeram para o mundo. E ambas dançaram suas orações no conhecimento de que o corpo é o templo da alma e que a alma é o portal para o Divino.

Isadora procurou abrir o caminho entre a alma e o corpo através de um diálogo movido pela transcendência dos paradigmas sufocantes de nossa época. Seu motivo era o amanhecer de um novo humanismo universal. Inspirada pela natureza e pelo ideal grego, ela mergulhou na história e mitologia para entender os princípios inerentes no entendimento clássico grego das Leis Universais. Ela traduziu as leis de harmonia, proporção e movimento perpétuo em um "mito-poesia" de forma, movimento e ser, cuja beleza celebrou a união hierosgâmica entre arte, ciência, religião e filosofia de uma maneira totalmente nova. Na articulação de sua visão deslumbrante, ela incorporou a força inspiradora que acompanha grandes momentos históricos. Até a sua morte trágica foi de um modo mito-poético. A profetisa cumpriu sua missão, deixando uma obra transcendente e inspiradora para iluminar o caminho das dançarinas do futuro. Nada como uma história cujo tempo chegou!

Gabrielle propôs um mapa para o território entre corpo e alma, chamando pelo simples nome "êxtase" aquilo que Isadora denominou "A dança do futuro". "Um estado sem ego, de ser atemporal. É um estado de total alinhamento e união. União entre corpo, coração, mente, alma e espírito. É o que precisamos para curar nosso desmembramento psíquico." Ela nos convidou a "seguir o corpo como um mapa para o estado mais profundo de si mesmo", guiados pelos cinco ritmos da alma. Cinco ritmos, cinco modos de ser que ascendem, culminam e descem como uma onda ou uma história, a cada dança, a sua própria jornada, seu próprio processo alquímico.

Afinal de contas, é disso que se trata a dança do Sagrado Feminino – um processo transformador para superar o ego e aquietar a mente racional, desbloqueando o caminho e possibilitando nossa conexão com a fonte. Assim conectadas – com a ajuda das visões e mapas das grandes mestras, entramos em nosso próprio estado de ser ressonante. Aqui nossas percepções expandem na direção do Infinito até nos unirmos com a própria dança do Cosmos, que é o fluxo infinito da Luz que nos preenche e nos utiliza como instrumento da beleza que cura tudo ao seu redor. Essa cura é o Elixir que integra e traz uma totalidade sagrada, não só para indivíduos, mas para suas comunidades. E o cálice que oferece esse Elixir é a mulher.

A natureza da energia feminina é de fluir, conectar e transmitir em sucessão infinita. Como seres cíclicos, as mulheres ressoam com os grandes fluxos cíclicos da Terra e do Cosmos. Isadora Duncan expressou em palavras e na dança o que os antigos tinham conhecido durante milênios – que a mulher é um "elo na grande cadeia cósmica, e seu movimento deve ser uno com o grande movimento que atravessa o universo" (Duncan, 1928, p. 68). Com a consciência da Deusa entrando em um novo ciclo, é natural que sua sagrada dança de Luz também esteja nos abraçando. Muitas energias estão se movimentando em nosso momento histórico. Nós precisamos conectar muitos corpos, corações e almas com a Luz, para nos harmonizar na vitória do Bem.

Em seu capítulo sobre dança transcendente e extática, Stewart descreve o movimento da energia através das participantes de dança sagrada, unindo-as e invocando a presença de algo maior, contagioso e elevado, capaz de catalisar o relaxamento do ego e o alívio do medo de separação que são as nossas maiores barreiras para alcançar o êxtase. Com essas barreiras superadas, corações começam a se abrir e a confiança cresce, permitindo que a energia do grupo eleve em vibração e se dirija para objetivos positivos, como a restauração do equilíbrio e da paz. Para mim, esta é a mensagem mais urgente deste livro. É o chamado à ação para a comunidade mundial de almas femininas dançantes.

O processo de emancipação feminina no século passado trouxe consigo uma erosão de vários campos tradicionais da união entre as mulheres. Nas sociedades capitalistas caracterizadas pela divisão do trabalho, não temos mais tradição de nos unir e cooperar na colheita, na produção de conservas, na maternidade ou no artesanato como faziam nossas ancestrais. A tendência moderna é de levar vidas cada vez mais compartimentadas e fragmentadas no caos existencial do nosso tempo.

Horários, prazos, trânsito, corrupção e a repetição mecânica de tarefas diárias estrangularam nossa capacidade de buscar ou sentir êxtase. Nossas vidas ainda são regidas por narrativas patriarcais em que mergulhamos, como peixes inconscientes das águas que os rodeiam. Mulheres de toda parte adotam as táticas do patriarcado na luta diária pela sobrevivência em um mundo que nitidamente continua sob o controle masculino. Entre as nossas heranças, a sombra da concorrência é uma das mais tóxicas.

Enquanto em algumas esferas a concorrência é uma ferramenta de evolução, em outras é a intrusão insistente do ego, onde ele não tem lugar. *A Dança do Sagrado Feminino* demonstra amplamente que o caminho para a cura extática da Deusa deve superar o denso obstáculo de nosso ego para obter o Elixir. Isso é verdadeiro quanto à cura intrapessoal, na qual temos de sair da nossa própria frente e entregar nossas ilusões de identidade se quisermos ter acesso a nossa alma autêntica. É verdade quanto à cura interpessoal, na qual devemos exercer compaixão e empatia para promover a harmonia em nossos relacionamentos e comunidades. E é verdade quanto à cura transpessoal, na qual precisamos expandir nossa consciência e soltar nossos recipientes e etiquetas, para nos entregar ao fluxo cósmico.

Essa cura multifacetada é o dom da dança do Sagrado Feminino. Sua missão é a superação das barreiras pessoais e interpessoais, a fim de nos unir com o inspirador espírito que move a dança – a Deusa. Desafia-nos a purificar nossos motivos para a dança e elevar a nossa visão para uma nova plataforma de comunidade entre mulheres – uma em que o respeito mútuo e a alegria transcendente formam o antídoto para o desmembramento social e psíquico da vida moderna. Assim como nossos ancestrais instintivamente dançaram sua cura, nós também iremos recuperar nossos instintos e autenticidade através da dança sagrada. Dentro dessa dança do eterno agora, nós sentimos instintivamente que a dança do passado é a dança do futuro, e a de todos os tempos. E o futuro chegou.

E qual terreno mais fértil para a dança do futuro do que o país do futuro, o Brasil? Com a sua exuberante abundância natural e tradições sincréticas, já está firmemente enraizado em sólidas fundações arquetípicas. Da graça e do poder das ondas de Iemanjá para o êxtase sensual das cachoeiras de Oxum até a majestade das tempestades espirais de Oya, é nítido que a Deusa dançante já está aqui. Eu já tive a honra de dançar a Deusa com minhas irmãs brasileiras no seio da natureza, e é sempre uma experiência de cura imensa.

A canção icônica do Brasil, "Garota de Ipanema", é uma homenagem lírica à Deusa em movimento em seu lugar mais sagrado, a praia. A praia é o local de nascimento de Vênus, o reino de Iemanjá, e um dos corações da vida brasileira. O poeta canta como sua musa incorpora a beleza da natureza e compara seu andar sensual ao balanço rítmico das ondas do mar. Sensualidade é uma característica da vida aqui nesta terra de pessoas vibrantes e de coração aberto.

No entanto, o sensual e o lírico também lançam longas sombras. O Brasil não é um lugar fácil para ser mulher, pois nós vivemos em uma cultura popular enraizada nos paradigmas machistas do patriarcado. Uma das formas mais insidiosas em que essas forças impõem feridas na alma feminina é através das expectativas inatingíveis do culto competitivo de uma imagem corporal padronizada das brasileiras que passou a simbolizar o Brasil no imaginário internacional. É uma força cuja toxicidade muitas mulheres brasileiras começaram a rejeitar – essa ideia de que nunca estaremos bonitas o suficiente, magras o suficiente, sensuais o suficiente ou jovens o suficiente.

Isso agrava o profundo abismo socioeconômico entre mulheres, porque seus significantes exteriores tendem a classificar e separar as pessoas imediatamente. Com a série de desigualdades sociais e econômicas que já afligem este país, as mulheres não podem aceitar conscientemente um outro nível de "alteridade" que insiste em nos colocar umas contra as outras e fomentar inveja e má vontade entre nós. Temos batalhas mais sérias para lutar na causa da nossa dignidade e humanidade.

Porque o ataque começa cedo. O ritmo sinistro e as letras pornográficas do funk carioca, por exemplo, atiram sua mensagem de misoginia e degradação em nossas jovens, dizendo-lhes que elas não são nada além de "cachorras", reduzidas às suas partes íntimas corporais e valorizadas somente por sua capacidade de atender a luxúria. Isso é um ferimento profundo disfarçado de cultura pop, que contamina a alma da mulher por convencê-la de que a degradação é sexy e desejável. Assim ela aceita a violação da sacralidade do seu corpo.

O ponto comum em todos esses exemplos são as feridas que causam em torno da beleza, do corpo, da sexualidade e da cultura da dança. Eles todos se alimentam mutuamente e formam barreiras para uma relação autêntica entre as mulheres e seus corpos, entre elas e a dança. As pessoas hoje em dia já vivem alienadas de seus corpos, mas as mulheres têm camadas extras de alienação a superar devido às decadências de nosso tempo. Então, nosso trabalho é bem definido. Para reunir as mulheres na dança, é preciso transformá-la em uma plataforma para as energias que irão incentivá-las a amar e respeitar seus corpos e celebrar a beleza de todas as almas e corpos na dança do Sagrado Feminino. Temos de lutar contra os estereótipos vigentes que alienam o corpo da alma, abrindo a dança sagrada para as mulheres de todas as idades, estilos, etnias e classes sociais. Mas o espírito guerreiro é forte nas mulheres brasileiras

Reflito que uma das características naturais emblemáticas do Brasil, a poderosa Mãe Amazônia, recebe esse nome por causa de uma raça mítica de mulheres guerreiras, e isso ressoa profundamente na minha percepção das mulheres brasileiras como mulheres poderosas. Elas estão especialmente posicionadas para catalisar a cura em múltiplos níveis que é o propósito deste livro. São conectadas aos ritmos da natureza e culturalmente ligadas a tradições espirituais nas quais ritmo, movimento e espírito são velhos amigos. E em uma terra onde a mediunidade está profundamente enraizada na psique coletiva, elas estão especialmente prontas para receber e transmitir a mensagem de cura que surge da Deusa através da dança.

Porque o tempo é agora. Há muito trabalho a ser feito e muita luz curativa e amor para serem dançados nessa existência. Precisamos reivindicar o nosso direito nato à dança sagrada e devemos honrar o incrível poder e a responsabilidade que vêm com ele. Devemos prestar atenção aos gritos da Mãe Terra e reunir os nossos ritmos aos dela em uma troca energética que irá evoluir para a consciência e reverência da humanidade a este planeta que nos sustenta e inspira.

Devemos apoiar umas às outras nestes caóticos tempos de incerteza, auxiliando uma atitude holística de resolução de conflito que afirma que tudo é cíclico e sujeito as mesmas leis universais. É hora de abrir nossos corações umas para as outras e nos convidarmos para uma nova dinâmica onde confiança, parentesco e alegria substituam competição, separação e inveja. Vamos deixar a dança ser para nós o que Iris Stewart chamou de "uma janela através da qual nos fundimos com o universal, saciando a sede que existe na alma de todos nós." (Stewart, p. 310). Neste momento da história, com tantos paradigmas se desintegrando e mudanças turbulentas, vamos obedecer à sede de nossas almas que nos leva à fonte da verdade e beleza que cura tudo ao seu redor.

E a você, cara leitora e companheira de viagem, eu digo: nada é por acaso. A história que você estava procurando finalmente te encontrou. Em suas mãos você tem o portal para o poço de memória sagrada e riqueza espiritual da Deusa, cuidadosamente preparado por uma alma dançante pioneira que respondeu ao mesmo chamado que você. Prepare-se para ser inspirada, elevada e bem recebida pela dança da Deusa, do Sagrado Feminino. A dança do passado, do futuro e do agora, do eterno presente, porque este livro foi escrito para você.

Paola Blanton, verão de 2016.

INTRODUÇÃO

EM BUSCA DA DANÇA SAGRADA DA MULHER

Houve um período em que a arte e a religião eram tão próximas que quase podiam ser equiparadas. O canto era prece, o teatro era a performance divina, a dança era culto (mágica, sagrada, poderosa). A dança acompanha e estimula todos os processos da vida. Por sua vez, ela possibilita que outras artes passem a existir: a música, o canto, o teatro. Os seus temas permaneceram os mesmos desde a Antiguidade, como a dança circular, a dança rodopiante, o círculo na floresta. Todos têm a sua origem na magia da fertilidade dos tempos mais antigos.

Gerardus van der Lewiv,
Sacred and Profane Beauty—The Holy in Art[1]

Este livro trata da minha jornada pelo feminino sagrado e das verdades sagradas que descobri no caminho a respeito da espiritualidade das mulheres. Ele também aborda maneiras de ajudar você a entender melhor o poder, a legitimidade e a beleza dos costumes das mulheres, com um acesso direto à sabedoria espiritual das nossas avós, bisavós, trisavós, tetravós... (*ad infinitum*).

A DANÇA SAGRADA É INCORPORADA A RITUAIS QUE REVERENCIAM AS TRANSIÇÕES DA VIDA. AQUI, MEMBROS DA LEAVEN DANCE COMPANY ACRESCENTAM AS SUAS BÊNÇÃOS AO CASAMENTO DE UM JOVEM CASAL. FOTOGRAFIA DE JOHN "PETE" MIHELICK.

Minha inspiração para escrever este livro começou, por estranho que pareça, há vários anos quando acompanhei a minha amiga Azar a uma aula de dança do ventre. Embora Azar estivesse em dúvida se deveria ir ou não à aula devido à reputação da dança, ela a adorava. Disse-me que deveria aprender a dança porque ela, Azar, era do Oriente Médio. A sua declaração me pareceu um tanto estranha na ocasião, porém mais tarde eu a compreendi quando comecei a trazer à luz os numerosos rituais e práticas espirituais das nossas ancestrais.

Eu nunca fui atlética e tampouco tinha muita coordenação e, quando finalmente comecei a dominar os complicados movimentos da dança do ventre, fiquei cativada pelos intricados ritmos orientais, tão estranhos para os meus ouvidos educados no Ocidente mas tão próximos da minha alma intuitiva. Comecei a perceber tanto os benefícios psicológicos quanto os fisiológicos da dança porque ela me ajudou a me libertar da depressão recorrente da qual eu já sofria havia vários anos.

Naquela ocasião, perguntei a mim mesma: "O que uma feminista como você está fazendo com uma dança desse tipo?". Como essa dança, que move o corpo das mulheres de uma maneira tão poderosa e sensual, pode vir de uma parte do mundo onde as mulheres estão há tanto tempo submetidas à repressão pública e à segregação? Embora naquela época eu não tivesse a menor ideia do quanto a dança era antiga, sabia que a versão que eu estava estudando era um amálgama de várias danças tradicionais. Eu me perguntava de onde teriam vindo aqueles mesmerizantes movimentos sinuosos do braço – bem como aquele bracelete que a dançarina usa. O que eles significavam? À medida que me aprofundei na dança e comecei a reconhecer o seu poder místico, outras perguntas surgiram dentro de mim. Por que as lentas ondulações que se moviam em sincronia com o antigo *taxim* da flauta e do oud,* transmitiam o espírito da Avó tão fortemente para mim? Era a serpente que me conduzia à Deusa e a Deusa que me conduzia de volta à dança.

---

* Instrumento musical da família do alaúde tocado nos países árabes. (N. dos T.)

DANÇARINAS DA ANNA HALPRIN INTERPRETAM A DANÇA DO VÓRTICE DO CÍRCULO DA TERRA.
FOTOGRAFIA DE PAUL FUSCO.

Nessa mesma época, eu estava pesquisando, escrevendo e dando palestras sobre a história das mulheres na religião e os efeitos da transição para o patriarcado na Igreja. Eu me afastara da religião organizada anos antes por causa da atitude negativa dirigida a mim pelo fato de eu ser mulher. Somente depois de um período de grande provação – fiquei doente durante algum tempo e perdi a minha mãe –, compreendi que eu deixara que o meu ressentimento com relação à Igreja me impedisse de buscar meu caminho espiritual. Eu ansiava por algo mais na vida que pudesse me amparar.

Foi a dança que me mostrou em um nível da alma, muito pessoal, que havia outros planos, outras existências que eu precisava explorar. Durante uma das minhas apresentações de dança, eu me vi, de repente, fora do meu corpo e flutuando em direção ao teto. Não sabia o que estava acontecendo; sabia apenas que queria permanecer com a sensação que eu estava vivenciando. É claro que isso era impossível, mas comecei a ser capaz de invocar aquela sensação de paz com uma frequência cada vez maior na minha jornada em direção à cura. Vim a perceber que eu fechara de tal maneira a parte intuitiva da minha mente, que a parte espiritual só conseguia falar comigo através do meu corpo – por meio da dança. À medida que comecei a entender o que acontecia comigo, fui capaz de perceber a poderosa influência espiritual da dança e promover a integração do meu eu espiritual com o meu corpo físico, o que, com o tempo, se tornou o meu caminho em direção à cura.

A partir do meu despertar espiritual, ficou claro para mim que os dois assuntos, a dança e a espiritualidade, tinham uma importante conexão. Eu queria saber mais. A minha pesquisa me mostrou que a dança foi a primeira forma assumida pelo culto. Ela é a forma de expressão religiosa mais antiga e elementar, com movimentos rítmicos repetitivos sendo essenciais para o processo de união com a divindade e o fluxo cósmico. Todas as formas de arte começaram como uma expressão ritualística e reverente, e como a dança era fundamental nos rituais de culto, ela foi a mãe de todas as artes.* Os ensinamentos eram compostos em versos repetidos como encantamentos enquanto as pessoas andavam ou se moviam de maneiras específicas. O corpo dançante evocava os ritmos da música; os ritmos da poesia ecoavam os ritmos da música e da dança; o corpo em movimento inspirava grandes pinturas e esculturas.**

A expressão da dança

A dança é uma forma elementar e eterna da expressão humana. Dançar, no que há de mais simples, é deixar o corpo se expressar ritmicamente. O movimento, a nossa primeira linguagem, toca os centros do nosso ser além do alcance dos vocabulários da razão ou da coerção. Ele transmite a partir da alma mais profunda aquilo que não pode ser verdadeiramente expresso por meio de palavras. Quando

---

* Em turco, a palavra *oyun* designava o xamã e os ritos executados por ele. Hoje, a mesma palavra é usada na Turquia para dança, teatro e poesia.
** Os primeiros dramaturgos gregos, Téspis, Pratinas e Frínico, eram na verdade chamados de dançarinos.[2] Luciano, Eurípides, Sócrates, Platão e Virgílio reconheciam as origens arraigadas da dança e discutiram a sua estética e os seus princípios éticos.

DANÇANDO O ESPÍRITO DE IEMANJÁ. FOTOGRAFIA DE DAVID GARTEN.

lhe perguntaram o significado da dança que ela acabara de interpretar, a famosa bailarina russa Anna Pavlova respondeu: "Se eu pudesse expressar em palavras o significado, não precisaria ter dançado!". A dança molda o sentimento na forma física, encorajando o escape do que é puramente racional e das tarefas mundanas e encargos mortais, proporcionando uma forma de liberação tanto física quanto emocional. Ela nos desperta para uma conscientização mais profunda tanto do sagrado quanto do profano, colocando-nos em sincronia uns com os outros e com os ritmos naturais da nossa vida.

Dança é divindade, um estado natural de graça no qual todos residimos. Na sua forma sagrada, a dança é uma linguagem que reúne o corpo, a alma e a mente. Ao trabalhar por meio do corpo, integramos informações energéticas diretamente no nível celular. Por meio da dança, a mente entra em sincronia com o corpo e ambos se tornam cada vez mais receptivos aos cantos da criação do universo maior.

A dança se torna sagrada à medida que a beleza do movimento transmite o ideal divino. Na dança sagrada, somos encontrados e utilizados pela alma da natureza, cujas energias são percebidas ritmicamente como a contínua dança da vida e da forma. A dança provoca um estado de euforia que os sufistas Mevlevi chamam de *hadrah*, ou "a presença", com cada passo elevando-nos em direção a uma nova liberdade do espírito, em direção ao êxtase. O grande poeta espanhol Federico García Lorca referiu-se a esse lugar ou estado especial como *El Duende*, a capacidade de ser preenchido por um espírito que é mais do que o nosso próprio espírito. "O *duende* atua sobre o corpo do dançarino como uma rajada de vento sopra sobre a areia."

A dança e o ritual criam a comunidade, reunindo as pessoas tanto emocional quanto fisicamente em um sentimento especial de intimidade e abandono compartilhado. À medida que a comunidade participa, ninguém é mais um desconhecido. Nós nos tornamos companheiros na mesma jornada.

E dança é história. A história mais verdadeira de qualquer povo é narrada pela sua dança e música folclóricas. "Essas são as pegadas, os moldes da terra", afirmou Agnes DeMille. "Nenhuma dança mente; nenhum corpo mente."[3] Uma visão da história através da janela da dança nos conta coisas a respeito da humanidade não encontradas nos registros dos povos conquistados, dos generais e das guerras. A dança se torna o nosso roteiro da história da espiritualidade das mulheres.

Encontrando a dança das mulheres na história: Um jeito diferente

Iniciei a minha busca da dança sagrada das mulheres visando a minha cura pessoal. À medida que a minha fascinação foi crescendo, comecei a sentir a necessidade de compartilhar com outras mulheres a verdade a respeito da nossa maravilhosa tradição. Descobri muito cedo na minha pesquisa que informações a respeito da dança espiritual ou sagrada das mulheres não estavam disponíveis no sentido tradicional dos relatos históricos cronológicos. O estudo da dança como movimento foi separado do estudo da história, da antropologia cultural e da religião. O historiador Walter Sorell disse o seguinte: "Sempre fiquei perplexo com o fato

DETALHE, FINAL DO PERÍODO PALEOLÍTICO, DE UMA PINTURA RUPESTRE DO PERÍODO MESOLÍTICO ENCONTRADA NA ESPANHA.

IMAGEM EM ARENITO DO TEMPLO SHREE MENAKSHI, UMA ANTIGA REPRESENTAÇÃO DA DANÇA SAGRADA NA ÍNDIA. FOTOGRAFIA DE PAYSON STEVENS.

de nenhuma das histórias sérias das culturas mencionar a dança [...] que dirá discuti-la".[4] E as danças interpretadas por mulheres para fins femininos dificilmente são mencionadas nos livros a respeito da dança ou da história da dança. As razões disso são variadas e complexas.

A história sempre foi uma narrativa seletiva, uma interpretação opiniosa dos eventos. Absortos em projetar a sua própria religião, os autores bíblicos registraram a história como uma narrativa moral e, portanto, com informações revisadas das práticas culturais existentes das pessoas à sua volta que não estavam de acordo com a visão de mundo judaico-cristã. Isso tem enormes implicações no que diz respeito ao estudo da dança sagrada e da história das mulheres, do qual, com muita frequência, a opinião das mulheres tem ficado ausente. Os "fatos" descritos por Heródoto e por outros antigos historiadores eram moderados pela meta deles: apresentar um tema em particular. Plutarco, que escreveu a respeito das peças da tragédia grega no século I d.C., é um bom exemplo. Ele estava escrevendo vários séculos depois do período clássico da dança grega, nunca vira as danças a respeito das quais escrevia, e estava escrevendo como filósofo, não como aluno ou historiador da dança.

Muitos textos arqueológicos se referem, com frequência, às religiões com proeminência feminina como cultos de fertilidade, dando a entender que essas religiões não continham nenhuma profundidade ou sublimidade. Como ressaltou Riane Eisler,* essa interpretação é semelhante a afirmar que o cristianismo é um culto de morte, com base no fato de que a sua imagem central é a de um homem crucificado em uma cruz. Essas interpretações unidimensionais sugerem uma inaptidão da parte do pesquisador de extrapolar informações em qualquer nível que não seja o mais superficial. No caso de textos relacionados com as civilizações que

UMA DEUSA DANÇANDO NO TEMPLO SHREE MENAKSHI EM MADURAI, NA ÍNDIA. FOTOGRAFIA DE PAYSON STEVENS.

---

* Autora do livro *A Verdadeira Riqueza das Nações*, publicado no Brasil pela Editora Cultrix. (N. dos T.)

precederam a história documentada, eles revelam as suposições dos pesquisadores de que as mulheres eram simplesmente receptáculos para a fecundidade, conveniências para o prazer ou – o que é ainda pior – caldeirões de sedução destrutiva.

A citação a seguir é ilustrativa: "Para as mulheres, as danças de acasalamento e fertilidade são importantes para aumentar a população da tribo e, por extensão, para a cultura agrícola e os rebanhos".[5] Quando formos além da suposição casual de que as mulheres na Antiguidade estavam preocupadas apenas em ter o maior número possível de bebês, descobriremos mais a respeito de como as coisas realmente eram.

> A própria palavra *história* deriva da dança. *Histor*, da Roma antiga, que significava "dançarino", também era o radical de muitas palavras derivadas: de "história" a "ministro" (*Min-Istria*) e, mais tarde, "menestrel".

Outra complicação na minha busca pelas origens e tradições da dança sagrada das mulheres envolveu o uso da linguagem que descreve a dança. Sabemos que palavras específicas têm uma poderosa influência em qualquer interpretação do passado. Em traduções e transliterações de antigas histórias e textos, não é fácil determinar quando palavras relacionadas com a dança eram usadas literal ou metaforicamente ("as montanhas dançarão diante do Senhor"; "dança do universo"; "dança da vida"). Além disso, as palavras relacionadas com a dança frequentemente se tornaram generalizadas e passaram a denotar o instrumento musical utilizado, o nome do ritmo usado, o nome da cerimônia ou festival propriamente dito ou até mesmo o nome de um grupo de pessoas. O emprego da palavra *homem* como genérico para a humanidade também desperta uma grande confusão na hora de encontrar a dança das mulheres na história. Palavras como *dança do homem* servem para frustrar a nossa busca da história das mulheres, a história delas. As informações a respeito dos rituais das nossas ancestrais também estão encobertas por palavras superficiais, distorcidas, como "*frenéticas, lascivas, ritos de fertilidade*". O emprego de palavras como *menina, donzela* e *virgem* para descrever as dançarinas quando os desenhos e estátuas, até mesmo do período final da cultura grega e no período faraônico no Egito, claramente mostram mulheres maduras dançando, encobre informações fundamentais.

Também descobri que poucos pesquisadores da dança eram dançarinos. Como as pessoas que efetivamente dançam têm opiniões muito diferentes daquelas que apenas observam, os historiadores que não são dançarinos não podem ter um conhecimento íntimo da dança dos dançarinos. Eles só podem registrar a aparência e o efeito que percebem. Isso adiciona outra camada de complexidade às descrições da dança das mulheres, nas quais os nossos únicos informantes têm sido homens. Como as mulheres mostram-se menos propensas a falar livremente com os homens a respeito do mundo do qual fazem parte, a voz feminina é perdida e os seus costumes estão sujeitos a ser avaliados e indevidamente aplicados quando filtrados através do ponto de vista masculino. Por conseguinte, até mesmo as informações que revelamos aqui a respeito das mulheres devem ser lidas, como nas palavras de Elisabeth Schussler Fiorenza, "como a ponta de um iceberg que indica a quantidade de informações históricas nós perdemos".[6]

Não obstante, se soubermos o que procurar, poderemos colher informações na dança circular dos anjos em uma pintura medieval ou nos antigos rituais ainda intactos em alguns lugares isolados. Às vezes temos que extrair informações de uma situação negativa e examiná-la com mais cuidado. Por exemplo, Sorell diz o seguinte: "Sabemos a partir das *Tesmoforiantes* de Aristófanes que a dança era uma parte importante dos ritos de Deméter e Perséfone porque, enquanto zomba delas, ele descreve formações circulares movendo-se inicialmente com leveza e rapidez, e depois em ritmos cadenciados invocando as deusas, em seguida novamente com movimentos rápidos, ascendendo até um *finale* jubiloso".[7]

Às vezes, a dança é apresentada em formas positivas. O poeta do século II Luciano fez uma descrição simples mas sucinta: "Elas dançam a sua religião".[8] Ele descreveu a dança como "algo de flagrante harmonia, que aguça sutilmente a alma e disciplina o corpo".

Enquanto procurava fragmentos de informações em livros que dedicavam menos de um capítulo ou uma página à espiritualidade das mulheres ou à dança das mulheres, continuei a me valer de uma lição que aprendi cedo na vida: que as coisas nem sempre são o que parecem. Comecei a olhar com "olhos acrósticos" – uma visão levemente distorcida que revela mentalidades e motivos subjacentes.

DANÇARINAS COM A DEUSA (BRAÇOS PARA CIMA) ADORNAM ESTE VASO EGÍPCIO PRÉ-DINÁSTICO. COLEÇÃO DO METROPOLITAN MUSEUM OF ART.

O que um nome encerra?

Hussy é uma palavra arcaica que descreve uma mulher lasciva. No entanto, eis como o *Dictionary of the Dance* de W. G. Raffe a descreve: na Grã-Bretanha, eram os dançarinos "huzza" – *hussies* para as mulheres, *huzzars* para os homens. Eles carregavam *Bezbeh*, uma figura derivada de Bez--Beza, Deus-Deusa da Natureza, cujas danças anuais são provavelmente as mais antigas danças conhecidas no mundo. Levadas para Roma quando o Egito foi conquistado, a dança migrou para a Grã-Bretanha com os festivais agrícolas romanos de Mamúrio. Não sabemos o que aconteceu aos *huzzars*, mas as *hussies* ainda estão conosco.

Lewd* é uma palavra frequentemente usada para descrever as mulheres e a dança das mulheres. Em inglês antigo, até mais ou menos o século XVI, *lewd* se referia a homens "leigos" ou não clericais, aqueles que não eram padres ou membros de uma ordem religiosa. Talvez *lewd* seja um fantasma da época em que as mulheres eram praticantes espirituais não aceitas como parte da ordem religiosa, sendo portanto *lewd*. E se elas dançavam como parte da sua expressão espiritual, eram de fato muito *lewd*.

Whore** vem do inglês antigo *hore*, semelhante ao escandinavo antigo *hora*, ou ao latim *carus*, que significa "caro" ou "querido". A deusa egípcia Hathor também era chamada de Hor e as mulheres de Afrodite eram Horae. A palavra que designa uma dança hebraica, a Hora, significa "círculo", o que poderia indicar que a palavra *whore* originalmente se referia a uma dançarina, de uma maneira semelhante à palavra *hussy*. *Whore* também significa "prática ou atividades idólatras", o que poderia facilmente se referir a adoradores da Rainha do Céu. Jeová se queixava de que as pessoas estavam sempre *whoring**** atrás de outros deuses. Talvez isso realmente significasse que elas estavam Hathor-ing atrás de outra deusa. Ou talvez se referisse a Ishtar, "a grande meretriz (*whore*) da Babilônia", de acordo com João no livro do Apocalipse.

Obsceno (*obscenus, obscaneus*), como em "danças obscenas", pode não ser nem um pouco "obsceno". Em grego, *ob* significa "no caminho de, em direção à", e *sceno* (em grego *skene* – um abrigo temporário) forma a palavra combinada, *ob-sceno*, "um lugar de ocorrência ou ação". Podemos ver como ela é usada nesse contexto como "cenário" nas produções teatrais. Essa palavra revela que as mulheres iam para o cume dos morros e para os bosques sagrados, ou até mesmo para encruzilhadas, e lá elas montavam os seus altares e dançavam as suas danças enquanto durava o cerimonial festivo.

---

* Atualmente, em inglês, *lewd* significa "lascivo, impudico". (N. dos T.)
** "Prostituta, meretriz" em inglês. (N. dos T.)
*** Trata-se do verbo. Hoje em dia, significaria "prostituindo-se", mas antigamente, como deixa claro o texto, o sentido não era esse. (N. dos T.)

Pode ter havido uma razão oculta ou uma história modificada. Talvez houvesse uma outra maneira, uma outra história. Comecei a detectar pistas onde quer que eu conseguisse encontrá-las. Procurei segredos ocultos nas lendas e nos contos de fadas, em símbolos bíblicos e em músicas e danças tradicionais. Descobri, por exemplo, o significado dos costumes das mulheres rastreando temas como o amor das mulheres pelas joias e a utilização de pedras preciosas para a cura e para simbolizar a iluminação dentro do mundo material. Também investiguei a eterna conexão entre as mulheres e o poder primordial do fogo acompanhando a história das mulheres que dançavam a dança do candelabro. Encontrei uma abundância de informações em derivações de palavras e em palavras cujo significado foi alterado, como *harlot*,* *virgem* e muitas outras. Percebi que, se existe uma forte reação a uma coisa, esta deve necessariamente ter poder, de modo que procurei coisas escondidas pelo tabu. Era como olhar através das facetas de um cristal. Havia sempre algumas constatações inesperadas e algumas surpresas.

MUITAS BRINCADEIRAS DE CRIANÇAS TÊM ORIGEM EM ANTIGOS RITUAIS ADAPTADOS E SIMPLIFICADOS: "ASHES, ASHES (ASTA, ASTA), ALL FALL DOWN"** ERA UMA DANÇA CIRCULAR RITUAL PARA A DEUSA ASTARTE LEVADO PARA A INGLATERRA POR ANTIGOS VISITANTES FENÍCIOS. A DANÇA EM VOLTA DO MASTRO ENFEITADO COM FLORES E FITAS, MOSTRADA AQUI, DERIVA DE UM RITUAL SEMELHANTE DA DEUSA NA PRIMAVERA. A AMARELINHA LEMBRA A DANÇA DO LABIRINTO E MUITAS VERSÕES DA VELHA DOS OSSOS "ALL SKIN AND BONES, WHO GOES AROUND PICKING UP BONES – WHOO!".***

---

* No inglês moderno, *harlot* significa "prostituta, meretriz". (N. dos T.)
** Tradução literal: "Cinzas, cinzas, todos caímos para baixo". É um trecho da versão americana do versinho infantil "Ring a Ring o' Roses" ou "Ring Around the Rosie". (N. dos T.)
*** Tradução literal: "Toda pele e ossos, que anda por aí apanhando ossos – uuuu!". (N. dos T.)

DANÇARINAS ADORNAM A BORDA DESTE TAPETE BALCÂNICO. CORTESIA DE MELISSA MILLER.

Por sorte, a cronologia arqueológica moderna e a capacidade da datação forense desenvolvida nos últimos cinquenta anos proporcionaram uma lente grande-angular, possibilitando que vejamos uma parte maior de toda a história e da qualidade de vida das pessoas que viveram nos séculos mais distantes. Escavações arqueológicas em épocas recentes desenterraram provas que contrariam as versões históricas anteriormente aceitas de muitos eventos e as interpretações prévias do seu significado. Embora evidências "vivas", ainda existentes, talvez deixem muitas coisas sem ser mencionadas e ainda possam estar sujeitas à interpretação a partir de um ponto de vista moderno, elas possibilitam que uma imagem mais verídica possa emergir.

Recordando – a dança como arte da mulher

Clarissa Pinkola Estes, no seu livro *Women Who Run with the Wolves*,* disse que o passado ainda sussurra para nós tudo o que poderíamos precisar descobrir a partir do esqueleto das histórias.[9] Quanto mais esqueletos de histórias nós tivermos, mais provável será que sejamos capazes de encontrar toda a história. Este é um dos métodos que usei para descobrir muitas coisas a respeito da dança das mulheres.

Ao vasculhar a verdadeira história da dança feminina como uma expressão da espiritualidade, nós procuramos tomar conhecimento da nossa tradição: como ela nos moldou? Como ela continua a afetar a nossa vida hoje? Expandindo o conhecimento já reunido e repensando as maneiras como as coisas podem ter sido para as mulheres, a partir de um ponto de vista feminino, chegamos mais perto da voz das nossas Avós e conseguimos ouvi-las com mais clareza.

---

* Publicado no Brasil pela Editora Rocco com o título *Mulheres que Correm com os Lobos*. (N. dos T.)

No entanto, para efetivamente reconstruir a realidade cinética das antigas práticas de dança, temos que apelar para a nossa imaginação, experiência e intuição. Uma escritora moderna, Ann Cain McGinnis, descreveu isso da seguinte maneira:

> A primeira dança, imagino eu, foi o movimento que subordinou a intenção consciente aos ritmos percebidos, os ritmos mais abrangentes dos quais todos somos parte. A primeira música, imagino eu, foram as vozes das mulheres, fórmulas encantatórias para o nascimento e os cuidados com uma nova vida, para a morte e o luto, e para o renascimento. Os primeiros sons e movimentos deram forma a um ciclo de nascimento, morte e renascimento – a forma humana expressando ritmos da vida percebidos conectando o mundo que existe à nossa volta e dentro de nós. Os primeiros mitos surgiram dessa expressão coletiva, a Grande Mãe, e de uma maneira de viver organizada ao redor da Terra e da ativa participação humana nos processos cíclicos da Terra.[10]

Com o aumento do interesse pelo relacionamento do corpo com a mente e o espírito, a dança sagrada teve uma revitalização fenomenal no mundo inteiro nos últimos anos. Anna Halprin, uma das principais inovadoras da forma da dança deste século, promove uma prática que ela chama de Processo Vida/Arte.[11] Na introdução à sua aula de Dança do Poder, ela apresenta o princípio que adotei neste trabalho:

> O tema mais amplo, como eu o vejo, é, uma vez mais, renovar a nossa fé no que o nosso corpo tem para nos ensinar. Sinto que, não apenas nesta cultura como também no decorrer de um período excessivamente longo da nossa história, estivemos completamente separados da verdadeira sabedoria do nosso corpo, bem como da sabedoria do corpo mais amplo que é a própria natureza. O meu interesse pela dança envolve o restabelecimento da conexão com a inteligência inata dentro do nosso corpo e com o que o nosso corpo tem para nos dizer. O nosso corpo contém toda a sabedoria das eras, sabedoria essa que recua a antes até mesmo de termos nascido. A sabedoria está no nosso sistema celular, no nosso sistema circulatório, em cada respiração. Nós não somos um evento; somos um longo processo evolucionário.*

---

* Comentários introdutórios de um seminário ao qual compareci em agosto de 1992.

Neste livro, aprenderemos a respeito de "nos tornarmos a dança", de nos tornarmos WomanDance* – de nos entregarmos à música e experimentarmos as nossas profundezas emocionais. A dança será o elo que nos ligará a essa força vital e à nossa tradição. Na condição de mulheres, vamos tentar imaginar como deve ter sido ter o nosso próprio sentimento de espiritualidade. A imaginação pode nos ajudar a recuperar a espiritualidade por meio do poder da dança, conectando-nos com a força vital. O passado não deve ser descartado e sim compreendido e transcendido com o tempo, proporcionando-nos uma oportunidade ainda melhor de apreender e despertar o nosso trabalho da alma. A procura é na verdade a busca da continuidade – de saber onde estivemos para criar um sentimento de aonde estamos indo. Desse modo, vamos invocar a Velha dos Ossos, chamada *La Trapera* (A Coletora), para nos ajudar a desenterrar os fragmentos da história da dança que podem estar situados debaixo das numerosas camadas da história modificada, das distorções e da simples negligência.

APSARÁ DANÇARINA DA ÁSIA. SRI LANKA, SÉCULO XVIII.

Empreenderemos juntas esta jornada como viajantes em terras desconhecidas, fazendo o papel de guia para os nossos numerosos eus e investigando as nossas abundantes oportunidades enquanto descobrirmos as maravilhas dos mundos e tempos distantes, todos despertando ao mesmo tempo. À medida que adquirimos um conhecimento cada vez maior da conexão entre a dança e os costumes das mulheres, podemos começar a nossa jornada em direção a recuperar tanto a nossa dança espiritual quanto o nosso poder espiritual.

---

* Termo criado pela autora e que significa "Dança da Mulher".

PRIMEIRA PARTE

No princípio havia a dança

O quarto evangelho do Novo Testamento principia com a declaração "No começo era a palavra [...]", mas antes da palavra escrita – antes da codificação da linguagem e do uso das tabuinhas de argila para registrar as histórias, as mensagens dos profetas, e as leis – havia o ritual da dança. Situadas no corpo e procedendo dele, fortes emoções de reverência eram expressadas em grupos e individualmente por meio do movimento do corpo: circulando, girando, abaixando-se, saltando, batendo o pé, remexendo-se, arqueando-se e contraindo-se.

Hoje em dia, estamos tão acostumados a dançar como uma forma de entretenimento que podemos ter dificuldade em visualizar as origens rituais da dança. Para a maioria das pessoas, excetuando-se os dançarinos profissionais, os seus alunos e os entusiastas da dança folclórica, a dança é principalmente um esporte de espectador. No entanto, houve uma época em que a dança foi uma parte integrante do ritual religioso e da expressão cerimonial; ela não se destinava apenas ao espetáculo, ao exercício ou à socialização. Ela era, na verdade, a mais elevada expressão da espiritualidade na busca humana de comunhão com a divindade.[1] A dança é a essência do mistério. Por meio da dança, vivenciamos uma dimensão que a mente linear não está estruturada para perceber. Talvez tenha sido a dança que possibilitou que concebêssemos, pela primeira vez, existências além da nossa experiência física imediata, criando desse modo o conceito da espiritualidade, de "Deus".

Vamos agora investigar as origens rituais da dança sagrada examinando a influência e o papel da Deusa e das suas sacerdotisas, os trajes e os símbolos relacionados com as tradições da dança sagrada, a influência judaico-cristã sobre a dança sagrada e o que pode ter sido o primeiro ritual de dança das mulheres: a dança do nascimento/do ventre, à qual eu dei o novo nome de WomanDance.

1

A Deusa Dançou

*A Deusa nos conduz à dança espiral da vida. Ela envia os ventos,
as energias torvelinhantes que vinculam a existência ao eterno
movimento. Por meio da dança, ela ensina aos seus filhos
o movimento e a mudança.*
  Merlin Stone, Ancient Mirrors of Womanhood[1]

A Deusa detém a chave para as mais antigas formas de dança sagrada – ela está inextricavelmente ligada à dança. A dança era a principal forma de culto da Deusa. Em alguns casos, além da sua função de criadora, doadora e protetora de toda a vida, a própria Deusa era uma dançarina, celebrando por meio da dança os ciclos das estações e os ciclos da vida. É aqui portanto – com a Deusa – que iniciamos a nossa jornada no mundo da dança sagrada.

O meu primeiro contato com a Deusa e a sua conexão com a dança foi bastante inesperado. No Metropolitan Museum em Nova York, eu estava diante de uma pequena escultura de bronze de uma mulher elegante sentada em um carro de guerra puxado por quatro leões desprovidos de rédeas. Eu fiquei encantada com a sua elegância e majestade, e no entanto o seu rosto meigo me fazia lembrar

CIBELE ENTRONIZADA EM UM CARRO DE GUERRA PUXADO POR DOIS LEÕES, ESCULTURA ROMANA. BRONZE. SÉCULO II D.C. COLEÇÃO DO METROPOLITAN MUSEUM OF ART.

A MAIS ANTIGA DOS ANTIGOS. DEUSA AMRATIANA (PRÉ-EGÍPCIA) COM OS BRAÇOS LEVANTADOS, TALVEZ DANÇANDO, TALVEZ REZANDO, 4.000 A.C.

da minha mãe. Eu queria muito saber quem ela era. Ela parecia ser uma figura muito importante, talvez uma rainha. Ela tinha um címbalo em uma das mãos e um tambor na outra. Isso me pareceu bastante curioso. Por que instrumentos de entretenimento seriam suficientemente significativos para ser incluídos no simbolismo que expressava quem ela era? A pequena tabuleta não dava nenhuma pista.

Por alguma razão, a imagem permaneceu comigo. Anos depois, eu me deparei com uma imagem da escultura em um livro: ela era a Magnífica Cibele (Kybele), mãe dos deuses e amiga da humanidade, que ensinava as suas acompanhantes e sacerdotisas a dança como uma dádiva a ser passada adiante para os seus filhos mortais. Foi Cibele quem abriu a porta para a minha descoberta da Deusa e do seu importante papel na dança sagrada.

À medida que concentrei a minha busca em rituais da Deusa, logo se tornou evidente para mim que onde quer que a Deusa Mãe* da Antiga Religião reinasse – no Oriente Médio, no Vale do Indo, na China, no Japão, na Europa, na África, na Grécia, em Creta, na Indonésia, na Ásia –, independentemente de onde ela fosse encontrada, a música e a dança eram componentes integrantes da expressão espiritual dos seus ritos. Aqui, portanto, estão algumas das imagens e relatos mitológicos e históricos que encontrei de culturas ao redor do mundo que formam, em conjunto, uma bela imagem do caráter sagrado da dança com relação à Deusa.

---

* Quando uso o termo *Deusa*, estou me referindo ao símbolo que designa a divindade ligada ao universo no qual todas as coisas – plantas, animais, planetas, seres humanos – estão impregnados da força vital sagrada. A frase *energia da mãe cósmica* é uma forma mais universal para descrever os poderes criativos que permeiam e animam a terra. Surgiu a necessidade de símbolos, de uma marca tangível ou sinal visível da presença de uma divindade, mas a figura feminina era apenas um desses símbolos.

Deusas dançarinas do mundo

A minha busca para descobrir a deusa dançarina e os ritos do seu culto me conduziram a Creta: o lugar que a tradição grega clássica associa à origem da dança. Além disso, Creta é reconhecida como a origem de vários dos mais importantes instrumentos musicais – a harpa triangular, a lira de sete cordas e a flauta dupla – que eram tocados lá mil anos antes da época do palácio minoico. Também me senti sendo atraída por Creta à medida que ficou cada vez mais visível para mim que Creta é um lugar onde a cultura feminina durou mais tempo.

A arte lírica desse pacífico povo igualitário me fascinou durante anos. A concepção aberta deles da vida, do mar e do céu, dos animais e das flores é representada com um animado naturalismo expresso em uma atmosfera semelhante à de uma fábula e em uma linguagem que não tem nenhum equivalente na Antiguidade. Visitei Creta com Carol Christ, diretora do Ariadne Institute for the Study of Myth and Ritual,* e fiquei estupefata com os impressionantes contrastes do lugar onde viviam os minoanos. As encostas escarpadas cobertas por rochas vulcânicas se elevavam sobre vales esparsos. O mistério daquelas pessoas se aprofundou quando descobri que elas haviam invariavelmente escolhido picos de montanhas e cavernas para os seus santuários – lugares de acesso dificílimo, até mesmo hoje. No entanto, quando realizamos a peregrinação àqueles picos, os cenários majestosos me fizeram perder o fôlego, e comecei a compreender. Quando visitamos as cavernas de Ida e Ilitia, senti imediatamente o conforto abrangente desses lugares, cavernas que são grandes o bastante para encerrar uma gigantesca catedral. Eles proporcionavam um lugar sagrado para as mulheres que buscavam a proteção de Ilítia, deusa do parto e da maternidade. Dentro das cavernas, vi esculturas moldadas em estalagmite de uma mulher grávida e de uma mãe com os filhos. Altares naturais gotejavam com a cera das velas da expressão de respeito e esperança de peregrinos mais recentes. Lá, nós dançamos, rememorando a longuíssima linhagem da antiga irmandade minoica e associando-a às irmãs que agora retornavam à dança sagrada. Acendemos velas, derramamos libações de mel e ervas, e tranquilamente resgatamos aqueles lugares sagrados por meio da nossa dança.

---

* Carol P. Christ tem um Ph.D. em Estudos Religiosos de Yale. Ela é autora de vários livros, entre eles *Rebirth of the Goddess, Diving Deep and Surfacing* e *Laughter of Aphrodite*. Para informações a respeito do Ariadne Institute for the Study of Mith and Ritual, consulte a seção "Recursos" no final do livro.

ALTAR NAS CAVERNAS DE ILITIA. FOTOGRAFIA DE IRIS STEWART.

No Museu Heraklion em Creta, vi imagens votivas de santuários e capelas, e estatuetas recuperadas de túmulos e sepulturas que mostram várias posturas de uma dança sagrada, inclusive o gesto de bênção que é familiar nas representações da Deusa Mãe. Vi também a mais antiga representação da deusa Perséfone até hoje encontrada (período Minoico Médio, por volta de 2000 a.C.), escavada em 1955. Trata-se de uma pequena tigela ritual, cuja superfície interna exibe duas mulheres (possivelmente Atena e Ártemis, mas também poderiam ser duas sacerdotisas) dançando com uma atitude vibrante ao redor de Perséfone. As figuras são traçadas no requintado estilo lírico da antiga cultura minoica (ou pré-minoica). Elas vestem longos vestidos ondulantes, e os seus minúsculos rostos são quase semelhantes aos de pássaros, com cachos eretos na cabeça sugerindo a energia ou o crescimento das plantas. O desenho descendente em espiral em ambos os lados da túnica de Perséfone é característico dela como a Deusa Serpente.²

As danças anuais em homenagem a Perséfone e sua mãe, Deméter, eram as mais sagradas e veneradas de todas as celebrações de dança ritual na antiga Grécia. Esses rituais faziam parte da Escola de Mistério em Elêusis, a qual, segundo se acredita, teve origem na ilha de Creta. Eurípides (aproximadamente 484-406 a.C.) escreveu a respeito dos Mistérios em Elêusis, "a Deusa da Lua dança, e com ela as cinquenta filhas de Nereu dançam no ar e nos redemoinhos dos córregos circulantes, homenageando a Filha [Perséfone] com a coroa de ouro e a Mãe divina [Deméter] [...]".³

A mitologia grega também fornece exemplos da própria Deusa como dançarina. Dizem que Aurora, Deusa da Alvorada, tinha os seus "locais de dança", e somos informados que Eurínome, a mais antiga deusa dos pelasgos, um povo nativo da Grécia, nasceu desnuda do caos primordial e começou instantaneamente a dançar. Eurínome dançou uma dança que separava a luz das trevas, o mar do céu.⁸ Ela dançou para o sul e pôs o vento em movimento atrás dela, para começar o seu trabalho de criação.

A dança rodopiante de Eurínome causou um enorme redemoinho de vento.* Agarrando o vento norte, ela o enrolou na

DANÇARINAS COM PERSÉFONE COMO A DEUSA SERPENTE. CRETA APROXIMADAMENTE 2000 A.C.

DEUSA PÁSSARO, CRETA, 1600 A.C. FOTOGRAFIA DE IRIS STEWART.

---

* O vento, ou alento, é a alma. *Ruach Elohim* é "alento de Deus" em hebraico. A palavra grega para natureza, *phusis*, é semelhante a *phusaō*, ou "soprar". *Phuo*, "crescer ou gerar", era originalmente compreendida como a energia quase líquida que anima todas as coisas. *Hagion pneuma* é o Espírito Santo do Novo Testamento. Em sânscrito, o alento é *prana*, a alma.¹⁰

Os mistérios

Houve vários supostos mistérios ou escolas esotéricas em diversas épocas em todo o Oriente Médio. Alguns exemplos são as Tesmofórias em Alexandria, o culto de Dionísio de Ática, o culto tebano de Kabeiros e os cultos de mistério de Orfeu e Mitra.[4] Um dos exemplos mais fascinantes das escolas de mistério está representado em Elêusis (Saisaria) situada perto da cidade hoje chamada de Elevsis, na Grécia, nos arredores de Atenas, que surgiu antes do segundo milênio antes de Cristo. Os ritos sagrados em Elêusis eram realizados anualmente em homenagem a Deméter e Perséfone. Séculos depois da extinção do santuário em Elêusis, escritores, filósofos e governantes refletiram sobre o poder do local.

Ao longo dos séculos, foram escavados muitos artefatos, prédios e desenhos que revelam as variações e alterações sofridas por Elêusis. Podemos ver representações de muitos rituais e celebrações em vasos e afrescos. A grande frustração tanto dos buscadores curiosos quanto dos pesquisadores provém do fato de que, embora muitas cerimônias tenham sido reveladas nesses artefatos, elas eram consideradas pelos observadores externos como sendo os "mistérios menores", ou mistérios que conduziam ao Mistério Maior. Chegava-se sempre à conclusão de que cada revelação não poderia ser "a" secreta, caso contrário ela não teria sido retratada.

MISTÉRIOS EULESINOS. DETALHE DE UMA PINTURA VOTIVA NO MUSEU SITUADO NO SÍTIO ARQUEOLÓGICO DE ELÊUSIS PERTO DE ATENAS, NA GRÉCIA.

O fato de os mistérios terem perdurado, embora alterados, até o século V d.C., enquanto outras religiões de deuses declinaram ou se extinguiram completamente, ilustra o tremendo respeito e devoção dos participantes em Elêusis. Diziam que os iniciados possuíam um conhecimento que conferia a bem-aventurança aqui na terra, e não apenas no além; tanto o conhecimento quando a beatitude se tornavam possíveis no momento em que eles contemplavam a visão. Dizia-se que os preparativos para alcançar um estado de *epopteia*, "tendo visto", eram dinâmicos: jejuar, beber o *kykeon* (uma mistura de cevada pilada, água e hortelã), marchar em procissão e dançar.

Luciano, o escritor grego da Antiguidade, fez o seguinte comentário: "É impossível encontrar um único mistério antigo no qual a dança não esteja presente [...] Não mencionarei os atos secretos de veneração, por causa dos iniciados. Mas todos sabem o que quase todas as pessoas dizem a respeito daqueles que revelam os mistérios: que eles 'são dançados'".[5]

O "segredo" das ordens místicas pode ser uma interpretação equivocada ou um uso indevido dessa palavra. A palavra *mistério* deriva do vocábulo latino *ministerium*, do qual a palavra *ministério* também deriva, indicando mais um significado de serviço do que algum tipo de enigma.[6] Aquilo que era condenado como "segredo", e portanto como sedicioso e nocivo, não era excluído. Mais exatamente, os ensinamentos eram apresentados de uma maneira na qual o aluno era capaz de aprender. A dança, acompanhada por invocações ou preces entoadas, era restrita aos adoradores genuínos; donde a reputação errônea de "mágica".

Uma dança para Ártemis

A descrição imaginária de uma dança sagrada para Ártemis que se segue foi extraída de um livro encantador de autoria de Charlene Spretnak, *Lost Goddesses of Early Greece*:[7]

Os animais foram atraídos para a árvore. Eles rolaram sobre as suas raízes e abraçaram o tronco. Em um círculo maior, as dançarinas levantaram os braços, girando lentamente, e sentiram correntes de energia subindo da terra através das suas pernas, girando, através do seu tronco, girando mais rápido, através dos seus braços, girando, saindo pelos seus dedos, girando, girando, para a sua cabeça, rodopiando, movendo-se rapidamente, voando. Centelhas de energia voaram da ponta dos seus dedos, entrelaçando o ar com rastros de luz azul-clara. Elas deram as mãos, os braços, fundiram os corpos em um círculo de um fluxo ininterrupto que as conduzia sem esforço. Ártemis apareceu grande diante delas, postando-se ereta diante da árvore, a Sua coluna era o tronco, os Seus braços os galhos. O Seu corpo pulsava com vida, os seus ritmos eram ecoados pela árvore prateada, pelos animais aos Seus pés, pelas dançarinas, pela relva, pelas plantas, pelo bosque. Cada partícula da floresta vibrava com a Sua energia. Ártemis a nutriz, a protetora, a Deusa da lua crescente. Ártemis! Ela começou a se fundir com a árvore sagrada, enquanto o círculo de dançarinas girava em volta dela. Elas jogavam a cabeça para trás e viam os galhos cintilantes passando rápido. Quando Ártemis se tornava uma com a árvore da lua, o círculo se rompia. As dançarinas rodopiavam através do bosque, caindo exaustas no chão musgoso da floresta. Deitadas na terra, ainda respirando no mesmo ritmo da terra, elas erguiam o olhar para as constantes dançarinas nos céus.

forma de uma serpente, e chamou-a de Ofião, a serpente do vento.[9] Você consegue perceber a majestade, a beleza e a fluidez dessa primeira dança?

Ártemis, a deusa de natureza indomada, ajudava as fêmeas de todas as espécies no parto, o que talvez explique o ditado grego: "Onde Ártemis não dançou?". As danças extáticas e o galho sagrado eram fundamentais no culto de Ártemis, a deusa mais popular entre as pessoas rústicas da Grécia. Os devotos de Ártemis dançavam ao som de liras e harpas, ambas invenções dela.

Danças sagradas eram executadas em homenagem a Ártemis no festival de Titenídeas, no templo de Ártemis Koruthalia em Esparta. O poeta Calímaco, que compôs um hino para Ártemis por volta de 300 a.C., descreveu a dança e encerrou com a seguinte recomendação: "Que ninguém se abstenha da dança anual" – um comentário apropriado, tendo em vista que adoradores de todo o Mar Egeu compareciam ao festival. As dançarinas de Ártemis eram chamadas

DANÇA DE SAUDAÇÃO A PERSÉFONE, RITO DA PRIMAVERA. DETALHE DE UM *KYLIX*. GRÉCIA.

de *caryae* ou *karyatids* (cariátides).[11] Elas trajavam belas vestes e coroas de junco. Conhecemos as cariátides de Helas e Lacônia, celebradas no festival anual de Ártemis Cariátides pelas danças rituais de donzelas da Lacedemônia, devido às suas esculturas no pórtico do Erecteion em Atenas.

O "Hino a Ártemis" de Homero (aproximadamente 700 a.C.) não falava de danças para Ártemis, mas sim de Ártemis como a própria dançarina. "E o som da lira, da dança e dos gritos jubilosos [...] ali ela organiza a encantadora dança das Musas e das Graças [...] adornada em trajes elegantes, ela assume o comando e conduz a dança."[12]

As Graças – *Graciae* em latim (*Charities* em grego) – eram uma versão da Deusa Tríplice que governava a dança.[13] No "Hino a Apolo Pítio", a dança divina das Graças é revelada:

As Graças com adoráveis cabelos e
  as imperturbáveis Horas,
Harmonia e Hebe e a filha de Zeus,
  Afrodite

Dançam juntas, com as mãos
  segurando o pulso umas das
  outras,
E uma que dança entre elas
  não é nem feia nem insignificante
E sim alta e majestosa e
  com uma forma maravilhosa.

No Egito, Hathor, Deusa da Lua durante mais de 3 mil anos, era preceptora da dança e também senhora da música e do entrelaçamento de guirlandas, bem como preceptora dos cantos. Uma das mais importantes celebrações em homenagem a Hathor, representada anualmente durante a estação das cheias, é retratada em um baixo-relevo da época do reinado de Adriano (76-128 d.C.) no Museu das Termas em Roma. Ela consistia em uma dança ritual executada por meninas e mulheres, uma prece para a fertilidade intitulada "A Abertura dos Seios das Mulheres". Hieróglifos nos dizem: "As belas e graciosas cantoras estão ébrias enquanto aceleram os movimentos da dança das suas pernas".

Invocando as musas

A função da poesia, da música e da dança é a invocação da musa. A palavra *música* deriva do grego *mooseeka* ou *mousike*, que literalmente significa "a arte da musa".[14] Nos períodos clássicos, as nove musas eram deusas de inspiração criativa na poesia, na música e em outras artes, bem como na história, na ciência, na astrologia e na metafísica. A maioria delas era musicista e cada uma era associada a instrumentos particulares: Terpsicore, musa da dança e do canto (viola, lira e harpa); Erato, musa da poesia lírica e amorosa (tamborim e lira); Clio, musa da história (trombeta); Euterpe, musa da música e da poesia lírica (flauta, flauta dupla); Tália, musa da comédia e da poesia pastoril, que também governava a dança de todos (viola); Melpômene, musa da tragédia (trompa); Urânia, musa da astronomia (cantos); Calíope, "Aquela com a Bela Voz", musa da poesia épica (trombeta); Polímnia, musa dos hinos religiosas e heroicos (órgão portátil, alaúde).

Um hino a Hathor diz o seguinte:

Regozijamos diante da tua
    aparência,
tu és a rainha da celebração,
    soberana da dança,
Rainha da criação da música,
    soberana do canto; rainha dos saltos...
Vem com regozijo e
    percute o adufe dia e
    noite...
A terra inteira compõe música para
    ti, o céu inteiro dança jubilosamente
    para ti.[15]

Uma elaborada dança ritual na época do final das dinastias ptolomaicas era executada no Templo de Hathor em Dendera. Alguns dos versos das dançarinas escavados lá, e hoje abrigados no Louvre em Paris, têm os seguintes dizeres:

ÍSIS, A DEUSA DO NILO.

SISTRO RETRATANDO A
DEUSA HATHOR.

AS PINTURAS NA ROCHA
DE TASSILI (6000 A.C.) EM
AOUANRHET, NO QUE É
HOJE A ARGÉLIA,
RETRATAM A DEUSA
DANÇARINA OU
CORNÍFERA (LUA NOVA),
DIVINDADE DAS
ANTIGAS TRIBOS
AMAZONAS DESSA ÁREA.

Fazemos soar os nossos tambores para o
 Seu espírito
Dançamos conforme a sua Graça
Vemos nos Céus a sua
 encantadora forma
Ela é a nossa Senhora dos Sistros
Preceptora dos colares sonoros.

Hathor é a Senhora do Prazer,
 Preceptora da Dança
Senhora do Sistro e Rainha do
 Canto
Nossa Senhora da Dança, Preceptora das
 Guirlandas Floridas
Senhora de toda Beleza, Preceptora da
 Saudação.
Quando os seus dois Olhos estão abertos:
 O Sol e a Lua
Os nossos corações se regozijam, recebendo Luz
Hathor é Senhora da Dança
 Do entrelaçamento

Senhora do Êxtase – não dançamos para
  nenhuma outra
Não louvamos Nenhum outro Espírito
  A não ser o dela.[16]

A deusa Ísis (Au Set), que é reconhecida como a primeira a introduzir a dança e o canto ao povo egípcio, também tem a seu crédito a invenção do *sistro*, uma espécie de chocalho.* O som característico do sistro, repleto de altas frequências, é o antigo instrumento que dizem atuar como um dispositivo de concentração para a transcendência em muitos lugares ao redor do mundo. O festival em homenagem a Ísis tinha lugar na primavera com a inundação anual do rio Nilo, do qual a vida dos egípcios sempre dependeu. Uma inscrição consagrando um templo a Ísis diz o seguinte:

> Como é bela esta vivenda! [...] Ela durará tanto quanto os céus; ela foi criada para que tu dances todos os dias, eternamente; para que tu despertes e durmas, infinitamente, na terra, para sempre.[17]

A deusa Bast (Bastet) representava o prazer, a dança, a música e a alegria no Egito. De acordo com o historiador grego Heródoto (século V a.C.), centenas de milhares de adoradores viajavam para Bubastis (Casa de Bast), o centro do culto da deusa. Acreditava-se que a veneração a Bast por meio da música e da dança resultasse em boa saúde, tanto física quanto mental. Na antiga Babilônia, havia festivais e hinos em homenagem à deusa Ishtar: "Os cidadãos de Kishi dançam com um sistro na mão esquerda; o centro da cidade está repleto com o som de adufes; do lado de fora, flautas e tambores ecoam".[18] E um antigo ritual da Assíria tinha lugar em homenagem à deusa Astarte (Eastre, a hebreia Ashtaroth, Ester) da qual derivou a dança dramática em períodos posteriores.[19]

Na Índia, Bharati e Sarasvati tinham o mérito de conferir ao seu povo o discurso, a música e o ritual. Na literatura hindu, Sarasvati era a personificação de

---

* O sistro, acima de todos os instrumentos musicais do antigo Egito, tinha associações sagradas. A parte mais alta do cabo exibia a imagem de Hathor. Entre outras imagens estavam a naja ou a cabeça de pássaros. Pequenos címbalos de metal ao longo de hastes entrecruzadas produziam sons tilintantes. Nos períodos monásticos, portar um sistro era considerado um ato de devoção a Hathor. Posteriormente, o sistro se tornou o cetro nas mãos do rei secular.

UMA RARA REPRESENTAÇÃO DA DEUSA PARVATI DANÇANDO. PARVATI, QUE PERSONIFICAVA AS MONTANHAS, É FILHA DO HIMALAIA. ASIAN ART MUSEUM, SAN FRANCISCO. COLEÇÃO AVERY BRUNDAGE.

toda a existência, de toda a inteligência e toda a bem-aventurança, e ela inventou a primeira escrita, o sânscrito. A deusa do aprendizado e da sabedoria, ela nos presenteou com a poesia e a música e organizou a música e o ritual. Ela é frequentemente retratada segurando um *vina*, ou alaúde, e um livro, os Vedas.[20]

Bharati ensinou a união da dança com o canto, e é frequentemente chamada de Mãe dos Bardos.[21] Bharati (sol) e Sarasvati (céu, água) eram chamadas em antigas invocações ou preces com Ila (terra), deusa do próprio rito, e eram citadas como um grupo de três (Deusa Tríplice, a Trindade).

A venerável deusa Tara, que precedeu Buda em muitos séculos, é homenageada no Tibete como a personificação de atividades iluminadas de todos os budas e bodhisattvas. Tara era uma mulher que, na condição de um ser iluminado, jurou vivenciar o estado desperto da mente na forma feminina e manifestar isso continuamente, desse modo inspirando, beneficiando e libertando todos os seres. Ela é patrona das artes, da música, da dança, da palavra escrita e das ferramentas da criação. Na tradição hindu ela é o som sagrado do *Om*, do qual emana toda a criação. Dizem que aqueles que expressam as qualidades e atividades iluminadas de Tara por meio da dança eliminam os obstáculos e impedimentos da sua vida. (Consulte o Capítulo 2 para ver uma dança dos Vinte e Um Louvores de Tara.)

No Havaí, as danças em homenagem a Tutu (Avó) Pele, a Deusa do Fogo e dos Vulcões, usam apenas o rítmico bater de palmas, de varas e de tambores. Embora a própria Pele não dançasse, ela era uma patrona da dança, e sua irmã, Hi'iaka, era chamada de o espírito da dança. Uma série de oito hulas (danças) Kauai e meles (cantos) contam a história da chegada da deusa Pele à ilha do Havaí vinda do Taiti e de como Pele carregou a irmã, Hi'iaka, na forma de um ovo debaixo da axila na longa viagem pelo oceano, talvez explicando como a dança chegou pela primeira vez à ilha.

A volta à deusa

Carl G. Jung disse o seguinte: "Um arquétipo é como um antigo curso d'água ao longo do qual a água da vida fluiu durante séculos, cavando um profundo canal para si mesma. Quanto mais tempo a água tiver fluido nesse canal, mais provável é que, mais cedo ou mais tarde, ela retorne ao seu antigo leito". Toda a arte verdadeiramente notável confere forma ao arquétipo, elevando o espírito à esfera da afinidade infinita, psíquica. Na forma de arte está o traço do Espírito; o Espírito só pode ser visto por meio da forma. Certamente podemos ver como isso se aplicaria ao símbolo da Deusa.

As mulheres se relacionam com a imagem da Deusa como o aspecto feminino da criação. Ela é o retrato de nós mesmas em nossos numerosos aspectos, um espelho da nossa beleza, propósito, coragem e alegria. A Deusa Mãe cósmica simboliza o aumento do poder em harmonia com a força vital. Ela é manifestada pela nossa escolha de sermos poderosas.

O significado mais básico e mais importante da Deusa para nós hoje em dia é o reconhecimento da energia feminina como um poder legítimo e independente, um poder benéfico no qual podemos confiar dentro de nós mesmos e em outras mulheres. Acredito que seja crucial para nós, como mulheres, reivindicar espaços e tempos para nós, nos quais possamos dar rédea larga à nossa imaginação e aos nossos anseios espirituais, a fim de descobrir como seria se o princípio feminino fosse supremo, e reclamar o nosso poder de criar ritos e rituais – com ou sem o apoio de outras pessoas ou de outras tradições. Valorizar os costumes da Avó significa respeitar a vida e o nosso lugar na natureza. A época atual pode estar nos chamando para dar esse salto transformacional em direção a um novo conceito de divindade, um equilíbrio entre as energias femininas e masculinas, yin e yang, intelecto e intuição. O redespertar do símbolo da Grande Mãe não é um recuo a antigos costumes; mais exatamente ele nos chama para assumir a responsabilidade pela sobrevivência do nosso planeta – para usar as nossas dádivas inerentes, superar os nossos medos e tornarmo-nos as criadoras do nosso próprio destino.

Agora, vamos dançar

O ritual dançado comemora que a nossa vida começa (ativação), é vivida (movimento) e termina (*finale*) com a memória do sagrado. A invocação do Divino também é uma reminiscência, uma lembrança. A oferenda é para a nossa recordação, comemorando a nossa gratidão pelo alimento – físico e espiritual – por meio do qual a nossa vida e as suas dádivas são sustentadas.

Como a nossa vida poderia ter sido diferente se tivéssemos incentivado os nossos filhos a dançar a nossa alegria, a nossa admiração, a nossa reverência? Dançar como a deusa indiana Shakti, para o encanto da criação? Ainda podemos dançar. Podemos explorar conscientemente agora a beatitude do movimento por conta própria, porque somos filhos do Espírito.

As danças da energia da Deusa podem ser praticadas por qualquer pessoa de qualquer credo. Elas não são cerimônias pagãs. Essas cerimônias de dança não são "religiosas", em nossa acepção da palavra. Elas são um método de entrar em contato com o fluxo da graça; elas são um movimento de meditação e uma oportunidade de compartilhar algo em comunidade.

Uma dança para a Deusa pode ser praticada solitariamente ou em grupo. Você pode optar por dançar os diferentes aspectos ou nomes da Grande Mãe: Gaia a Geradora; Diana a Caçadora, Portadora da Luz, Amazona; Afrodite, Protetora das

Mulheres e do Parto. Experimente um arquétipo para ver os diferentes movimentos inspirados pela Deusa do Pássaro Minoico, a Deusa da Serpente Cretense e a Vênus de Laussel, por exemplo. Ou então experimente os três aspectos da Deusa como Donzela, Matrona e Anciã. Você pode usar trajes majestosos e joias, ou dançar completamente sem adornos.

O maravilhoso a respeito de dançar a Deusa é que toda dançarina é bela. Independentemente do tamanho, da forma ou da idade, existe uma figura da Deusa a ser modelada. Por que sugiro a Vênus de Laussel – uma figura corpulenta de acordo com a avaliação de qualquer pessoa? Precisamos ver que aqui estava uma figura reverenciada por si mesma. Concentrar-se nela ajudará a diminuir os preconceitos atuais com relação ao corpo feminino, inclusive o seu.

Descobri que outra maneira de dançar para a deusa é imitar os padrões de energia associados a ela. Você poderia tentar colocar grandes pôsteres ao redor do cômodo com padrões específicos em zigue-zague, espiralados, circulares e outros encontrados em vasos e estatuetas desenterrados que retratam deusas em toda a Europa desde a época neolítica. Escolha um modelo e poste-se diante dele. Concentre-se no visual, explorando qualquer conexão ou ressonância dentro do seu corpo. Por exemplo, a dupla espiral pode inspirar ondulações ou movimentos livres, na posição ereta ou deitada no chão. Um desenho em torvelinho pode, de repente, fazer com que você pense na sua impressão digital – a sua parte que é única no mundo –, o que poderá levá-la a valorizar o seu caráter único total. Livros como *The Language of the Goddess* de Marija Gimbutas e *The Woman's Dictionary of Symbols and Sacred Objects* de Barbara G. Walker estão repletos de símbolos e padrões de energia que podem servir de inspiração.

DEUSA PÁSSARO MINOICA.

DEUSA SERPENTE NEOLÍTICA DE CRETA.

VÊNUS DE LAUSSEL.

RAHDA E KRISHNA. TAPEÇARIA. COLEÇÃO DA AUTORA.

A sua dança pode ser descontraída ou mais séria, ou uma combinação de ambas. Um exemplo é o da dança *Radha* da famosa dançarina moderna Ruth St. Denis. Assim como a deusa Radha, St. Denis ergueu-se da profunda contemplação para expressar as alegrias sensuais da existência humana. No entanto, depois de algum tempo, compreendendo como são frívolos os encantos da carne, ela retornou ao seu estágio místico de contemplação. Como é a sua dança, você pode interpretá-la da maneira que desejar.

Sugiro a seguinte dança solitária, concebida para ajudá-la a extrair força do espírito da deusa interior. Com um véu ou xale cobrindo a cabeça e o corpo, sente-se na postura yogue tradicional, de olhos fechados e as mãos debaixo do queixo na posição de prece. Você talvez queira usar esse momento como uma meditação, o que torna essa dança uma coisa maravilhosa para fazer logo que acordar pela manhã.

Você saberá quando a sua meditação estiver concluída no momento em que começar a sentir uma vontade irreprimível de se mexer. Ainda com o foco voltado para o interior, observe essa vontade com a mente, exatamente como você fez na meditação, mas desta vez siga o comando dela para que você mova o corpo. Enquanto você levanta os braços e o véu cai, conscientize-se aos poucos do mundo físico à sua volta à medida que a sua meditação adquire forma física. Você pode começar com uma imagem de si mesma como uma menina feliz, pulando e dançando. Você se lembra dos sentimentos sensoriais da sua infância – não na sua mente em si, mas no seu corpo, nos movimentos que você recorda? Se você captar uma sensação de como esses sentimentos foram sutilmente desencorajados ou a culpa foi induzida a partir da reação dos outros, dance com essa criança e diga a ela que está tudo bem, a fim de se desfazer de qualquer culpa que você ainda carregue.

Experimente dançar os movimentos que simbolizam o dia a dia, as rotinas triviais. Observe como você se sente, não apenas na sua mente, mas em diferentes partes do corpo. Os seus ombros parecem pesados enquanto você pensa nos milhões de coisas que deveria estar fazendo neste momento, enquanto está "perdendo tempo" dançando?

Depois de completar todas essas sugestões ou qualquer parte delas, experimente colocar o véu novamente sobre a cabeça enquanto se senta em uma posição tranquila e repousante. Verifique os seus sentimentos. Você poderá sentir, como Radha, que tudo é frívolo e que você deseja apenas permanecer ali. No entanto, você pode sentir que a vida está repleta de possibilidades e que você está pronta para perdoar tudo, relaxar e se erguer da sua dança.

Ritual de dança comunitário para a Deusa interior

A deusa Kuan Yin é uma imagem encantadora para dançar em comunidade. Chamada de Santa Mãe da Compaixão, Mãe Misericordiosa, ela é reverenciada no Japão como Kwannon. Ela veio da China, onde era chamada de Nu Kwa nos tempos antigos (tanto *Nu* como *Yin* significam "mulher" – *Kua, K'uai* significa "terra" ou "natureza"). Relatos budistas posteriores a descrevem como tendo sido originalmente um homem que alcançara o estado do ser de Buda, mas que decidiu voltar à terra como uma bodhisattva, um mestre espiritual do sexo feminino. A natureza andrógina de Kuan Yin pode ajudar a equilibrar a energia feminina/masculina dentro de nós individualmente e dentro da nossa comunidade.

KUAN YIN COMO DEUSA DA SABEDORIA E DA COMPAIXÃO; MADEIRA ENTALHADA. FOTOGRAFIA DE IRIS STEWART.

Sem música (um tambor é opcional), o grupo forma um círculo. Movimentos e cantos são repetidos em grupos de quatro, ao compasso de quatro tempos, enquanto as participantes dão as mãos e entoam "Kuan Yin, Doe Sai". Esta é uma invocação do espírito/energia de Kuan Yin um tanto semelhante à invocação "Ave-Maria", e são quatro sílabas.

Começando com o pé esquerdo, o grupo se desloca no sentido anti-horário (para a esquerda), dando quatro passos quatro vezes em sequência, em um total de 16 passos. Em seguida, deixem cair as mãos, fiquem de frente para a direita, e deem quatro passos no sentido horário (para a direita), começando com o pé enquanto trazem mãos em concha, cheias de "água", do seu lado direito ou de fora do círculo e a derramam no centro. Completem quatro vezes esse padrão, adicionando os quatro cantos. Em seguida, flexionem os braços sobre o peito, como se estivessem segurando um bebê, e façam um movimento de balanço com os braços, como se o estivessem ninando, enquanto continuam a entoar e andar para a direita. Por último, girem no mesmo lugar quatro vezes enquanto erguem as mãos bem alto, com as palmas voltadas para cima. Juntem rapidamente os braços à frente, com os cotovelos e os antebraços se tocando, e as mãos formando um cálice. Levem o cálice à boca, bebam, e desçam o cálice até o chakra do coração na

JOAN MARLER, BIÓGRAFA DA ARQUEÓLOGA MARIJA GIMBUTAS, CONDUZ UMA DANÇA ESPIRAL EM HOMENAGEM À DEUSA. LANGUAGE OF THE GODDESS FESTIVAL, SAN FRANCISCO, 1998. FOTOGRAFIA DE KAREN PREUSS.

frente do peito. Quando deixarem cair as mãos para dar novamente as mãos no círculo, as suas palmas devem estar voltadas para baixo. Repitam o primeiro movimento para a conclusão da dança, ou prossigam para mais um ciclo da dança.

Você talvez queira dedicar alguns momentos a escrever no seu diário as sensações ou sentimentos que vivenciou. A ideia é descrevê-los rapidamente antes que a mente "pensante" comece novamente a despertar.

1. Depois de ter concluído esses rituais, de que forma eles mudaram a maneira como você se sente a respeito da Deusa, a Deusa interior?
2. Como eles afetam os seus sentimentos com relação às mulheres enquanto comunidade?

2

A Sacerdotisa Dançou

Será que elas voltaram para mim um dia,
As longas, longas danças?
Continuamente nas trevas até que as estrelas mortiças
   empalideçam
Sentirei o orvalho na garganta e o fluxo
Do vento nos cabelos?

Eurípides, As Bacantes[1]

A imagem da Deusa é um símbolo importante para as mulheres enquanto procuramos a nossa tradição da dança sagrada. Tomar conhecimento da sacerdotisa e entender o seu papel único, contudo, é fundamental porque a sacerdotisa é uma mulher real, histórica – uma mulher com a qual podemos nos identificar. Por meio da sacerdotisa e das suas danças sagradas, aprendemos que as mulheres tinham os seus próprios ritos – os seus próprios símbolos e liturgias – separados dos homens.

No entanto, como encontrar a sacerdotisa dançarina quando as informações sobre as mulheres no papel de líderes religiosas e facilitadoras são tão limitadas? Não existem praticamente relatos escritos sobre as atividades da sacerdotisa. Uma das maneiras de encontrar informações é por meio da incrível arte e artefatos que mostram representações das mulheres na prática ritual ou interpretando danças sagradas. Também encontramos indícios a respeito do papel da sacerdotisa nos relatos mitológicos de mulheres que, sem dúvida, eram exaltadas nessas narrativas devido ao papel de liderança que desempenhavam nas suas comunidades. A partir dessas imagens e mitos, continuamos a reconstituir os antigos ritos sagrados para as mulheres e pela ação das mulheres, o que nos faz avançar na nossa jornada para criar ritos e rituais significativos para nós, mulheres de hoje.

DANÇARINAS DO TEMPLO PRINCIPAL. HÉRAION, SANTUÁRIO DE SELE, FOSSE DEL SELE, ANTIGA POSEIDÔNIA (PAESTUM, ITÁLIA), SÉCULO VI A.C. DETALHE DE UM RELEVO EM ARENITO.

A arte e o mito da sacerdotisa dançarina

Em todos os países do mundo antigo, os símbolos divinos representavam mulheres no papel de dançarinas, tocadoras de instrumentos e cantoras. Em 1934, mais de 30 mil figuras de oferendas votivas em terracota e mais de quinhentos relevos arcaicos de arenito que datavam do século VI ao final do século IV a.C. foram encontrados nas ruínas da grande cidade-templo em Paestum, descoberta na Fosse del Sele [Foz do Sele] (antigo Silarus), um rio localizado no sudoeste da Itália. Esse foi o santuário de Hera, a "mãe dos deuses", durante quinhentos anos.[2] Os relevos mais impressionantes são provenientes do tesouro do templo principal, o Heraion, e todos eles, sem exceção, representavam dançarinas interpretando uma dança sagrada – dançarinas se movendo com a pura graça, a solene delicadeza e a intensidade características da escultura do período jônico.[3] Um desses relevos mostra a sacerdotisa com os longos cabelos soltos, olhando para trás, para as dançarinas, enquanto as conduz. Foram encontradas figuras dançantes de terracota do século IV a.C. no santuário de Deméter de Acrocorinto em Corinto, na Grécia.[4] Também na Grécia,

LÍDER DA DANÇA. ENTALHE EM UMA PAREDE, TEMPLO EM SELE, SÉCULO V.

um dos mais antigos exemplos da sacerdotisa dançarina foi encontrado na pintura de uma caverna da Era do Gelo na qual a deusa arcaica Beócia se ergue no centro do círculo de mulheres que executam uma dança de ritos de regeneração energéticos. Um afresco descoberto em uma caverna do Paleolítico Superior (10000 a.C.) de Cogus na Catalunha, Espanha, mostra nove mulheres interpretando a dança do círculo celestial, ou Dança das Horas.*

Pinturas em vasos e recipientes de Sassari na Sardenha, sicilianos e ucranianos de 4500 a 4000 a.C. mostram figuras em forma de ampulhetas compostas por dois triângulos, vestindo saias franjadas, cintos rituais e brincos. Algumas dançam em grupo, de mãos dadas, em um círculo; outras dançam sozinhas ou em pares, com uma das mãos na cabeça e a outra no quadril, ou erguendo ambas as mãos sobre a cabeça. Há figuras semelhantes provenientes da Bulgária e da Grécia micênica. Figuras dançantes em forma de ampulhetas na parede de uma caverna na Bretanha mostram o sol do inverno associado a danças rituais que não apenas estão registradas na parede como também podem ter sido efetivamente interpretadas ali.[5] Pinturas em penhascos da Tanzânia reveladas por Mary Leakey, algumas consideradas como tendo 29 mil anos de idade, mostram grupos de mulheres dançando, algumas carregando instrumentos musicais.

> ಖಾ
>
> *Precisamos reviver as nossas memórias da dança sagrada.*
> *Como a nossa Avó dançava?*
> *Como ela descobriu há tanto tempo o que ainda buscamos?*
> *O que a terá atraído?*
> *Levantem-se! Deem as mãos! Mexam-se!*
> *Ela não estava nem um pouco constrangida de mexer o corpo, como estou hoje.*
> *Ela vivenciava de bom grado o poder e a serenidade, abria-se livremente para o divino extático.*
> *Ela não sentia nenhuma culpa, como nós aprendemos depois a sentir.*
> *Onde estão aquelas canções que as nossas mães cantavam, ajustando os ritmos à vasta amplitude da vida?*
> *O que era mesmo que elas cantavam enquanto colhiam o maís, debulhavam o painço, armazenavam o grão... Por que não temos conhecimento dos costumes da Avó?*
> *Por que ele ficou oculto por tanto tempo?*
> *Este é o momento pelo qual estávamos esperando –*
> *Avó, aqui estamos, ouça-nos, Ajude-nos, conduza-nos novamente na dança!*
>
> Iris J. Stewart
>
> ಖಾ

---

* Buffie Johnson diz que essa dança não era o que normalmente é chamado de dança da fertilidade, e a pequena figura masculina com o pênis flácido foi acrescentada em uma data posterior (Buffie Johnson, *Lady of the Beasts*, San Francisco: Harper & Row, 1981).

DANÇA DAS HORAS. DETALHE DO PALEOLÍTICO SUPERIOR (DEPOIS DE 10000 A.C.) DESENHO EM UMA CAVERNA, COGUS, ESPANHA.

O propósito da sua dança ritual era revelar o mistério por trás das formas, nomes e símbolos da divindade por intermédio da pessoa da dançarina-sacerdotisa. As mulheres participavam do desenvolvimento e da apresentação desses rituais, que eram ao mesmo tempo elaborados e simples.

A partir de desenhos em sepulturas, podemos perceber claramente que as mulheres do antigo Egito interpretavam danças cerimoniais e eram as musicistas oficiais, inclusive na época do Novo Reino. O sistro, o tambor e o tamborim sagrados, durante os milhares de anos em que foram representados na história egípcia, estavam sempre nas mãos de mulheres que participavam das danças e procissões sagradas ou tocavam diante da Deusa. A partir de estatuetas desenterradas representando mulheres segurando instrumentos musicais, matracas, tambores e flautas, vemos que os pranteadores oficiais dos funerais e dançarinos rituais também eram, na maioria dos casos, mulheres.[6]

SACERDOTISA EGÍPCIA COM UM SISTRO.

A arte hindu e budista primitiva retrata *Yakshis*, geralmente identificados como espíritos da natureza femininos protetores, cuja auspiciosa linhagem retrocede à Deusa Mãe do Vale do Indo, Salabhanjika.[7] E no sudeste da Ásia, as mulheres eram geralmente incorporadas ao programa escultural do templo como dançarinas ou *Apsaras* – seres celestiais do Rig-Veda.

Na Índia, muitos aspectos da religião pré-védica foram incorporados ao hinduísmo que era praticado nas aldeias, mais ou menos como o judaísmo e o cristianismo incorporaram muitos costumes pagãos. As Kathaks do norte da Índia, antes da época medieval, eram dançarinas e musicista do templo que narravam por meio da dança o vasto e rico conhecimento dos textos sagrados sanscríticos da Índia. *Katha*, ou *Kathak*, uma palavra do sânscrito, está relacionada com o vocábulo hebraico *Kadesh* (sacerdotisa).

No estado indiano de Orissa, a dança do templo é Odissi, uma tradição com evidência escultural de que tem sido praticada há mais de 5 mil anos. A forma mais conhecida de dança clássica na Índia é a Bharata Natyam, que surgiu entre 200 a.C. e 200 d.C. Essa forma de dança tem o seu núcleo no sul da Índia, no Planalto Deccan, em Madras e em Tanjore (Thanjavur). Ainda em 1930, a Bharata Natyam era executada por *deva-dasis*, dançarinas agregadas ao templo.

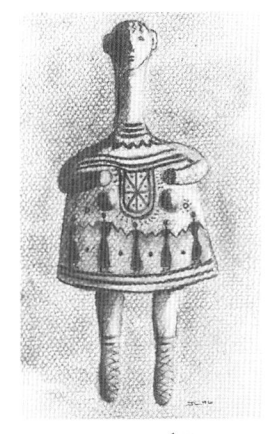

ANAPAYINI DARI MAYSACK, DANÇARINA DE BHARATA NATYAM.

O culto da deusa Shakti na Índia é realizado por meio da pessoa de uma sacerdotisa, a qual, quando possuída por Shakti, é chamada de Matangi. Quando uma nova sacerdotisa está para ser iniciada, uma menina é escolhida e vestida com um sari branco; depois de várias cerimônias, ela é conduzida a um lugar onde, se o poder vier à garota, ela começa a dançar. A Matangi participa de todos os festivais da aldeia nos quais a presença da Deusa é solicitada.

DEUSA BEÓCIA.
ARTISTA: JODY LYMAN.

A história das Mênades

MÊNADES EM UM VASO GREGO.

Estou certa de que você já viu as Mênades – aquelas mulheres que estão pintadas em milhares de vasos gregos, os *hydria*, encontrados em todos os museus e livros de história da arte. Dizem que as Mênades encontram-se em um frenesi, dançando nas florestas, geralmente sendo perseguidas por sátiros. Talvez você, como eu, tenha tido a impressão de que Mênades eram mulheres loucas. Esse nome veio a significar literalmente uma "mulher anormalmente agitada ou confusa".

O nome da Mênade e o significado da sua dança como temos conhecimento dele hoje são o resultado de interpretações de observadores externos. Diziam que as Mênades entravam em transes extáticos, os quais lhes confeririam uma grande força física e uma completa indiferença às convenções da sua sociedade. Eurípides (século V a.C.) parece ter sido o principal propagandista na sua peça *As Bacantes*, ou *Bacchae*, mas ao fazer isso, ele expôs o medo masculino do êxtase e das mulheres. As Mênades eram produto da sua imaginação, um constructo literário formado a partir de elementos do mito, refletindo o medo de que as mulheres escapassem do controle ateniense. A peça pode ter se baseado em mulheres autênticas executando "danças da montanha".

As míticas Mênades são semelhantes às Coribantes, acompanhantes míticas de Cibele, que, segundo se presumia, dançavam freneticamente com a Deusa nas montanhas. As suas congêneres históricas eram as Tíades, que eram quase a mesma coisa que as Bacantes (do sexo feminino). Elas eram conhecidas como "as impetuosas" ou "Aquelas que avançavam diretamente [...] para os deuses".

Loucura, frenesi, orgiástico – todos esses termos eram aplicados às Mênades na antiga Grécia e também no período dionisíaco. De acordo com o *Dictionary of the Dance*, a palavra orgia (*orgia* em grego) derivou do processo ritual do *orchestrion* (em contraste com exorcismo), isto é, a deliberada invocação dos *manes* ou espíritos que partiram, ancestrais, espíritos elementais da natureza, ou a invocação de um espírito divino superior. O autor concorda em que as frequentes referências à "dança frenética" se devem "principalmente a um equívoco ou a traduções incorretas das breves descrições de autores da Antiguidade, que talvez nunca tenham visto o que estavam descrevendo". A palavra grega *exorcheisthai* significa "dançar livremente", e não "falar livremente".[9] Embora não exista nenhuma evidência de que as orgias dionisíacas efetivamente tenham ocorrido, ou que a origem delas fosse minoica, escritores e historiadores consumiram centenas de páginas de produção literária imaginativa determinados a fazer com que as coisas fossem dessa maneira.

Entheos-iasmos, ou *enthousiasmos*, era outra palavra utilizada para descrever as Mênades (*en*, "em"; *theos*, "divindade"). Ela significa inspiração, crença em revelações especiais do Espírito Santo, revelações do *theos* interior. Ela distingue "possuído" de *ekphron*, "louco": se você está *ekphron* você não é necessariamente *entheos*,[10] que significa flamejante e ardente de uma maneira divina, e não no sentido instintivo.

A nossa palavra *entusiasmo* deriva dessa palavra grega. Entusiasmo é compartilhar uma energia que é concebida como divina, como mana. Todos ficamos entusiasmados quando dançamos, com ou sem a crença na espiritualidade da dança, enquanto o mana dos ritmos compartilhados nos conduzem pelas ondas da dança. A diferença entre o êxtase religioso e a "loucura" pode estar no olho do observador ou, mais exatamente, do espectador. Temos apenas que nos perguntar exatamente até que ponto tudo aquilo era "louco".

Sacerdotisas dançarinas ou adoradoras também eram às vezes retratadas na imagem da Deusa. O toucado da escultura de uma Deusa cipriota do século VI a.C. está adornado com imagens de sacerdotisas dançarinas ou adoradoras. Uma figura de terracota da deusa Beócia em formato de sino, do período arcaico em Tanagra, retrata uma cadeia de adoradoras dançarinas no seu vestido.[8] E as Três Graças são mostradas no abdômen da grande estátua de Ártemis na Turquia.

Ao longo dos milênios, as culturas mudam, se apropriam da cultura umas das outras, e revestem memórias esmaecidas com mitologia, de modo que nem sempre existe uma linha claramente definida entre as mulheres autênticas que eram divinizadas e aquelas que eram divindades imaginadas. Na mitologia grega, as Curetes eram conhecidas como semidivindades, dançarinas que ajudavam no nascimento de deuses e deusas, mas elas podem na realidade ter sido sacerdotisas autênticas que se tornaram mitos à medida que o tempo foi passando. Alguns outros exemplos são as Nove Musas Selvagens ou sacerdotisas do Monte Parnaso, do Monte Hélicon e do Monte Olimpo, que eram representantes da Deusa Onipotente reverenciada no topo dessas montanhas. Pompônio Mela, no século I d.C., descreve uma comunidade de nove virgens na Ilha de Sena ao largo da costa da Bretanha, à qual ele atribuía poderes proféticos mágicos, como instigar as ondas do mar com o seu canto, transformar os animais em quaisquer coisas que desejassem, curar doenças incuráveis e predizer o futuro.[11] E Homero escreveu sobre as Ninfas, que não se classificavam como imortais ou mortais: "elas vivem muito tempo, comem alimentos ambrosíacos e deslizam na encantadora dança entre os imortais". Relatos semelhantes podem ser encontrados a respeito das Mênades, das Nornes, das Nereidas, das Hárpias, das Fúrias, das Valquírias, das Volvas, das Sibilas, das Moiras (Parcas que dançavam com Fortuna) ou Graia, das Sereias e Fiandeiras Gregas, da Lorelei Alemã, das Fadas, das Náiades e das Erínias (Fúrias) com cabelos de serpente. Essas histórias são um testemunho do poder percebido da mulher como sacerdotisa e líder dos cerimoniais da dança sagrada.

Entre outros exemplos do espírito místico feminino da sacerdotisa dançarina estão a Oréades (*oreos* indicando montanhas, ou *oreios*, elevação das montanhas e colinas) na mitologia grega, que eram sacerdotisas que dançavam em círculo associadas aos Oráculos. As Horas da Grécia pré-helênica, filhas de Têmis, acompanhavam a passagem do tempo e a estação adequada para os eventos terrenos por meio do ritmo da dança. Talo (Primavera) e Carpo (Outono), seres celestiais que executavam a Dança das Horas, atuavam como parteiras espirituais para os deuses

> ෴
>
> Em um pequeno conjunto de cerâmica de Palaikastro, Creta, mulheres dão os braços enquanto executam uma dança em círculo em volta de uma mulher que está tocando a lira. Uma peça semelhante de uma sepultura datada de 1500 a.C. mostra quatro mulheres em um círculo, de braços dados. Pequenos grupos de dança formais são retratados diante do palácio de Cnossos, enquanto outros entalhes em sinetes indicam uma dança religiosa, que era bem mais extática, nos bosques sagrados e diante da Deusa. Os desenhos do sarcófago de Hagia Triada nos dizem que as sacerdotisas tinham uma importante presença nas cerimônias ainda no século XIV.
>
> Safo, 600 a.C., descreveu como era:
>
> *Quando a luz cheia subiu*
> *As mulheres assumiram o seu lugar em volta do altar [...]*
> *([...] elas estavam dançando) como as mulheres cretenses dançavam ao lado de um encantador altar*
> *Os seus graciosos pés pisando na suave florescência da relva.*[14]
>
> ෴

e inspiravam as horas terrenas. Homero as descreveu como divindades das condições atmosféricas e ministras de Zeus. Dizem que elas são a origem das Horas na prática devocional cristã, como no *Livro das Horas*. As Horas de Hellas eram sacerdotisas de Orai,[12] deusa da natureza e das estações, mais tarde simplificada, passando a simbolizar o governo, a ordem e a justiça. A sua dança se baseava no círculo zodiacal das "horas". Chamadas de "sentinelas", elas eram as guardiãs do tempo lunar/mensal/sazonal nas culturas da Antiguidade.

As *Horo*, ou *Khoroi*, eram as dançarinas de Koré, Mãe do Mundo dos Mistérios Cretenses em Cnossos. Uma cena do palácio de Cnossos, por volta do século XVI a.C., mostra um grupo de mulheres avançando em uníssono porém em uma linha bastante irregular, cada uma com um braço levantado à frente. Belas e poderosas são essas mulheres, com longos cachos fluindo de tiaras, cada uma com um cacho na frente do ouvido, o resto caindo pelas costas ou esvoaçando para acentuar o movimento energético. Elas vestem trajes semelhantes àqueles usados pela representação da Deusa que segura serpentes: uma veste aberta na frente, cingindo uma cintura fina, sobre saias longas pregueadas, com babados e estampa chevron. Entalhes em sinetes minoicos também exibem sacerdotisas cretenses vestindo saias com babados e uma elaborada ornamentação dançando diante do altar, diante da Mãe Cósmica, e no bosque sagrado.[13]

Em Pompeia, durante o século I d.C., preces e oferendas eram feitas regularmente para Vesta (a Héstia grega), a deusa do fogo doméstico. O termo Virgens Vestais é proveniente das suas sacerdotisas, que eram guardiãs da chama sagrada. Festivais, com dança e jogos, eram feitos em sua homenagem, semelhantes aos realizados para Hera na Grécia, que antecederam os olimpianos.[15] As sacerdotisas no Egito, na ocasião do festival anual de Hathor, iam de casa em casa concedendo as bênçãos de Hathor. Elas faziam isso dançando, cantando e oferecendo às pessoas os emblemas da sua deusa, o sistro e o manit (colar).

A poesia persa e antigas pinturas em miniatura retratavam as qualidades da perfeição atribuída à deusa Aredvi Sura Anahita e um grupo de dançarinas, reais ou imaginárias, chamadas de Houris do Paraíso.[16] Assim como as Horas da Grécia, as Houris eram "damas da hora" árabe-persas dançarinas que marcam o tempo no céu e cuidavam das almas-estrelas. De acordo com os poetas sufistas, elas eram os

As amazonas eram sacerdotisas dançarinas?

De acordo com Pausânias e Estrabo, Éfeso foi fundada pelas amazonas pelo menos por volta do século VI a.C., possivelmente antes de os gregos terem chegado lá.[17] Éfeso era o centro mais importante para as seguidoras de Ártemis em Ionia na Anatólia ocidental, onde é hoje a Turquia. Elas executavam uma dança ritual em volta da grande estátua de Ártemis que continuou a ser realizada em séculos posteriores. Dizem que as sacerdotisas de Diana usavam os seus escudos e espadas em uma dança circular ao redor de uma faia ou carvalho sagrado em Éfeso.[18]

No seu hino a Ártemis, o poeta Calímaco escreveu o seguinte: "Há muito tempo, Ártemis, as guerreiras amazonas erigiram a sua estátua debaixo de uma faia no lugar onde a Rainha Hippo fazia as suas oferendas. Cingindo as suas armas, elas executaram a dança dos escudos e, em seguida, formando um grande círculo, dançaram acompanhadas por uma flauta de som agudo. As suas vibrações clamorosas sacudiam a terra e o céu".[19]

símbolos da vida espiritual. Dando a impressão de ficar paradas em pleno ar, dançando com tambor de moldura ou harpa, as Houris despertam o observador para uma consciência mais elevada além do plano material.

Pinturas em sepulturas e vasos retratando movimentos cerimoniais da Pérsia pré-islâmica remontam a 1400 a.C. As pinturas em miniatura, embora altamente estilizadas, também fornecem pistas de como podem ter sido essas danças. Embora não tão complexas quanto as formas de dança devocionais da Índia, com o seu sistema de *hasta mudras* (gesto, símbolo) e *asanas* (posições) específicos, as pinturas em miniatura retratam graciosos movimentos da mão de um lado para o outro, por cima da cabeça e sobre o rosto enquanto a dançarina desliza pelo chão ou balança para trás e para a frente, de pé ou de joelhos.[20]

A sacerdotisa na Bíblia

Podemos coletar algumas pistas no Antigo Testamento a respeito da existência de sacerdotisas dançarinas se pensarmos no nome descritivo "Filhas de Sião" de uma nova maneira (Isaías 3:16-26). Sião era a mística Mãe e Amada de Israel, e a sua futura noiva. Sião também era a "a Cidade Alta", o lugar sagrado ou área do templo em que ele tinha sido construído. "Subir para Sião" está relacionado com a alegria extática. É equiparado ao conceito do paraíso no mundo de outras culturas, situado no topo da montanha: o Himalaia indiano, o Monte Olimpo grego e outros. É aqui que as "filhas de Deus" dançam os mistérios. "Por conseguinte, elas virão e cantarão na altura do Sião, e fluirão juntas em direção à bondade do Senhor." É em Sião que a "Virgem [...] sairá dançando" (Jeremias 31:4).

A palavra *Sião* se equipara ao vocábulo grego *Zona*, que indica uma zona específica ou designada, um círculo igualmente dividido – geralmente pelas doze divisões do zodíaco.[21] A palavra hebraica *zonah* é, às vezes, definida como "prostituta" e, às vezes, como "profetisa".[22] Isso sugere que a sacerdotisa um dia foi respeitada. Ela também pode estar relacionada com a palavra egípcia *min-zion* (*min*, "ministrar"), que era um círculo de dançarinas rituais se movendo através do círculo em rituais de cura, produzindo um padrão de estrela de seis pontas.[23] Como os doze signos (padrões de estrela), mansões (*manzions*) ou zonas sagradas, Sião era o espírito ou energia feminina do lugar. Por conseguinte, as Filhas de Sião em Israel representavam o

Era Maria uma sacerdotisa dançarina?

Um lendário Evangelho apócrifo, *Proto-evangelho de Tiago*, escrito por volta de 150 d.C., dizia que em gratidão a Deus por ter lhe dado uma filha, a mãe de Maria, Anna, ou Santa Ana (também Hannah), dedicou Maria ao templo quando ela tinha 3 anos de idade. O padre "colocou-a no terceiro degrau do altar e o Senhor Deus derramou graça sobre a criança, e ela dançou de alegria com os pés, e toda a casa de Israel a amou". Infelizmente, quando ela atingiu a puberdade aos 12 anos,* os levitas ficaram preocupados com a possibilidade de que ela "poluísse" o templo, de modo que o seu sacerdócio cessou. Essa história foi aceita como autêntica na Ortodoxia Oriental,[26] e rejeitada pelo Ocidente, mas reapareceu no Ocidente durante a Renascença com o título *Protevangelium*.[27]

Encontrei uma rara representação dessa cena nas paredes de uma antiga igreja bizantina da Virgem de Kera (Panaghia Keras), que visitei em Krista, em Creta. Maria e os seus pais estão acompanhados pelas "Filhas dos Hebreus", cujos trajes magníficos indicam claramente o *status* deles entre os sagrados. O desenho de um manuscrito, "Maria e as Donzelas Hebreias Dançando", da Biblioteca do Vaticano, reflete a estreita associação da dança e do culto no início do período cristão. A palavra *donzela* aqui pode ser vista como um sinônimo para o papel da sacerdotisa. Nessa ilustração particular, uma das sacerdotisas toca o tambor cilíndrico enquanto outra toca castanholas de metal ou *zaggats*.

Maria continuou a dançar depois da sua ascensão ao céu. Na Espanha medieval, o dia primeiro de outubro era celebrado como a festa das rosas da Virgem Maria, na qual o seguinte hino era cantado:

Virgem, tu ascendes ao perene triunfo
Tu compartilhas merecidamente a dança em círculo celestial.

---

* O número 12 (4 triplicado) é significativo porque o seguinte é 13, o número da mudança repentina ou caos.

MARIA E AS DONZELAS HEBREIAS DANÇANDO. DO ANTIGO DESENHO DE UM MANUSCRITO DA IGREJA, BIBLIOTECA DO VATICANO.

espírito de Jerusalém.* É interessante que Jeová tenha ido para Sião "bem como os cantores e tocadores de instrumentos estarão lá" e declarado em meio ao canto e a dança, "todas as minhas primaveras estão em vós". As Filhas de Sião eram mulheres livres retratadas como altivas, "*caminhando a passos miúdos* e fazendo um tilintar com os pés" – passos de dança – para assombro do profeta, Isaías (Isaías 3:16).

Outro nome bíblico para sacerdotisa é *qadesha* (*kadesh*),²⁴ ou *Qedish'im*, que significa "mulher sagrada" ou "mulher declarada como tabu" e no sentido original era, em linhas gerais, equivalente aos *devi-dasi* ("servos dos Deuses") hindus, de acordo com Tikva Frymer-Kensky, assiriologista/sumeriologista e biblicista que estudou os textos antigos da Suméria, Babilônia, Assíria e Israel. Geralmente do sexo feminino, os servos trabalhavam com os sacerdotes levitas na prática diária. *Kiddush*,²⁵ *kedusha*, é "santificação" em hebraico e deriva de *kaddesh*, "santificar".** *Kadesh* sobrevive na palavra *Kaddish*, que hoje significa "prece, ação de graças ou luto".²⁸ Na *Kaddish*, ou prece para os mortos, bênçãos são pronunciadas ou lidas às vezes de uma maneira semelhante à dança; os braços são levantados três vezes, as mãos ficam abertas, enquanto o suplicante se balança sobre os dedos dos pés. *Qadesh* é geralmente traduzido como "sagrado", mas também está relacionado com "um ponto central, eixo, foco ou motivo sobre o qual tudo gira".²⁹

O termo *Qadesh* foi um dos numerosos epítetos conferidos à deusa assíria Astarte (Ashtoreth), à hitita Kades (Quedesh) e à cretense Kadesh, que tinha a sua dança ritual e de santificação.³⁰

De sacerdotisa a intérprete: a transição

A sacerdotisa na Antiguidade fazia parte da comunidade, a Avó. Ela era ama e parteira, curandeira, oferecendo conselhos quando necessário, porém sem ser considerada superior ou elevada a alturas "sacerdotais". Acompanhando o seu trabalho

---

* As mulheres como "espíritos do lugar" têm sido uma crença difundida demonstrada pela prática de chamar as cidades de "ela". Isso também, de certo modo, é mostrado pela tradição dos concursos de beleza de Miss América nos estados e cidades americanos, bem como pela Estátua da Liberdade. Esse legado espiritual pode ajudar a explicar a insistência de que Miss América seja virgem, ou que, pelo menos, preste um depoimento declarando que não tem filhos.

** Kadesh era o nome de vários lugares em Erez em Israel, Síria e Canaã aos quais um personagem sagrado é atribuído. Miriam morreu e foi enterrada em Kadesh-Barnea, o local de uma "rica fonte que rega uma fértil planície" (*Encyclopedia Judaica*, Jerusalém: Peter Publishing House Ltd., 1972).

com música, as nossas ancestrais transformavam a labuta em padrões de dança rítmicos, neutralizando seus efeitos potencialmente adversos no corpo e na psique humanos. Elas marcavam o espaço e o tempo sagrados em palavras valorizadas pelo seu poder de cura, associadas à respiração e ao movimento, à própria força vital. Nas ocasiões festivas ou para fins específicos de ritual, a sacerdotisa vestia um traje, joias e um toucado especiais, abandonando a sua identidade pessoal a fim de personificar um poder maior. Ela depois despia as suas vestes cerimoniais, que eram então guardadas para a ocasião seguinte. De acordo com Marija Gimbutas, "Embora essas irmandades ou comunidades de mulheres fossem dotadas de um grande poder, elas parecem ter funcionado como entidades coletivas, não como autocracias".[31]

O PRIMEIRO ALTAR. DUAS MULHERES EXECUTAM UM RITUAL DE MÚSICA E DANÇA EM VOLTA DO ALTAR DOMÉSTICO DO FOGO SAGRADO.

Com o tempo, as sacerdotisas como guardiãs e líderes do ritual desapareceram de cena com a ascensão de uma casta sacerdotal (os levitas e os brâmanes são exemplos). O altar, que se situava no fogo doméstico, foi transferido para o templo. Os centros comunais de culto, de moradia e os depósitos foram substituídos pelo prédio da igreja. Os templos foram construídos como edifícios separados para abrigar uma instituição de sacerdotes distintos, onde o ritual passou a ser domínio de indivíduos selecionados em prol da comunidade, no lugar da participação comunal. Os rituais orgânicos se tornaram a religião estabelecida.

MUSICISTAS E DANÇARINAS. COLEÇÃO DO METROPOLITAN MUSEUM OF ART.

> ## ᛟ
> ### O que era o templo?
>
> Para ter uma ideia melhor da perda dos costumes das mulheres, precisamos conhecer as diferenças entre os templos das mulheres e os templos posteriores. O que é hoje chamado de templo não era, nos tempos da Antiga Religião, um prédio vazio usado uma vez por semana no Sabbath. Frequentemente, o local de culto e ritual continha uma área sagrada, um círculo de pedras, uma gruta ou um bosque com árvores sagrado. Os prédios incluíam o depósito e o celeiro, organizados para garantir o suprimento de comida para todos durante os invernos e as safras fracas – uma ideia muito prática. Eles continham salas de trabalho e alojamentos. Algumas pessoas até mesmo enterravam os seus mortos debaixo do solo.
>
> ᛟ

A dança como parte integrante da prática espiritual das mulheres compartilhou um destino paralelo ao da sacerdotisa. À medida que as religiões, em muitas partes do mundo, foram se afastando cada vez mais da participação comunal, as danças da natureza comunais, as danças de êxtase religioso e as danças de nascimento/fertilidade conduzidas pela sacerdotisa passaram a ser vistas com maus olhos e, com o tempo, foram proibidas. Algumas religiões incorporaram a sacerdotisa aos seus ritos como uma dançarina sagrada, mas essas religiões tornavam as dançarinas sagradas servas do templo e dos seus sacerdotes.

A importante separação entre a forma artística de culto e o ambiente devocional – uma separação entre o sagrado e o profano – foi provocada pela divisão social dos sacerdotes e adoradores em senhores e servos. As danças devocionais aos poucos foram se tornando um trabalho contratado para o prazer de espectadores pagantes ou governantes, para um entretenimento provocante. A dança deixou de ser um ato religioso ou rito cerimonial e se tornou um trabalho artístico destinado à observação e sujeito à avaliação do observador.[32] Essas mudanças deram origem a uma cultura da dança como teatro e entretenimento.

Na época do Império Romano, as danças sagradas dos etruscos, gregos e macedônios se tornaram um mero entretenimento para os romanos e eram executadas

A prostituta sagrada

O hábito dos antropólogos e dos historiadores de rotular a sacerdotisa, bem como a própria Grande Mãe, de "prostituta", mesmo que o termo seja seguido por palavras como "templo", "sagrada" ou "ritual", deturpa inteiramente o significado dos antigos costumes que esses estudiosos estão supostamente explicando.

O *Oxford English Dictionary* diz que, de 1540 a 1677, a palavra *prostitute* [prostituta] era usada no sentido de "oferecer com completa devoção ou abnegação", ou simplesmente como um sinônimo para "to devote" ["devotar"]. Já no início do século XVIII, a palavra *prostituta* denotava "entregue ou dedicada a uma coisa maligna". Ela começou a ser usada figurativamente para significar "desprezível" ou "degradante, corrompida". Em meados desse século, a palavra *prostituta* estava consagrada no sentido sexual que conhecemos hoje.

A palavra *prostituta*, com o significado de "expor publicamente", baseada em "estabelecer ou decretar" e "devotar", se desenvolveu a partir de ritos iniciatórios femininos, uma parte importante de diversas culturas no mundo inteiro. Embora houvesse muitas variações, de um modo geral esses ritos incluíam um certo período de reclusão durante o primeiro período menstrual, uma época de educação em sexualidade e fertilidade, nos costumes das pessoas e nas tradições religiosas relevantes para o futuro papel das mulheres dentro de tudo isso.

Quando o período de segregação e instrução terminava, tinha início o rito. Uma vez mais, ele variava de acordo com o tempo e o lugar, mas geralmente incluía danças, cantos, algumas vezes banhos rituais, bem como a pintura do corpo com ocre, a tatuagem, etc. Quando esse rito era concluído, o rito público começava. A essência do rito público era a exibição solene da jovem à comunidade como uma proclamação cerimonial de que o mistério fora consumado e ela se revelara adulta, assumindo agora as plenas responsabilidades da condição de mulher.

Mircea Eliade escreveu o seguinte a respeito do significado dessa cerimônia:

> Mostrar alguma coisa de uma maneira cerimonial – um símbolo, um objeto, um animal, um ser humano – significa declarar uma presença sagrada, aclamar o milagre de uma hierofania. Esse rito, que é extremamente simples em si mesmo, denota um comportamento religioso que é arcaico. [...] Muito provavelmente, essa apresentação cerimonial da jovem iniciada representa o primeiro estágio da cerimônia.[33]

Fundamental para esses ritos era a revelação essencial do papel da mulher como criadora, o que por si só constituía uma experiência religiosa exclusiva do seu gênero. Na realidade, essa pode ter sido a base das escolas de mistério e dos Mistérios Eleusinos.

Na Índia, embora não no Tibete, o budismo tântrico e o budismo vajrayana encaravam as deusas como "condutores lampejantes" que desviavam os fluxos de energia humana diretamente para a Alma do Mundo. À medida que essa crença se enredou com a rota sexual tântrica para o nirvana, desenvolveram-se lendas da Deusa que se revelava por intermédio das sacerdotisas como a *harlot* sagrada para atrair os homens com o propósito da transformação. Tornou-se comum na Índia que as *deva-dasis*, mulheres do templo que tinham uma santidade simbólica especial, fossem trazidas do exterior como parceiras. Essas mulheres eram conhecidas pelos budistas como *dakinis*.

Na história mesopotâmica de Gilgamesh, há um vestígio de mitos e sistemas de crenças anteriores quando o selvagem Enkidu é humanizado ao ter relações sexuais com uma sacerdotisa de Ishtar, o que o ajudou a "se tornar sábio, como um deus". Eisler diz o seguinte: "Existem também fortes vestígios do sexo como um rito religioso nas tradições religiosas orientais [...], como nas histórias da Mesopotâmia nas quais as sacerdotisas do amor são reduzidas a 'prostitutas' – o emprego do prazer erótico como uma forma de elevar a consciência (ou alcançar uma espiritualidade mais elevada) [...]".[34]

por profissionais remunerados e escravos trazidos de outros lugares. Embora um sem-número de decorações de vasos gregos durante a época de Alexandre o Grande (século III a.C.) ilustrassem jovens em posições e posturas semelhantes às dos antigos ritos de fertilidade, a essa altura tais ritos já estavam despojados do seu significado e tinham se degenerado em exibições de encantos corporais para agradar ao desejo masculino. À medida que o foco se deslocou para o extrovertido, o mimético, o mascarado e o teatral, o declínio e a alienação do sagrado, do interior e do místico se tornaram inevitáveis. No Egito, já nos primeiros períodos monásticos, as funções das sacerdotisas foram reduzidas. Elas só tinham permissão para cantar e dançar nos coros do templo e, em períodos posteriores, o cargo se tornou puramente honorário, sem atribuições.[35]

As danças dos mistérios sagrados se tornaram obras dramáticas de dança exportadas por meio das rotas comerciais, onde, fora do seu contexto original e assistidas por audiências estrangeiras, elas seriam consideradas exóticas e empolgantes. O princípio feminino universal da conexão espírito-matéria foi transformado na dualidade da sedução/virgindade, e a sacerdotisa/parteira deixou de ser um canal espiritual e se tornou uma feiticeira que detinha as chaves da magia – da magia negra. Em algumas culturas, o arquétipo da mulher como o lado escuro da personalidade foi projetado na dançarina, o misterioso mas poderoso, o primordial, o inconsciente no qual nascem os sentimentos eróticos e exóticos. A ilusão aparece repetidamente na história e no mito: Salomé, Dalila, Jezebel, até mesmo Mata Hari no século XX.

À medida que a transição da religião da mãe para o domínio do pai foi tendo lugar, os aspectos maternos do ritual diminuíram. A sexualidade e a procriação foram divididas e separadas de um conceito de entrosamento com a natureza ou com o fluxo natural, para o conceito de entrosamento com a unidade tribal, de entrosamento com o pai/rei/estado. O modelo de uma mulher no estado de gravidez tornou-se repulsivo; a Mãe Terra foi substituída por um modelo mais jovial e esguio como a versão posterior greco-romana de Vênus representando o amor romântico, por exemplo.

Nessas transições, o significado de *virgem* mudou da mulher que escolheu permanecer com o templo para o da prostituta sagrada que foi obrigada a devotar tempo ao templo. Na condição de prostitutas sagradas, o papel dessas mulheres deixou de ser o de praticar a magia da fertilidade e se tornou o de simular a relação sexual. A primogênita de uma escrava era consagrada ao templo, definindo assim o seu papel, enquanto mulheres ricas pagavam outras para substituí-las ou para substituir as suas filhas. A dança como parte de ritos sagrados se converteu em uma dança para agradar ao rei. O rei governava por meio da designação divina, e dança da corte se tornou um veículo para o controle dos seus súditos. O balé da corte real se desenvolveu a partir das dançarinas do coro do templo; em uma época anterior, as mulheres dançavam para a sua Deusa, mas agora elas eram forçadas a entreter o príncipe.

A mesma mudança ocorreu na Índia. A mitologia oriental da Antiguidade era moldada em volta da ideia de que o universo fora criado por meio de uma dança divina e que os instrumentos musicais eram as ferramentas do sobrenatural, que se derramava através da "música das esferas". Essas danças épicas eram rituais estabelecidos nos textos védicos em 550 a.C., e que continuaram na cultura hindu da Índia, onde cada gesto se tornou altamente estilizado. Ao longo dos anos, as histórias épicas de reis e ricos comerciantes interpretadas se infiltraram na pantomima dos

DANÇARINOS KATHAKALI DO SEXO MASCULINO VESTIDOS DE MULHER.
FOTOGRAFIA DE PAYSON STEVENS.

textos hindus sagrados, e a dançarina se tornou a recreadora da realeza. Durante o domínio dos governantes mongóis, a música e a dança que tinham sido durante um longo tempo sagradas para os templos passaram a ser executadas primeiro nas cortes da elite e depois entre as pessoas comuns.

O autor Steven Lonsdale faz uma aguçada observação a respeito do tema de os homens se apoderando dos rituais das mulheres, especialmente a dança: "Na

Homens interpretando a dança das mulheres

Além de a dança sagrada ter se tornado um espetáculo de entretenimento, outra importante transição teve lugar quando os homens gradualmente começaram a imitar e, depois, a se apoderar dos rituais da mulher, vestindo os trajes dela, e desse modo deturpando brutalmente a imagem da mulher e aumentando a propaganda contra ela e os seus rituais.

Em 204 a.C., os rituais de Cibele foram arrebatados por homens frígios, que "usavam o cabelo comprido, vestiam roupas femininas e celebravam a Deusa em frenéticas danças orgíacas a ponto de ficar exaustos".[37] Embora se dissesse que a maioria dos seguidores de Dionísio era do sexo feminino, os homens que se envolviam com esses rituais frequentemente se vestiam como mulheres quando participavam dos ritos.[38] Os membros do *choreutae* grego (coro de cantores e dançarinos) eram sempre homens que usavam máscaras, que com frequência personificavam mulheres.[39]

Os dançarinos e atores kathakali do estado de Kerala do sul da Índia são todos homens, meninos ou rapazes interpretando os papéis das mulheres. Na sua obra dramática de dança, eles representam Kali como o aspecto malévolo da deusa Devi. Originalmente, os Kathaks eram mulheres que preservavam e compartilhavam os textos sanscríticos sagrados por meio da sua dança. Quando os homens se apropriaram dessas práticas, a exaltação dos deuses tinha declinado, tendo sido substituída pelo louvor aos reis e aos heróis, alguns dos quais se tornaram "divinos" à medida que o tempo foi passando.

Marija Gimbutas escreveu a respeito de um costume encontrado na Escócia, no qual "Por volta do Ano-Novo, os homens ainda se vestem como mulheres com toucados de galhadas para executar a famosa dança do veado destinada a promover a regeneração e garantir a felicidade no ano que se inicia".[40]

O dr. Curt Sachs, uma das principais autoridades mundiais nas áreas de etnomusicologia e da história da dança, disse que há um sem-número de exemplos do costume de homens mascarados dançando "como mulher" nos carnavais e festivais: o Mardi Gras europeu, a dança de povos indígenas no Brasil, a dança folclórica *els cossiers* na ilha de Maiorca, a Folia de Reis em Portugal, e festivais semelhantes na Guatemala, na Austrália, e na antiga China.

mascarada, a coincidência de dançarinos do sexo masculino disfarçados de mulheres e animais é suficientemente frequente para nos levar a especular que ambos são considerados como a fonte original da magia de fertilidade, que os homens roubam e adotam para usar nos seus rituais exclusivos".³⁶ Por conseguinte, enquanto a dança sagrada era corrompida e secularizada, os homens simultaneamente tentavam fazer uso desses ritos sagrados adotando ou imitando os rituais e tornando-os seus.

Escritores do século XIX como Gustave Flaubert e Gerard de Nerval escreveram amplamente a respeito desse costume nos locais de entretenimento quando visitaram o Oriente Médio. Em áreas conservadoras do Marrocos, do Egito e de outros lugares, onde as celebrações de casamento tradicionalmente requeriam a presença da Scheikka, ou Almeh (mulheres versadas nas artes que eram professoras de mulheres), as apresentações públicas na ocasião da visita deles no século XIX utilizavam dançarinos do sexo masculino vestidos de mulher, ou usando um cafetã e *d'fina* femininos para confirmar que estavam interpretando danças femininas.

Um respeitado historiador de música árabe, Henry George Farmer, também escreveu a respeito desse fenômeno, dizendo que os homens árabes, assim como os homens que instituíram outras religiões dominadas por homens, sabiam muito bem que a música e a dança pertenciam à religião feminina e que, para estabelecer a sua própria legitimidade, eles teriam que imitar as mulheres ao mesmo tempo que as estivessem subjugando.⁴¹

DOIS EXEMPLOS DE HOMENS EXECUTANDO A DANÇA DAS MULHERES: MOHAMMED, DA WORLD'S FAIR DE 1893, E MEI LAN-FANG, UM FAMOSO ARTISTA DA ÓPERA DE PEQUIM EM SAN FRANCISCO EM 1930.

Mesmo ao longo dessas mudanças radicais, as mulheres retiveram esferas de influência religiosas e sociais particulares ou muito específicas em algumas áreas durante um maior espaço de tempo. Parece que as sacerdotisas mantiveram certos graus de autonomia na Babilônia e em outros lugares até mesmo nos tempos bíblicos. Nos dias que precederam o budismo na Birmânia, a dança formal era executada exclusivamente por sacerdotisas, que detinham uma posição de igualdade com os homens.⁴² A antiga Armênia também era rica em mímicas de dança, baladas e rituais de dança conduzidos pela dançarina-sacerdotisa Parik. As Hushka

Parik eram "dançarinas pesarosas".⁴³ A alma/cortesã era bem conceituada pelo seu conhecimento e arte ao longo dos séculos, mesmo quando ela se tornou uma excluída social. A *alma mater*, "alma mãe", era uma sacerdotisa educadora romana, especialmente habilitada para dar instruções sobre os mistérios sexuais.⁴⁴ O nome se baseava em *Al-Mah*, uma denominação do Oriente Médio para a Deusa da Lua, e também um título das mulheres do templo dela, *almah*.

A dança sagrada da sacerdotisa, como veremos, também ainda sobrevive. Nos países árabes do Oriente Médio, adeptos das antigas religiões foram para a clandestinidade ou formaram castas separadas e tribos e seitas dançantes, como a Ghawazi e a Ouled Nail (consulte o Capítulo 4, "WomanDance"). Desse modo, muitos dos costumes da dança sagrada da Antiguidade chegaram até nós nos dias atuais com grande parte da sua forma original preservada.

A dança da sacerdotisa

O meu primeiro verdadeiro vislumbre da dança da sacerdotisa teve lugar quando assisti a uma apresentação de uma dançarina indiana após me mudar para Nova York. Naturalmente, ela parecia muito exótica. No entanto, além disso, os seus movimentos complicados, complexos e controlados; a sua concentração; e a sua aparente indiferença com relação à audiência me deixaram intrigada. O folheto que recebi na entrada falava de uma comunhão com a divindade. O que logo descobri foi que eu estava assistindo à parte de uma linhagem muito antiga da sacerdotisa dançarina.

Aprendi que, na dança indiana, a motivação básica é de veneração, e por essa razão a dança personifica uma certa austeridade. Cada movimento de um dedo ou sobrancelha é significativo e é executado com controle. As mãos, rosto e olhos expressam a liturgia; os braços traçam audaciosos padrões geométricos no espaço, e os pés criam os ritmos complicados. Existem 24 movimentos da cabeça e dos olhos, quatro posições do pescoço, 57 posições das mãos e 127 expressões faciais.

Quando fazem parte de uma cerimônia religiosa, essas danças são como preces oferecidas nos templos da Índia. Elas são projetadas para inspirar o adorador a transcender a esfera da ilusão – o mundo rotineiro em toda a sua trivialidade – e vivenciar uma esfera transpessoal, a da Divindade, ou do Absoluto. A dança é um catalisador, como uma litania ou canto sagrado.⁴⁵ Se, para o não iniciado, os

DANÇA DA SACERDOTISA. FOTOGRAFIA DE PAYSON STEVENS.

gestos, cantos e trechos miméticos podem parecer coquetes em alguns momentos, é preciso lembrar que o coquetismo é dirigido à Divindade e que a interação é alegórica: nela, a alma humana busca a unidade com Deus, de acordo com a dançarina e autora La Meri.[46]

A sacerdotisa é a lente que focaliza para os outros as energias vitais mais elevadas, as energias sustentadoras que constituem e definem a existência terrena. Ela age como o agente transmissor das emanações divinas. A sua dança é um sistema de movimentos, gestos, preces e cantos em veneração às forças invisíveis da vida.

A função da sacerdotisa é facilitar o processo do grupo e da pessoa, e ensinar a todos como ser receptivos. Ser receptivo significa estar aberto a receber e considerar. O grupo é o foco. A dança da sacerdotisa diz respeito ao transpessoal e não ao pessoal, ou, mais exatamente, a conectar o pessoal e o transpessoal, o eterno.

As forças criativas que se derramam através da sacerdotisa conferem vitalidade à vida das pessoas no grupo. Essa capacidade de transmutar eventos divinos em configurações espaciais é o poder e o serviço dela.

Agora, vamos dançar

Podemos ser capazes de, uma vez mais, encontrar a sacerdotisa, de redespertar o seu papel de guia espiritual, quando olhamos nos olhos umas das outras e compartilhamos as nossas histórias, encontrando-nos à maneira antiga das mulheres – comunalmente – para criar os nossos próprios rituais sagrados. Quando nos reunimos como mulheres, é importante que nos conscientizemos das contribuições exclusivas umas das outras e que afirmemos a força e a beleza umas das outras por meio das nossas danças para que possamos então levar força para o mundo mais amplo. Os nossos rituais, quer públicos, quer privados, em grupo ou individuais, podem ser dirigidos a uma divindade como veneração, ação de graças e comunhão voltadas para a integração comunal, ou eles podem ser dedicados à iluminação pessoal.

Embora uma líder desempenhando o papel da sacerdotisa possa introduzir uma dança, uma vez que esta tem início, o grupo passa a participar e a criação se torna colaborativa. Esse é o estilo especial da sacerdotisa. Ela pode ser a iniciadora, mas compartilha o seu papel de liderança – a sua responsabilidade pela dança e pelo ritual – com as outras. Na realidade, para a finalidade das nossas danças, o papel de liderança da sacerdotisa pode ser passado de um membro do grupo para outro, seja dentro de uma dança específica ou com outra mulher se tornando a líder no ritual de dança comunal seguinte.

Uma vez que o movimento sagrado pode funcionar como uma abertura para um plano de realidade superior, encontre uma música que possibilite ao grupo explorar as emoções, em vez de reprimi-las. Pode ser uma música de Pachelbel, cantos gregorianos para acalmar e promover a interiorização, ou uma música que seja edificante para o espírito. Existem também muitas gravações de músicas, poesia e cantos disponíveis (consulte a seção "Recursos" no final do livro). As participantes da dança devem permanecer abertas ao que acontecerá na música e aos seus efeitos sobre o movimento do grupo, procurando obter um consenso a respeito dos passos, independentemente do tempo que isso possa levar. O objetivo aqui não é uma apresentação elegante; o importante é o processo de criar a dança. A confirmação espiritual, a elevação da consciência e a criação de um sentimento de comunidade, cura e amor ressoam no cerne dessas danças, falando diretamente para a mente do coração. A memória ancestral é restaurada quando a conexão com os movimentos da dança sagrada tradicional é estabelecida (consulte a Segunda Parte).

PREMA DASARA DANÇA COMO RADHA NO TEMPLO DO SOL KONARAK, EM ORISSA, NA ÍNDIA.
FOTOGRAFIA DE ANANDA APFELBAUM.

Embora a dança da sacerdotisa seja geralmente uma dança comunal, você pode optar por dançar como uma sacerdotisa em um ato solitário para invocar uma deusa particular ou para aumentar os seus poderes intuitivos. Deixe que a sua atenção se expanda à medida que você dança, e descobrirá que o seu entendimento de si mesma aumentará por meio da sua experiência da dança. Em seguida, como a sacerdotisa, você será capaz de ensinar a outras mulheres como alcançar esse mesmo resultado. Na minha experiência com esse tipo de dança, um diálogo tem lugar com os membros da audiência – um chamado e uma resposta emocionais, espirituais e intelectuais – que junto com o apoio concentrado deles, torna-os parte do ritual. No entanto, como uma poderosa sacerdotisa que está unida com a terra, que não tem vergonha dos seus quadris e da sua barriga, e que tem a capacidade de desfrutar a fantasia, a ilusão e a sua própria sexualidade, você também deve ter consciência da sua capacidade de despertar emoções e reações tremendamente fortes na sua audiência. Uma mulher movendo o corpo de uma maneira livre e energética pode causar um grau de ansiedade no espectador, e isso é algo de que você talvez queira se conscientizar. Com isso em mente, a sua dança para uma plateia pode ser diferente daquela que você executa para, ou com, o seu círculo interno de mulheres.

Vinte e um louvores a Tara

Esta dança que eu sugiro foi adaptada do trabalho de Prema Dasara, que hoje mora em Maui, no Havaí, e pode ser executada como uma dança solitária, como um ritual de grupo ou para uma audiência. Prema, professora e intérprete internacional da dança sagrada, foi treinada nas tradições da Índia, do Nepal, no Tibete e de Bali. Rompendo a tradição da dança sagrada exclusivamente masculina, Prema executou a sua Dança Tara Mandala dos Vinte e Um Louvores a Tara para um alto lama pela primeira vez em 1985. Ela também executou a dança para Sua Santidade, o Dalai Lama.

Nos seus seminários, Prema conta a história de Tara, a Deusa Verde, a mais amada das bodhisattvas femininas, a quem templos são dedicados em todo o mundo budista. Há muitos milênios, em outro sistema de mundo, dizem que ela era uma mulher comum que era bastante diligente nas suas práticas e que atingira o estágio da total iluminação. Os monges daquela época lhe disseram que ela agora poderia assumir a forma de um homem e ingressar na bem-aventurança nirvânica. Ela pensou e depois riu, dizendo a eles: "Não existe nenhuma diferença entre o corpo de uma mulher e o de um homem no que diz respeito à capacidade de obter a iluminação. Permanecerei no corpo de uma mulher até o fim dos tempos, uma protetora, um Buda, alguém que está plenamente desperto, atendendo rapidamente às preces daqueles que clamarem por mim. Eu os ajudarei a atravessar o oceano de aflições, para estabelecê-los na iluminação".

O venerável Lama Bokar Rinpoche falou o seguinte a respeito da apresentação de Prema: "Esta não é apenas uma apresentação comum. Nós que estamos presenciando essa atividade estamos desse modo inspirados pelas múltiplas qualidades de Tara. Permitimos que a nossa excessiva agitação de emoções conflitantes se aquiete. Tem lugar pelo menos uma clarificação temporária e momentânea das confusas preocupações. Ao mesmo tempo, existe a possibilidade de clarificar obstáculos, particularmente na adoção do caminho da espiritualidade na vida da pessoa [...] dando origem à longevidade e também à [...] inspiração de sabedoria incondicionada de Tara".[47]

Prema Dasara diz o seguinte: "Os Louvores de Tara nos fazem lembrar do nosso potencial, de que somos dignas de respeito, capazes de grandeza, sábias nos caminhos do céu e da terra. Como dançarinas sagradas, treinamos para nos abrir para a energia das nossas possibilidades, para formar a conexão com os seres de sabedoria que nos fortalecem por meio da sua compaixão. Vemos cada átomo do nosso corpo vibrando com energia iluminada. E enviamos esse poder para as nossas comunidades, rezando para que todas possam ser abençoadas com a abundância, que todas possam ficar livres das aflições, que todas possam ser estabelecidas na sabedoria, no amor e na paz".[48]

Seguem-se, como exemplo, três louvores acompanhados por cores, qualidades e percepções. A essência desse trabalho que o torna tão poderoso é o espelhamento dessas qualidades iluminadas em você, para você. Estudei com Prema e posso afirmar que foi uma das experiências mais poderosas e transformadores que já tive.

Ao estudar os louvores, visualize como você os expressaria por meio de mímica, expressões faciais e movimentos do corpo para que eles se tornem parte da sua expressão e para que uma audiência seja capaz de vê-los na sua forma viva. A sua dança deve conferir expressão às inúmeras faces da Mãe que está sempre pronta para resgatar os seres do sofrimento.

VINTE E UM LOUVORES DE TARA. FOTOGRAFIA DE KATHERYN WILDE.

Como exemplo, sugiro os seguintes movimentos um tanto amplos para interpretar os louvores: emoldurando o seu rosto e depois estendendo as mãos na direção das "cem luas cheias do outono", rodopiando enquanto os seus braços e mãos pontilham com os dedos se estendendo para ilustrar a "luz de milhares de estrelas". Ao focalizar a concentração por meio da repetição, você perceberá que está refinando e simplificando os seus movimentos à medida que as qualidades essenciais destiladas se manifestam. Se essa dança for executada em grupo, todas devem avançar juntas, acompanhando a forma da figura do número oito. Cada dançarina faz a sua interpretação de um louvor quando chega ao centro da figura.

Você talvez queira começar com uma invocação a Tara, a personificação das práticas externas, internas e secretas do caminho para a iluminação. Nós nos abrimos para o Divino, voltando-nos para Tara, a personificação da sabedoria e da compaixão, em busca de refúgio. Você também pode proferir a seguinte invocação baseada no Mantra Raiz: **Om Tara Tutare Ture Soha**. *Tutare* significa que Tara remove todo o medo e que qualquer ansiedade que anuvie a mente se baseia na ignorância. *Ture* indica que apenas pensar em Tara traz boa sorte e a satisfação das necessidades internas e externas. *Soha* (ou, em sânscrito, SVAHA) é a unidade de si mesma com o Divino.

> *OM eu louvo a Venerável Elevada Tara*
> *Eu Te louvo **Tara** Libertadora Lépida e Corajosa*
> *Por meio de **Tutare** que Remove Todo o Medo*
> *Por meio de **Ture** que Concede Boa Sorte*
> *Por intermédio de **Soha** eu me curvo aos Teus Pés.*

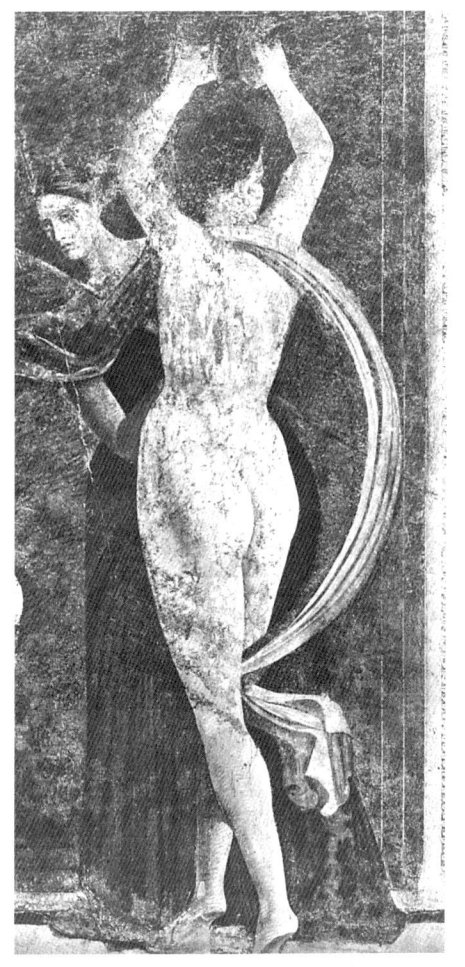

DANÇARINA COM CÍMBALOS E VÉU. CASA DE MISTÉRIOS DE POMPEIA.

Você pode escolher a sua própria música para acompanhar suas danças ou procurar gravações de áudio e os vídeos de Prema (consulte a seção "Recursos" no final do livro).

Louvor Nº 1
Tara. Fonte de Realização

Cor: cobre; qualidade: saúde radiante.

Louvor Àquela que é radiante com luz
Os Seus olhos límpidos cheios como o sol e a lua
Entoando Hara Hara Tutare, Ela remove a doença mais poderosa.

Assim como o sol e a lua dissipam a escuridão, Tara dissipa a ignorância. O sol é quente e colérico, a lua é fria e pacífica, mas ambos emitem uma radiância que é capaz de se sobrepor à doença recorrente do apego às causas do sofrimento. Hara é um mantra ardoroso; Tutare é um mantra pacífico. Aplique o remédio correto e cure qualquer doença.

Você pode começar a sua interpretação desse louvor assumindo uma postura de invocação ou de louvor. Enquanto você entoa o mantra Hara Hara Tutare, movimente-se no meio da audiência ou de outras dançarinas com intenções de cura. Veja o que acontece.

Louvor Nº 2
Tara, Realizadora de Bem-aventurança

Cor: amarelo; qualidade: alegria triunfante.

Louvor a Ela a Que É Lépida que surge
  da palavra seminal Hung
Ela bate o pé sacudindo os
  mais elevados picos das montanhas
Os três mundos estremecem debaixo
  dos Seus pés dançantes.

Tara é rápida em ajudar todos os que bradam por ela. Ela surge da transformação do som primordial de Hung. Ela se diverte com o seu poder: bate o pé uma vez e os Montes Kailash, Meru e Mandhara estremecem. Os três mundos incluem seres que vivem na terra, no mundo subterrâneo e nos céus. A dança de Tara gera felicidade em todas as mentes.

Você pode começar a sua dança deitada de bruços no chão, e depois despertar e se erguer a uma posição ereta de poder, na qual você bate o pé com "atitude".

Louvor Nº 3
Tara, Grande Alegria Triunfante

Cor: vermelho; qualidade: riso.

Louvor a Ela cujo diadema irradia uma guirlanda de luz
O Seu riso jovial de Tutare coloca o mundo sob o Seu domínio.

A sua coroa ornada com pedras preciosas é adornada pela presença dos cinco Budas da sabedoria. Ela brilha, emanando uma guirlanda multicolorida de raios de luz à sua volta. Com grande alegria, Tara profere, rindo, o mantra de remover os medos, "Tutare", e todos os seres no céu, na terra e nos mundos subterrâneos ficam completamente cativados. Ela satisfaz todos os desejos e remove todos os obstáculos.

Para este louvor você pode indicar um diadema (uma tiara real ou coroa) subindo do alto da sua cabeça enquanto você gira. Estenda esse movimento com as mãos ondulantes como uma cobra flutuando através do ar para indicar a guirlanda de luz. Ria em voz alta enquanto empurra o ar para dentro de uma bola imaginária.

Uma vez mais, você talvez queira passar alguns momentos processando por escrito as sensações ou sentimentos que você vivenciou com essa dança. Examine as seguintes questões:

1. O que você sente quando pensa em si mesma como uma sacerdotisa? É um pouco assustador? Prazeroso? Um pouco de ambos?
2. Você considera fortalecedor dançar em comunhão com outras mulheres?
3. As danças mudaram a sua ideia a respeito da espiritualidade e da expressão da espiritualidade?

3

Dançando através da Teologia

Que eles louvem o nome dele na dança: que eles cantem louvores a ele com o adufe e a harpa [...]. Louvem o Senhor [...]. Louvem-no com o adufe e a harpa. Louvem-no com o adufe e com danças: louvem-no com instrumentos de corda e órgãos. Louvem-no com címbalos sonoros: louvem-no com címbalos ressonantes.

Extraído de Salmos 149 e 150

Um dos meus principais objetivos ao pesquisar a história da dança das mulheres foi determinar o que aconteceu à religião feminina e às mulheres na expressão religiosa. Descobri que grande parte dos costumes e do poder das mulheres já tinha sido dissipada – de diferentes maneiras e em diferentes épocas, em vários lugares em todo o Oriente e Oriente Médio – na ocasião do advento da era cristã. Ainda assim, eu quis saber o que aconteceu à Avó quando ela tentou ser uma parte das ideias em expansão a respeito do sagrado e do divino, e à sua expressão do divino na dança em religiões como o judaísmo e o cristianismo. Essa investigação foi particularmente complicada porque a ambivalência desenvolvida pelas religiões com relação à dança obscureceu a sua história, e as mulheres, com poucas exceções, não

SANDRA RIVERA, DA OMEGA DANCE COMPANY, EM *EN ESPIRITU: ST. TERESA OF AVILA* NA CATEDRAL DE SÃO JOÃO, O DIVINO. FOTOGRAFIA DE MARY BLOOM.

tinham permissão para exercer papéis de liderança ou para expressar o aspecto feminino da religião.

Três coisas me impeliram a verificar o que eu conseguiria encontrar: uma experiência que a minha mãe teve quando criança, uma lembrança da minha infância e uma história que uma mulher me contou cerca de quarenta anos depois. A memória da minha infância recua à época em que eu vivia na Louisiana. Morávamos perto de uma igreja Pentecostal Unida e de uma igreja afro-americana, ambas situadas na sinuosa estrada rural que passava perto da nossa casa. Às vezes, nas noites de sábado e durante as suas reuniões de "revival" no verão, nós íamos a essas

O MÍO YEMAYÁ!
SACERDOTISA DE SANTERIA POSSUÍDA POR YEMAYÁ [IEMANJÁ].
QUADRO DE RAUL CANIZARES

igrejas. Os membros da igreja, predominantemente mulheres, rezavam pelas pessoas doentes, gritavam, batiam com os pés no chão e dançavam com grande energia e entusiasmo. Eu observava com assombro os membros deixarem os seus assentos e se dirigirem ao altar enquanto rezavam, gritando e cantando; como esses serviços eram diferentes dos da Igreja Batista do Sul a que eu estava acostumada! Um chamado do altar convocava as pessoas para orações especiais e para uma imposição das mãos para a cura.

Um ou mais dos membros da congregação invariavelmente começavam a "falar em línguas desconhecidas", uma torrente de palavras que para mim soava como uma fala inarticulada. Embora eu ficasse hipnotizada pelas palavras deles, o que realmente me fascinava era a maneira como eles começavam a se mexer e se sacudir, com os braços levantados para o teto enquanto todo o seu corpo era envolvido por uma reação em *staccato* à música. Era uma expressão fortemente exuberante da fé e do anseio de conexão com o divino que eles sentiam. Eu não entendia completamente o que estava acontecendo, mas tinha a impressão de que aquelas pessoas talvez estivessem prestes a descobrir alguma coisa importante.

Durante uma reunião de "revival" quando eu tinha 12 anos, pude ver o excitamento aumentar e senti à minha volta a atmosfera eletrizada e repleta de expectativa. Eu também queria ter aquele sentimento, de modo que certa noite, naquela velha igreja rural de madeira desgastada, iluminada apenas por lamparinas alimentadas com óleo de carvão, eu respondi ao chamado. Dominando a minha timidez, o meu sentimento de ser uma pessoa de fora, e até mesmo a presença conservadora dos meus pais, impulsivamente me encaminhei para o altar. Como eu era uma neófita, fiquei ajoelhada esperando que alguma coisa acontecesse, enquanto acima de mim mulheres se balançavam, gritavam e rezavam ruidosamente. Nada aconteceu. Eu não "recebi o Espírito", como se diz. Somente muitos anos depois, em outra igreja e em outra situação, eu começaria a "entender" – a sentir que existem outros planos de existência, que existe verdadeiramente uma experiência espiritual e um novo espírito. A minha revelação viria até mim por meio da dança e de certas experiências extremas de vida, ambas as quais, conforme aprendi mais tarde, eram outra maneira de o espírito fazer os seus milagres.

Na casa do rabequista todo mundo dança

No Sul protestante dos Estados Unidos, a ideia da dança era rigorosamente secular e suspeita. Minha mãe, Minnie Leigh Evans, nascida antes da virada do século XX, costumava dizer que ela sempre se sentia mais feliz quando dançava. Ela nunca entendeu por que a dança era encarada de uma maneira negativa. Ela dizia, saudosamente, "Eu nunca tinha um mau pensamento na minha vida quando estava dançando". Fiquei curiosa a respeito de por que ela tinha feito tal declaração, e também a respeito de onde a minha mãe, uma jovem que morava na região rural do Sul dos Estados Unidos naquela época, iria dançar – certamente não em bares. Foi quando o violinista Itzhak Partman, visitando as suas raízes Klezmer na Europa, citou um antigo provérbio francês – "na casa do rabequista, todo mundo dança",[1] que eu entendi. A minha mãe fazia parte de uma grande família, cujos membros, em sua maioria, eram músicos. Contam a história que o pai da minha mãe tocava a "rabeca" nas noites de sábado e o "violino" aos domingos. Minnie Leigh, a sua mãe, as suas irmãs e os seus irmãos adoravam dançar, quer nas quadrilhas da comunidade nas noites de sábado, quer em casa com a família.

Anos depois da morte da minha mãe, uma prima me contou que Minnie Leigh, aos 16 anos de idade, fora levada à presença dos mais velhos da igreja que lhe disseram que ela não podia dançar. Ela pediu desculpas por infringir as regras da igreja, embora não soubesse que a igreja tinha tal regra, mas que não pediria desculpas por dançar. Em consequência disso, ela foi "mandada embora da igreja". Ela era uma pessoa profundamente espiritual, de modo que eu sei que ela precisou de uma grande convicção para permanecer fiel à sua verdade. Embora possa ser difícil para nós imaginar que uma igreja pudesse ter uma reação tão forte, essa era a realidade daqueles tempos.

Descobri que aquela realidade da virada do século no Sul ainda era se manifestava na década de 1970 na Los Angeles cosmopolitana quando conversei com uma mulher que recordou os seus dias de escola. A sua experiência ecoou a realidade da minha mãe e confirmou para mim como as coisas mudam lentamente. Essa mulher me explicou que ela estava intensamente consciente da atitude da sua igreja contra a dança, mas mesmo assim queria muito aprender a dançar. Ela ia diretamente da aula de dança que fazia, escondida, depois da escola para uma reunião de jovens na igreja. Lá, ela enfiava os sapatos de dança dentro de um saco de papel e o escondia na parte de trás do seu armário, sempre com medo de ser descoberta. Isso causou muito conflito na sua vida, tanto na ocasião quanto mais tarde, quando ela se via dividida entre sentimentos de culpa e de se sentir traída.

Essas duas histórias me inspiraram a investigar mais profundamente o passado para descobrir por que a dança era encarada de uma maneira tão negativa pela igreja oficial e por que ela tem sido mantida tão separada de certas tradições religiosas hoje em dia. Francamente, eu não esperava encontrar muita coisa a respeito da dança no cristianismo quando comecei a minha pesquisa, mas, à medida que a minha busca de entendimento se transformou na ideia de escrever um livro sobre o assunto, fiquei determinada a descobrir o que os cristãos poderiam ter a dizer a respeito da dança. Eu também queria coletar quaisquer informações que eu conseguisse que pudessem esclarecer a história e o significado da dança das mulheres em particular. Nos meus trajetos de busca labirínticos, dei comigo descendo às seções de arquivos subterrâneos da Biblioteca do Union Theological Institute em Berkeley, na Califórnia. Sentindo-me um pouco como uma espiã na ocasião, pesquisei os índices. Surpreendentemente, encontrei artigos de jornal amarelados com a idade, teses não publicadas e livros em brochura escritos por pessoas que tinham me precedido em décadas anteriores, pesquisando e escrevendo a respeito da dança litúrgica dentro do contexto da igreja. Seguindo a orientação delas, comecei a me aprofundar em textos antigos e tenho o prazer de compartilhar com você algumas das coisas que aprendi.

Quaisquer referências à dança na Bíblia estarão, é claro, expostas a uma variedade de interpretações. Tentei incluir pesquisas de um vasto espectro de acadêmicos que demonstraram interesse pelo tema da dança a fim de destacar informações às quais uma pessoa leiga normalmente conseguiria ter acesso ao ler as versões da Bíblia disponíveis hoje para nós.

Os israelitas eram um povo dançarino

A partir do trabalho pioneiro de W. O. E. Oesterley, D.D., Vigário de St. Albans, Capelão Examinador do Bispo de Londres, e autor de *The Sacred Dance*,[2] e da pesquisa contemporânea de Mayer I. Gruber (*Ten Dance-Derived Expressions in the Hebrew Bible*)[3] e outros, ficamos sabendo que a linguagem do Antigo Testamento contém mais de onze verbos que expressam a ideia de dançar e vários tipos de dança. Por exemplo, *Hagg* (*Haji* ou *Hajii* em árabe), a palavra para festival de peregrinação, foi considerada como sendo uma dança que envolvia a circungiração – também bastante conhecida na Arábia. Na realidade, o nome de um festival às vezes tem o mesmo nome da sua dança (por exemplo, *Hagg ha Asiph Sukkot* é a dança do festival da colheita executada como Sukkot).

A palavra hebraica *chôlelthî*, geralmente traduzida como "produzir, causar", também pode significar "girar em um círculo, rodopiar, retorcer, balançar ou estar em trabalho de parto". A palavra hebraica para dança circular, *cholla*, se baseia nisso e também pode significar "dar à luz". Atrás disso está o radical CHL, que se refere a qualquer esforço de estender o eu, de desenvolver ou de alongar. Ele também significa esperança e expectativa.[4]

Acredita-se agora que o misterioso termo *Selah* (de *tzala*, que se refere a passos rituais) no final dos Salmos significa, "Tendo cantado, agora dance".[5] Da mesma forma, as palavras *al mahalath*, que significam "de acordo com *mahalath*", e aparecem no título dos dois Salmos são direções musicais e sugerem que alguma forma de dança, bem como de canto, deveria ser executada.[6] Outra palavra que indica dança nos Salmos é *mahol* (*melultu* em acádio), que conota movimentos muito ativos como dar meia-volta ou rodopiar. Algumas outras raízes de palavras (verbos intensivos) que indicam a dança são *sabab, raqad, qippes, dilleg, kirker, pizzez, pisseah, sala, siheq* e *hagag*.

Fiquei surpresa ao saber que a dança era um elemento habitual no culto porque quando li a Bíblia não vi trechos que mencionassem especificamente a dança. O dr. Oesterley mostra como revisões e reinterpretações posteriores obscureceram o significado original de textos hebraicos na sua análise do Salmo 48:11-13: "Alegre-se o monte de Sião, regozijem-se as filhas de Judá, por causa dos vossos juízos. Dai voltas a Sião, ide ao redor dela; contai as suas torres. Notai bem os seus baluartes, considerai os seus palácios; para que possais contá-lo à geração seguinte. Pois este Deus é o nosso Deus para todo o sempre: é ele quem nos guiará até a morte". Oesterley diz o seguinte: "Em um exercício exegético Midrash* de um tipo tipicamente rabínico sobre Salmos 48:13, 14 (14, 15 em hebraico) somos informados de que as palavras 'Notai bem os seus baluartes' deveriam ser traduzidas como 'Dirigi vosso coração para a dança'; porque em vez de *lehelah* [baluartes] precisamos ler *lehulah* [para a dança]. É dito, além disso, que nesse dia os virtuosos apontarão com os dedos e dirão: 'Este é o nosso Deus, que nos guiará', ou seja, na dança". Oesterley explica então que a última palavra do Salmo, *`al-muth* (até a morte), deveria ser lida *`alamôth* (Donzelas), ou seja, "Deus conduzirá a dança dos virtuosos no mundo que virá assim como as Donzelas conduzem a dança neste mundo".[7] Isso nos fornece a evidência de que o trecho não era apenas sobre a dança, mas a respeito de mulheres executando uma dança ritual.

"LOUVEM-NO COM O ADUFE E COM A DANÇA [...]"
AS FILHAS DE SIÃO AVANÇAM NAS DANÇAS.
ILUSTRAÇÃO DE GUSTAVE DORÉ.

---

* Comentário e explicação verso por verso feitos por eruditos judeus sobre as Escrituras Hebraicas. (N. dos T.)

Quem eram as "Filhas" ou "Donzelas" mencionadas nesses trechos? O dr. John Stainer, escrevendo em 1879, forneceu uma pista muito poderosa a respeito de *Alamoth* como é mencionada em 1 Crônicas 15, 19-21 e Salmos 68:25: "Porque *Alamoth*, embora signifique donzelas ou 'aquelas mantidas separadas', era muito provavelmente o título de uma escola ou companhia de cantoras e dançarinas experientes ligadas ao culto religioso dos judeus. No Egito, atualmente, a *Al'meh* é uma cantora e intérprete extremamente refinada – uma "mulher verdadeiramente culta" como o nome em árabe hoje indica – muito distante das dançarinas comuns de casta inferior (*ghawazee*)".[8]

A dança também está insinuada em frases como "que se regozijem na presença de Deus e exultem de alegria" (Salmos 68:3). A profecia feita pelos antigos profetas resultava da dança rodopiante – *kirkur*, ou KRKR, no hebraico bíblico e em ugarítico – como em 1 Samuel 10:5 e 1 Crônicas 15:1. Isso também é visto em 1 Crônicas 25:1: "que devem profetizar ao som de harpas, saltérios e címbalos".[9]

Doug Adams, professor de Cristianismo e das Artes na Pacific School of Religion em Berkeley, na Califórnia, descobriu na sua pesquisa de escrituras hebraicas que a dança em grupo era normal no culto e que, embora a dança comunal nem sempre fosse uma dança para Deus, quando era incluída no culto israelita, a dança assumia uma forma comunal. Adam ressalta que a dança era uma metáfora para a comunidade harmoniosa. "A língua hebraica sugere que a dança efetiva pode conduzir a um sentimento de comunidade. Os hebreus reconheciam a necessidade de as pessoas dançarem literalmente com toda a sua energia para atingir esse objetivo."[10]

As mulheres israelitas dançavam?

Os escritores e os intérpretes da Bíblia nem sempre deixam claro se as mulheres estão incluídas nas referências dela à dança. E, no entanto, *The Catholic Encyclopedia*, ao descrever várias situações na Bíblia que se referem a pessoas dançando – inclusive a dança ao redor do bezerro de ouro, os habitantes das cidades dançando para apaziguar o exército comandado por Holofernes, até mesmo pessoas dançando ao redor da Arca –, explica que a partir desses vários lugares "é possível inferir que a dança era uma manifestação de alegria normalmente exibida pelas mulheres",[11] querendo dizer que a dança era o domínio das mulheres. Entre outros textos bíblicos que revelam as danças das mulheres estão Salmos 68:25, que diz,

"Iam na frente os cantores, atrás os tocadores de instrumentos de cordas, no meio deles estavam as donzelas que tocavam adufes". Este texto indica claramente uma procissão que incluía a dança. Um exemplo menos óbvio é encontrado em 1 Crônicas 25:5-6, no qual as três filhas de Hemã, com os seus catorze irmãos, ajudavam o pai, que era um cantor no reino de Davi, com címbalos, saltérios e harpas para o serviço na casa do Senhor. Embora a palavra *dança* efetivamente não apareça, os acadêmicos hoje concordam em que essas atividades estavam centradas em rituais de dança. Em Canaã, a terra onde os israelitas se estabeleceram, selos cilíndricos usados entre a época de Abraão e a de Salomão mostram funcionárias de templo atuando como mediadoras em rituais que incluíam dançar ao lado de governantes e da divindade a que eles se dirigem.

Os profetas também fazem referências enigmáticas à dança como uma força feminina. Jeremias 31:4: "De novo te edificarei, Virgem de Israel; serás novamente adornada com os teus timbales e sairás nas danças"; e 31:13: "Então se alegrará a Virgem na dança". Esses tipos de fragmentos esparsos são frequentemente a única documentação disponível.

Uma história cabalística do século XVI confirma a dança das mulheres, embora de uma maneira negativa.[12] Ela narra um encontro anual no deserto entre Lilith, a primeira esposa de Adão, e Maalate, a filha de um feiticeiro egípcio, que diziam ter sido uma "dançarina compulsiva" porque o seu nome significa "virar" ou "redemoinho".* A palavra Lilith (*laîlah*), do radical hebraico LL ou LIL, aponta para todo movimento circular que magneticamente atrai para um centro e afasta de um centro.[13] Na história, Lilith marcha para o deserto à frente das suas legiões de anjos ou demônios destrutivos e "começa a dançar e girar nas danças em círculo" na tentativa de aterrorizar a sua inimiga – ou, pelo menos, essa foi a interpretação do escritor. Por saber como as histórias são alteradas ao longo dos anos para acomodar o idioma da época, gosto de imaginar que havia uma versão anterior que ilustrava como essas duas grandes deusas dançaram *juntas* para reunir as comunidades de Israel e do Egito. De qualquer modo, deve ter sido uma dança imensamente poderosa.

---

* Uma vez que os nomes bíblicos frequentemente possuem significados adicionais que conotam um título religioso ou uma história, pode não ser por coincidência que as netas tanto de Abraão (Gênesis 28:9) quanto de Davi (2 Crônicas 11:18) também se chamassem *Maalate*, pois elas podem ter sido princesas/sacerdotisas ou profetisas que executavam o ritual giratório.

As filhas de Silo saem para dançar nas danças...

Uma história no Livro de Juízes, 20 e 21, fala a respeito da dança das mulheres de cerca de 1100 a.C. Embora a história como um todo envolva a guerra e o caos entre tribos israelitas, uma parte dela revela as mulheres dançando no festival da colheita, o *Hagg ha Asiph Sukkot*.

Nós entramos na história quando, depois de matar todas as mulheres e crianças dos benjamitas, os homens de Israel se deram contam de que não poderiam deixar uma das suas tribos desaparecer. Desse modo, eles raptaram quatrocentas virgens de outra tribo para os benjamitas, da tribo Ja'bes-gil'e-ad. Quando descobriram que esse número não era suficiente, os israelitas disseram aos benjamitas que iriam capturar as Filhas de Silo para uso deles. "Há a festa anual do Senhor em Sil [...] Ide e escondei-vos de emboscada nas vinhas; olhai e, quando saírem as filhas de Silo a dançar em danças, saí das vinhas e arrebatai, cada um a sua mulher, das Filhas de Silo, e ide para a terra de Benjamim."

O lugar onde as Filhas de Silo se encontravam para o seu festival anual da colheita se chamava *Abel-Meolá* "o campo da dança" (1 Reis 19:16) por causa da dança festiva que lá acontecia regularmente.[14] Silo, naquela época, era o principal santuário de Israel e estava situado em Canaã, o que indica que aquelas mulheres provavelmente eram sacerdotisas.

Shekinah – o Espírito da Dança Divina

Referências à Shekinah (a Mãe Divina) dão origem a outros vislumbres da dança das mulheres como expressão espiritual e dos atributos especiais do Feminino

---

A dança de Judite

Judite foi outra mulher bíblica que dançava. O Livro de Judite (que durante algum tempo foi deixado de fora dos livros que compõem a Bíblia) nos conta como Judite foi coroada com uma coroa de oliveira e "se apresentou a todas as pessoas da terra, conduzindo todas as mulheres", uma frase que indica claramente a dança ritual. Judite é conhecida na Bíblia como Jael, uma quenita (tribo que descendia dos parentes por afinidade de Moisés). Ela era uma parceira da profeta e juíza Débora, que se reunia com os seus seguidores ao ar livre, no alto de um morro, em um local chamado "Palmeira de Débora".

Divino que iremos explorar. Na trajetória judaica que se desenvolveu depois do fechamento do cânon bíblico, o Espírito do Divino tipicamente passou a ser lembrado no símbolo feminino da Shekinah. O termo derivou do verbo hebraico *shakhan*, "habitar" ou "residente", um sinônimo para a presença divina entre as pessoas (ao contrário dos deuses masculinos que governavam do topo das montanhas ou do alto dos céus).[15]

A manifestação da Shekinah como a fonte de vitalidade é frequentemente descrita por expressões de movimento: cobrindo a terra como uma névoa ou fogo, uma luz radiante descendente, radiância que aparece repentinamente de maneiras inesperadas no meio de um mundo despedaçado, pairando ou rodeando como um pássaro mãe, descendo como um pombo. Ela existia antes do começo, ela se moveu através da criação. "Ela se estende poderosamente de um dos extremos da terra ao outro, e ela organiza bem todas as coisas" (Provérbios 8:1).* A Shekinah estava sempre convidando e liderando o seu povo, viajando com eles até mesmo para o exílio. Ela enviava as suas donzelas, as suas sacerdotisas, para convidar as pessoas a irem até ela, uma indicação de que estava convidando as pessoas a se unirem a ela na dança.

MIRIAM, LÍDER DA DANÇA. DETALHE DE UMA ILUSTRAÇÃO DE GUSTAVE DORÉ.

Em antigos textos hebraicos, as pedras simbólicas chamadas *Urim* e *Thummin* usadas pelos sacerdotes para responder a perguntas e prever o futuro (*Urim*, revelação; *Thummin*, formas de comunicação) também eram utilizadas em um ritual associado à Shekinah que era composto por cantos de louvor e prece com danças

---

* Ao indicar o versículo bíblico, como neste caso, a autora muitas vezes se refere à Revised Standard Version (RSV), uma revisão da Versão do Rei James feita por um grupo de igrejas protestantes. (N. do E.)

e gestos rituais. Sempre com uma forma circular, a dança media a superfície sagrada; a "contagem" dos passos ou degraus fornecia os dias e os anos. Esse ritual se tornou mais tarde uma Roda do Sol mecânica dos levitas para ler a sorte.

A Dança da Liberdade de Miriam

Embora geralmente nos concentremos no êxodo como a fuga dos israelitas do cativeiro, com exércitos que os perseguiam e novas terras, a história também inclui a narrativa de um importante ritual de dança feminino. Êxodo 15:20 descreve como, certa vez, Moisés conduziu os judeus em segurança através do Mar Vermelho: "A profetisa Miriam, irmã de Aarão, tomou um adufe na mão; e todas as mulheres saíram atrás dela com adufes e danças". Miriam também era uma líder religiosa, e a dança era religiosa ou ritual, não apenas uma celebração ou expressão espontânea. A frase "as mulheres saíram atrás dela" nos diz que se tratava de um rito feminino, possivelmente um rito que elas aprenderam com as sacerdotisas egípcias no templo de Ísis. A rabina Lynn Gottlieb, no livro *She Who Dwells Within: a Feminist Vision of a Renewed Judaism*, também confirma que esse era um rito feminino porque a palavra *maholot* nessa história, que significa "dança circular", aparece apenas como uma dança de mulheres (Êxodo 15:20).[16]

A dança de Miriam era uma parte essencial e indispensável do festival que comemorava o êxodo e se tornou uma das cerimônias culminantes do antigo festival hebraico da Páscoa dos judeus, *Pesach* ou *Pesah*, chamada *Hagg Mazzoth*, a dança sagrada do peregrino.[17] O propósito do festival ou dança do *Pesach* era o abandono e o esquecimento de um passado turbulento, um ritual também associado aos midianitas ou quenitas, que veneravam a Grande Mãe nas minas de cobre do Sinai.[18] Na tradição hebraica, também é profetizado que no grande banquete na época do Messias, Miriam dançará diante dos virtuosos.[19]

Regozijem-se e dancem! A tradição cristã

Ao longo dos séculos, em um sem-número de igrejas, membros do clero e pessoas comuns envolveram o sóbrio núcleo da ortodoxia cristã com a dança sagrada. Em aramaico, a língua falada por Jesus, *regozijar* e *dançar* eram a mesma palavra.

Consequentemente, Jesus é citado em Lucas 6:23: "Regozijai-vos e saltai de alegria!". A *New English Bible* traduz a frase como "dancem para ter alegria".²⁰

Muitos dos primeiros grupos cristãos (1-400 d.C.) adaptaram, incorporaram ou trouxeram com eles costumes de outras culturas da área do Mediterrâneo, inclusive o uso tradicional da dança como um aspecto integrante do culto.²¹ Filon (aproximadamente em 30 d.C.) escreveu a respeito do uso da dança pelos Terapeutas [Therapeutae], judeus cristãos designados por Agostinho para a seita prisciliana, que floresceu na Espanha. Nos seus serviços, homens e mulheres se levantavam para dançar: "eles cantam então hinos em muitos ritmos e melodias, às vezes em coro, às vezes com uma das mãos marcando o compasso ao canto que responde; ora dançando a música, ora em hinos processionais [...] girando para um lado e para o outro na dança [...]".²² A dança também acompanhava frequentemente os serviços nas igrejas orientais, dando seguimento a essa tradição cristã primitiva, como é visto na arte bizantina.

AS PRIMEIRAS PROCISSÕES DA IGREJA INCLUÍAM A DANÇA COMO UMA PARTE INTEGRANTE DO CULTO.

ALMAS DANÇANDO COM OS ANJOS NO PARAÍSO.
DETALHE DE *O JUÍZO FINAL* DE FRA ANGELICO. C. 1430.

Talvez as pessoas mais conhecidas que fizeram uso da dança tenham sido os gnósticos na Grécia, na Ásia Menor e ao redor de Roma, que viajavam em missões por toda a Europa e até mesmo na Grã-Bretanha. Nos Atos Gnósticos 1, sete criadas são descritas como executando uma dança em círculo diante de Sofia, Filha da Luz. O "Hino de Jesus" descrito no *Atos de João* gnóstico conta como Jesus, antevendo a sua prisão, reuniu os seus seguidores em um círculo, para que dançassem dando as mãos, enquanto ele ficou em pé no centro, entoando um canto místico. No século IV, o "Hino de Jesus" ainda era encarado como um ritual de iniciação.

Ao Universo pertence o
   dançarino – Amém.
Aquele que não dança não
   sabe o que acontece – Amém.
Agora, se segues a minha dança, vê
   a ti mesmo em Mim que estou falando
Tu que danças, aprecia o que eu
   faço, porque tua é
Esta paixão da Humanidade que eu
   estou para sofrer.
Porque tu não poderias de modo nenhum ter
   compreendido o que sofres
A não ser que para ti como Logos eu tivesse
   sido enviado pelo Pai.
Aprende como sofrer e serás
   capaz de não sofrer.[23]

Em uma visão, nessa mesma noite, Jesus contou a João que ele havia transcendido a cruz, e "mesmo esse sofrimento que eu mostrei a ti e aos outros na dança, determino que ele seja chamado de mistério".

Embora o Papa Leão, o Grande, (*c.* 447) tenha condenado mais tarde os *Atos de João* devido às suas associações gnósticas, uma pequena parte sobreviveu na Bíblia canônica no texto de Mateus 11:16-17, no qual Jesus pergunta: "Mas há quem hei de comparar esta geração? São como crianças que, sentadas nas praças do mercado, ficam gritando umas às outras: Nós vos tocamos músicas de casamento, mas vós não dançastes; entoamos lamentos fúnebres e não pranteastes!".

O coral, a *carol**

O Hino de Jesus é apenas um exemplo do papel integral da dança nos cantos e canções litúrgicos. Embora pensemos na palavra *coral* como significando apenas a "melodia de um hino" ou uma "melodia sagrada", fontes publicadas em 1524 mostram que o coral original era uma forma de movimento rítmica muito mais impressionante, com uma irregularidade de fraseado e ritmo.[24] A palavra *choros*, o

IGREJA CONSTRUÍDA SOBRE A CAVERNA DE EILEITIA, O TEMPLO DA DEUSA EILEITIA, EM CRETA. ESSE LUGAR É UM TÍPICO EXEMPLO DE LOCAIS DE DEUSAS USURPADOS PELOS CRISTÃOS. FOTOGRAFIA DE IRIS STEWART.

---

* Espécie de dança circular. (N. dos T.)

termo grego para o coro que cantava, falava e dançava com o objetivo de intensificar uma disposição de ânimo, revela o importante papel da dança nos primeiros rituais cristãos.

A conexão da dança litúrgica com a *carole*, ou círculo, está ilustrada nas pinturas da Idade Média. No quadro "Dance of the Redeemed" [Dança das Redimidas], que faz parte de *O Juízo Final* de Fra Angélico (*c.* 1400-1455), coros de anjos deslizam ao longo das esferas, enquanto santos, anjos e figuras abençoadas dançam através de campos floridos, ascendendo em direção ao céu.[25] Era o coral ou a dança de roda que era sempre retratado nessas cenas pastoris no céu: uma dança circular sagrada que datava de tempos pré-históricos.

Outros manuscritos anteriores ao século XIII também descrevem a *carol* em forma de dança. A palavra italiana *Carolare* era originalmente uma dança em círculo medieval acompanhada pelo canto. Ela sobreviveu nessa forma até a Idade Média[26] e também era executada nas cerimônias sazonais que hoje chamamos de Páscoa, o Festival da Primavera, celebrado no dia 1º de maio, e o Natal. Posteriormente, o coral se tornou um coro ou grupo de pessoas que cantavam permanecendo imóveis.

Danças da Igreja

Os primeiros líderes da Igreja quiseram incorporar as práticas familiares das antigas tradições da Deusa para facilitar a transição dos seus seguidores para a nova religião cristã. Muitas das observâncias dos dias santos da Igreja ocorriam em épocas semelhantes às das celebrações da Deusa. À medida que o cristianismo se espalhou pela Europa, Oriente Médio e Ásia Menor, igrejas foram construídas sobre as cavernas da Deusa, bem como em seus santuários e templos. A igreja também copiou a utilização de símbolos familiares – o sino, as velas, o incenso – bem como o uso da dança nessas mais antigas tradições. A dança para os ancestrais e para os mortos era um antigo costume que foi prontamente convertido em festas especiais para mártires e santos, geralmente celebradas ao ar livre.

Na igreja primitiva, os cristãos dançavam nas procissões e no interior das igrejas e das basílicas. Uma homilia escrita no final do século IV, no aniversário do martírio de Polieucto, falava a respeito das "nossas danças costumeiras". Essa dança era às vezes recomendada com empenho e defendida com vigor, como é atestado pelos Concílios de Auxerre (*c.* 585), Chalon-sur-Saône (639-654), Roma e outros.[27]

O bispo também conduzia a dança litúrgica na galeria acima do altar na igreja primitiva. A dança como uma forma de ligar os fiéis aos anjos e às almas no Céu foi louvada por São Basílio, Bispo da Cesareia no século IV: "Poderia haver alguma coisa mais abençoada do que imitar na terra a dança em círculo dos anjos e, ao amanhecer, levantar as nossas vozes em oração e em hinos e cantos para glorificar o Criador em elevação".*28 "Em latim, os prelados (bispos) eram chamados *praesules*, porque no coro, no ofício divino, desempenhavam o mesmo papel que o líder das danças", escreveu Menestrier, um jesuíta em Paris em 1682.[29] Acreditava-se que durante o Serviço Divino, especialmente na Missa, os anjos estavam presentes no coro participando com Cristo da apresentação do Mistério.

Havia claramente um contínuo reconhecimento do poder transformador da dança na glorificação. Havia a identificação da necessidade de fundir o espiritual com o físico e também de transformar a dança para que passasse a simbolizar ideais cristãos. Durante a maior parte do primeiro milênio, muitas formas de dança estavam associadas à Igreja. O *ballet d'action* (balé narrativo) era apresentado na missa diante do altar, e as "moralidades" eram um método de instrução espiritual. Na realidade, um historiador disse o seguinte: "A instituição que conservou a coreografia ao longo da selvageria da Idade Média foi a Igreja."[30]

O declínio da dança

À medida que o tempo foi passando, contudo, a igreja foi se tornando cada vez mais ambivalente a respeito da dança.[31] Agnes DeMille, dançarina, coreógrafa e historiadora da dança, disse que os teólogos, sentindo que a dança desviava a atenção e, com excessiva frequência, sugeria ideias ímpias e mundanas, começaram a removê-la do ritual sagrado. O cristianismo passou a se concentrar cada vez mais no arrependimento e na subjugação da carne, que muitos encaravam como oposta ao espírito. Santo Agostinho afirmava ter tido uma experiência espiritual na qual ele abriu as Epístolas Paulinas e leu as palavras "Mas ponde-vos no Senhor Jesus Cristo, e não façais nenhum aprovisionamento para a carne, destinado a satisfazer as luxúrias dela!". Essa injunção se tornou o preâmbulo da condenação da Igreja de toda a dança.[32]

---

* Diziam que a *Ballo dei angeli*, a dança dos anjos, era o principal passatempo no céu.

XILOGRAVURA DE UMA PONTE QUE DESMORONA DEBAIXO DE UM GRUPO DE DANÇARINOS "SACRÍLEGOS" ENQUANTO O PADRE ATRAVESSA EM SEGURANÇA. MAASTRICHT, HOLANDA, COLEÇÃO PARTICULAR: DEBRA E MADISON SOWELL.

No estabelecimento da hierarquia e no movimento em direção ao poder da palavra escrita, a missa falada adquiriu proeminência. Doug Adams explica que a objeção católica romana à participação popular na dança na realidade revela uma dimensão política da dança "que teve lugar quando a hierarquia veio a reconhecer o poder da dança comunal. A posição superior que o clero católico romano desenvolveu sobre a laicidade ao restringir todas as formas de participação leiga exigiu que a dança fosse reprimida por ser excessivamente equalizadora e revolucionária".[33]

A separação de formas de arte como a dança da expressão espiritual também coincidiu com o desenvolvimento da filosofia que negava aos mortais a ligação com a natureza e sua dependência dela. Ocorreu uma transformação gradual dos ritos de mistério de expressão devocional manifesta em dramas de busca específicos com resultados predeterminados e previsíveis. Essa transformação foi acompanhada por uma elevação do intelectual sobre o intuitivo, conduzindo a uma psique coletiva

A MORTE CONDUZ AS DONZELAS.

compartimentalizada. A transformação da imagem do Divino em um deus masculino, ao mesmo tempo que o Divino feminino era negado, foi o resultado.

A religião organizada deslocou-se cada vez mais para o hierárquico e o racional, para o ascetismo e a teologia, e a espontaneidade de movimento como êxtase e arrebatamento deixou de ser enfatizada, sendo até mesmo reprimida. Resquícios das antigas cerimônias sagradas continuaram a ser executados nas praças das aldeias durante as festas religiosas, mas frequentemente desprovidos de um entendimento do seu significado.[34] Em vez disso, as apresentações de danças dissolutas e comédias pastelão ganharam popularidade como um gênero à parte na atmosfera do teatro; surgiram carnavais e circos no lugar das festas religiosas.

O único dançarino ainda oficialmente permitido na religião cristã, contudo, era o Diabo.[35] Na Idade Média, devido a injunções contra a dança da parte dos padres da igreja, somente o diabo podia ser retratado nas obras de arte. Como um primo próximo do romano Estulto ou Estúpido, ou do sátiro com o casco fendido das peças gregas, Satã e os seus subordinados, os Vícios, tentava e fazia tropeçar os personagens principais, como Adão e Eva, nas peças sacras cristãs. Satã também se tornou o parceiro de dança da bruxa de sabá.

Ainda assim, as pessoas dançavam

O Dr. Curt Sachs, uma das principais autoridades mundiais em história da dança, descobriu que, inevitavelmente, a Igreja não conseguiu impedir que as pessoas dançassem.[36] Quando as pessoas não puderam mais dançar na igreja, elas continuaram a dançar no adro e no cemitério durante algum tempo. Assim se desenvolveu a *Danse Macabre*, ou dança macabra.* É difícil dizer se essa dança estava ligada à antiga dança fúnebre hebraica ou egípcia e à dança para os ancestrais.** Na França, a *Danse de Misere* (também chamada de *Danse Triste*) era um espetáculo popular de uma Dança Fúnebre. Essa dança era frequentemente executada na igreja de São João da cidade de Besançon em 1393 e foi revivida em 1453.

"O que é revelado nessas danças", afirma Sachs, "é [...] um elemento da vida interior extática, que desde a Idade da Pedra tem sido disfarçada e ocultada por meio de um sem-número de influxos raciais porém nunca extinguida, e que precisa romper todas as restrições no momento favorável."[37]

O cristianismo, na verdade, não estava totalmente unido na sua aversão pela dança. Um renascimento da dança sagrada surgiu no final do século XIV na Alemanha. Desenvolveu-se uma seita chamada *Chorizantes* que contava com milhares de membros dos dois gêneros, que dançavam pelas ruas, entrando e saindo das igrejas. Eles apareceram pela primeira vez durante o festival de João Batista em Aachen em 1374 e depois se espalharam para Colônia, Metz e outras partes da Alemanha. Meninos e meninas também dançavam no altar para o Menino Jesus nas festas de Natal da igreja anglicana ainda no reinado do Rei Henrique VIII (1509-1547). Os países do Mediterrâneo e do Oriente também mantiveram a dança litúrgica em alguma forma.[38] No sul da Itália e na França, a dança na igreja podia ser encontrada quando o século XVII já ia bem adiantado. As danças religiosas na igreja também continuaram em lugares como as províncias bascas da Espanha, em Sevilha, na Igreja Cristã Copta na Abissínia e, em uma certa medida, na Igreja Ortodoxa Grega. A procissão dançante em um dos centros de peregrinação medieval, a sepultura de São Willibrord em Echternach, Luxemburgo, sobreviveu até o início do século XX, deixando de acontecer somente no advento da Primeira Guerra Mundial.[39]

Foi somente depois que a Reforma protestante começou que o Concílio de Trento (1545-1563), combinado com a oposição de Lutero ou, na melhor das

---

* A palavra árabe *makabr* ou *Magh Arba* era o símbolo formal do "Grande Quadrado", um desenho frequentemente encontrado nas igrejas, nos templos e nos pátios dos castelos como o símbolo do Mundo da Humanidade, ou Terra, com todos os múltiplos de quatro símbolos.
** As danças fúnebres egípcias da Antiguidade eram tradicionalmente executadas em homenagem aos mortos e eram um ritual para a iluminação da alma na sua jornada para o outro mundo.

NESTA PINTURA NA CATEDRAL DE PIENZA, NA ITÁLIA, MULHERES DE VERDADE, NÃO ANJOS, RODEIAM SANTA MARIA E DANÇAM. FOTOGRAFIA DE SARA SILVER.

hipóteses, a ambivalência dele com relação à dança, se tornou o soar do dobre de finados para a dança litúrgica. A dança foi completamente banida da Igreja Católica Romana no século XVI, seguida pela Igreja Ortodoxa Grega, pela Igreja Anglicana (episcopal), pela Igreja da Escócia (presbiteriana), e pelos grupos calvinistas, luteranos e quacres, embora os padres do sexo masculino ainda tivessem permissão para executar a dança como parte da missa durante algum tempo. Marchas processionais solenes muito lentas conduzidas pelo bispo ou pelo papa, com coros imóveis, se tornaram o formato que prevalece até os nossos dias.

E a dança das mulheres cristãs?

Depois de ver como a Igreja tentou eliminar todas as formas de dança dos seus serviços e práticas religiosos, não fiquei surpresa ao descobrir que as mulheres que dançavam e faziam devoções do seu próprio jeito, quer na congregação pública, quer em cerimônias privativas nos seus lares, representavam um contínuo conflito para a hierarquia da Igreja. Um antigo exemplo disso remonta ao século IV d.C. com assembleias ou associações de mulheres chamadas coliridianas. Essas mulheres veneravam Maria como uma forma do Feminino Divino com dança e um banquete que incluía pequenos bolos redondos chamados *colenruada*, ou *collyrides*, um ritual derivado de uma época bem anterior ao cristianismo.[40]

Na realidade, o culto de Maria por ela mesma, como uma forma do Feminino Divino, se originou com essas mulheres. As assembleias coliridianas começaram na Trácia, que estava situada entre a Grécia e a Turquia dos dias atuais, supostamente o lugar de origem das Mênades. Assembleias semelhantes às das coliridianas eram

Absorvendo a concorrência

A Igreja Católica absorveu várias divindades dos povos autóctones transformando-as em santos ou santas. Por exemplo, a Deusa Tríplice se tornou as "três Marias" associadas a Jesus, a deusa Brighde se tornou Santa Brígida e Ártemis veio a ser Santa Artemide. A Vênus de Erix, a mais amada e poderosa divindade da antiga Sicília, foi transformada em Santa Venera. Diziam que ela tinha limpado o rosto de Jesus com o seu lenço de pescoço ou o seu véu, e dançado diante de Cristo no céu.[41] "Ó Santa Venera, si' bella, si' tenera, che in Paradiso, Tripa avanti Gesu" (Ó Santa Venera, senhora adorável que vive no Paraíso e dança diante de Jesus). Uma estátua de Santa Verônica na Basílica de São Pedro em Roma a retrata girando com o seu véu.

DANÇA DO VÉU DE SANTA VERÔNICA, BASÍLICA DE SÃO PEDRO, ROMA.
FOTOGRAFIA DE SARA SILVER.

comuns nas terras a oeste e ao norte do Mar Negro, na Cítia e na Arábia, embora não exista nenhuma evidência de que ele fosse algum tipo de movimento organizado. Teodoreto, membro da igreja síria (393-457 d.C.), escreveu no seu *On Hereticks* que "Em Alexandria [...] eles cantam hinos acompanhados de palmas e de dança".[42] Eles também usavam a energia mesmeriana para curar os doentes.* Talvez aqui estivesse a antiga prática da Zar ou de danças de cura semelhantes.

Essas mulheres representavam um problema para a igreja organizada, e o nome delas com o tempo se tornou um termo de escárnio. Epifânio, bispo de Salamina em Chipre por volta de 374 d.C., escreveu no seu livro *Panarion* (Baú de remédios) que as coliridianas veneravam Maria como Rainha do Céu – como uma deusa. Ele relacionou oitenta heresias no livro; a Heresia Nº 79 era dirigida a essas mulheres, dizendo que, depois de muitas gerações, as mulheres não deveriam, uma vez mais, ser nomeadas sacerdotes. A respeito de Maria, ele disse o seguinte: "[Deus] não conferiu a ela nenhum encargo de ministrar o batismo ou abençoar discípulos, e tampouco ele lhe ofereceu o domínio da terra".

A preocupação do bispo a respeito do culto do Feminino Divino tinha sido expressada, de uma maneira semelhante, por Jeremias, no Antigo Testamento (Jeremias 7:18), a respeito daqueles que prestavam culto do jeito das mulheres e que faziam essas oferendas para a Rainha do Céu: Astarte (também conhecida como Ashtoreth ou Ashtaroth), o que teria incluído a dança. Em Jeremias 44:15-19, as pessoas foram repreendidas pelo profeta, mas as mulheres declararam que pretendiam prosseguir na mesma linha de ação, a queimar incenso para a Rainha do Céu, como o seu povo havia feito anteriormente, e que não viam nenhum mal nessa prática.

Basílio, o Grande, Bispo de Cesareia no século IV, assim como Agostinho e outros, embora elogiasse a dança como expressão religiosa, condenava as danças executadas por mulheres como tendo "movimentos frívolos e indecentes". A Igreja reagia sistematicamente contra as danças interpretadas por mulheres, quer elas fossem dançadas na igreja ou nas sepulturas dos mártires.[44] A Dança da Pedra do folclore britânico era representada pelos antigos círculos de pedra, como as Merry Maidens [Donzelas Alegres] em Boleigh na Cornualha Ocidental, que diziam ser mulheres transformadas em pedra por terem dançado no *Sabbath*.[46]

---

* Essas danças extáticas ou de cura foram mais tarde rotuladas de loucura ou possessão.[43]

Havia também condenações de artes correspondentes para as mulheres. No século IV, Agostinho pregou o seguinte: "Ó como mudam os tempos e os costumes! O que um dia era a atividade apenas dos tocadores de alaúde e das mulheres desavergonhadas, isto é, cantar e tocar, hoje é considerado uma honra entre virgens cristãs e mulheres casadas, que até mesmo contratam mestres na arte para ensiná-las".[47]

Desde os primeiros tempos, contudo, as mulheres encontravam um jeito de dançar. Proibidas de dançar na igreja, elas dançavam em casa. Também dançavam dentro dos muros de reclusão dos conventos. A mística espanhola Santa Teresa de Ávila (1515-1582), que, apesar da intensa oposição durante a Inquisição, reformou a Ordem das Carmelitas e fundou dezessete conventos em toda a Espanha, disse que as freiras "dançavam com alegria sagrada". Nos dias de festa, ela distribuía castanholas e tamborins para que as irmãs pudessem se regozijar ao dançar. A própria Teresa tocava tambor e tamborim. No século XVII, duas outras célebres carmelitas imitaram Santa Teresa: Bienheureuse Marie del' Incarnation e Anne de Jesus, que dançavam diante de *le Saint Sacrement* em Carmel, Dijon.[48]

As freiras de Villaceaux na França celebravam as festas dos Sagrados Inocentes e de Maria Madalena com danças. Como o nome *Magdalene* deriva de *amígdala* [*amygdal*] ou amêndoa [*almond*], eu me pergunto se elas não teriam dançado a Allemand. A Allemand, tão bem conhecida das pessoas que dançam quadrilha hoje em dia, é uma espiral formada por duas fileiras de dançarinos: os primeiros dois dançarinos estendem o braço e dão a mão direita um para o outro e depois estendem o braço e dão a mão esquerda para a pessoa seguinte na fila que está avançando

---

> A etimologia da palavra inglesa *rant*, do vocábulo latino *orante*, carrega algumas informações interessantes a respeito da maneira como a dança sagrada das mulheres era percebida. *Orante* (*adorante*) era uma forma de canto-dança adotado nos primeiros rituais cristãos e proveniente do vocábulo grego *ora*, ou horas (*hora*).[45] Figuras do *orante* são encontradas em pinturas nas catacumbas romanas, e os dançarinos frequentemente eram mulheres. A dança era marcada por muitos gestos e movimentos.
>
> Quando a palavra chegou à Inglaterra, contudo, o termo *rant* – falar em excesso e com animação – foi tudo o que restou. De uma maneira positiva, contudo, a palavra *oratório* procede de uma utilização secular desse ritual sagrado, pois os ensinamentos dos mistérios migrou para o teatro como *oratória*, um estilo de obra dramática que, com o tempo, evoluiu para a ópera.

na direção deles enquanto eles vão espiralando da frente da fila até o final. Essa dança folclórica procede de variações de dança de salão inglesas e/ou alemãs, que também são chamadas de Allemande, Almond; ou Alman, Almaye, ou Allemagne na França.[49] A Allemand também descendeu da dança ritual para o festival de Al-Monde, celebrado na Festa da Assunção no dia 15 de agosto junto com a *Sacratissima Cintola della Madonna*. A dança era originalmente a dança da amêndoa.

A amêndoa é um símbolo religioso muito significativo e tem algumas ligações interessantes com as mulheres e as suas danças rituais. A amendoeira era um símbolo de nova vida, ou primavera, a flor da amêndoa sendo a primeira a aparecer depois do inverno. A forma da amêndoa é um símbolo genital feminino desde tempos imemoriais, uma vez mais conectada com o surgimento de uma nova vida. A vara de Aarão brotou folhas de amêndoa como símbolo do poder através da frutificação (Números 17:8), e até mesmo o tabernáculo israelita usou esse símbolo de fertilidade (Êxodo 37:20). Cariátides formam os suportes de pilares na Acrópole em Atenas em memória da Filha Divina Car (Koré) como amendoeira.

A forma da amêndoa também era a *mandorla* conhecida como *vesica piscis*, a Bexiga do Peixe, usada pelos artistas cristãos para emoldurar a figura dos santos, a Virgem Maria e Cristo. Uma mandala europeia de um entalhe tridimensional intitulado "Dança Ritual Allemande" da Guilda Gislebertus vigia o pórtico ocidental da Catedral de Autun do século XII, na França. Em forma ovoide (almandala), ela ostenta quatro anjos dançarinos afastando-se e aproximando-se da grande figura sagrada central.

Considerando-se que o nome *Magdalene* deriva de *almond*, talvez não tenha sido por coincidência que Madalena estava com Jesus na sua ressurreição no equinócio da primavera – o seu renascimento –, que nós chamamos de Páscoa. De acordo com o *Dictionary of the Dance*, Maria Madalena era uma dançarina de ritual, e no século XV, na França, uma dança cerimonial chamada *Marie Magdaleine* ainda era executada na segunda-feira da Páscoa, narrando o encontro de Maria com Jesus. Apesar dos vigorosos decretos diocesanos sinodais de 1585 e 1601, que ameaçaram aplicar severas penalidades à continuação dos antigos costumes, a dança ainda estava a todo vapor na Igreja de Ste. Marie Magdaleine, executada na nave central nos dias de chuva, até 1662.[50] Mesmo depois que o costume cessou na igreja, a dança era executada do lado de fora. Com o tempo, ela se transformou em um hino, "Salve, Dia Festivo", enquanto o coro circundava três vezes o convento.

A religião e a dança nos Estados Unidos

Enquanto eu me aprofundava cada vez mais no tema da dança sagrada, logo descobri que não era a única a ficar perplexa com a oposição à dança por parte das grandes religiões ocidentais e me sentir determinada a descobrir por quê. Ann Wagner, professora do Departamento de Dança e catedrática da Divisão de Belas-Artes da Faculdade St. Olaf em Minnesota, pesquisou mais de 350 livros de referência e tratados americanos básicos, além da literatura de periódicos, para o seu

SALOME, DE AUBREY BEARDSLEY, 1894. SALOMÉ ERA FREQUENTEMENTE CITADA COMO PROVA DO COMPORTAMENTO ILÍCITO QUE RESULTARIA DA DANÇA.

livro *Adversaries of Dance: From the Puritans to the Present*.[51] Seguindo uma pista que começa em meados do século XVII com o clérigo puritano Increase Mather e chega ao século XX, a pesquisa de Wagner me ajudou a entender as influências culturais em várias épocas da história e por que, por exemplo, a minha mãe teve que escolher entre a igreja e a dança.

O período que começou depois da Guerra Civil Americana e durou até o início do século XX presenciou uma época de grande mudança nos Estados Unidos. Houve um influxo em massa de imigrantes, que trouxeram com eles as suas variadas convicções religiosas, a ascensão das cidades e as mudanças na ordem social causadas por maiores oportunidades econômicas. O crescimento e o *status* das mais antigas denominações protestantes foram ameaçados por esses eventos. Os conservadores temiam a crescente tendência em direção ao liberalismo e à educação dentro das suas próprias congregações. Isso resultou na ascensão do fundamentalismo, enquanto a bandeira dos evangelistas do fogo do inferno e do enxofre como Dwight L. Moody (1837-1899) era levantada por Samuel Porter Jones (1847-1906), William A. "Billy" Sunday (1863-1935) e outros no Sul. À medida que a preocupação aumentava a respeito da propagação da urbanização, da afluência e das concomitantes diversões disponíveis para um número cada vez maior de pessoas, a dança social se tornou um símbolo da perda do controle da igreja puritana sobre a vida das pessoas. A dança como parte da expressão religiosa não era nem mesmo considerada nessa época – o antigo vínculo entre a religião e dança tinha sido rompido havia muito tempo.

O grande problema para esses adversários fundamentalistas da dança, como ressalta Wagner, era o controle das mulheres:

> Os antagonistas da dança, quase sem exceção, durante vários séculos, eram homens. Esse ponto deve ser reexaminado à luz do fato que essa oposição se concentrava em argumentos morais e espirituais [...] Os oponentes da dança retratavam as mulheres como puras e virtuosas ou decaídas e depravadas. No primeiro caso, elas deveriam ser protegidas da dança. No segundo, elas estavam associadas à dança, sendo vítimas dos males dela ou perpetradoras desses males por meio do seu papel de sedutoras, moças contratadas para dançar com os clientes ou prostitutas [...] Ao longo dos séculos, citações dos adversários da dança de Salomé como prova da ilegalidade da arte confirmou ainda mais esse medo.

A PRECE DA DANÇA. LEAVEN DANCE COMPANY. FOTOGRAFIA DE RAY BLACK.

Wagner também disse o seguinte: "Recorrer a uma estratégia de ameaça e medo na tentativa de fazer com que os paroquianos evitassem a dança serviu para reforçar esse tradicional autoritarismo". É claro que a minha mãe, aquela pequena jovem de 16 anos no Mississipi, não tinha como saber que era uma vítima inocente desse fenômeno.

Resgatando a dimensão sagrada

Ao resgatar a nossa conexão com a dança sagrada, nós resgatamos a expressão espiritual. Um dos muitos exemplos disso é a descrição de Jane Litman, autora feminista e acadêmica judaica, da sua experiência durante a celebração do *Simchat Torah* em Mea Shearim (o bairro ultraortodoxo de Jerusalém) em 1978.[52] Por causa do seu profundo desapontamento por ter sido excluída da dança devocional do *Simchat Torah*, Litman sentiu um lampejo divino – uma imagem fornecida por Deus, como ela disse. Litman escreveu: "Celebrei esse *Rosh Hashana* com um grupo de mulheres [...]. Lemos e cantamos ao ar livre, debaixo de um arvoredo de carvalhos, e dançamos até a meia-noite as danças que as nossas mães dançaram umas com as outras durante três milênios. Sopramos o *shofar* e ouvimos a sua pungente melodia esmorecer na suave escuridão. Cantamos *henaia mah tov u' mah nayim shevot achiot gam yachad*, como é bom quando as irmãs se sentam juntas". O cerimonial delas incluiu bênçãos e afirmações. Elas teceram uma rede de fio de lã "para dentro e para fora dos nossos dedos, de um lado para o outro através do círculo, cada vez reafirmando o nosso orgulho de ser mulheres e a nossa conexão com a Eterna, abençoada seja Ela".

A partir dessa experiência, uma poderosa verdade emergiu para Litman – a conexão entre a dança e a alegria. "Suponho", disse Litman, "que senti pelo meu serviço [de *Rosh Hashana*] um sentimento semelhante àquele que os homens Hasidim sentem depois que dançam e rezam a noite inteira – o sentimento de uma tremenda alegria e unicidade com o Criador." Ao criar a cerimônia delas, Litman sentiu que elas, como mulheres, tinham resgatado o seu direito de definir a si mesmas. Elas também resgataram um conhecimento direto da dança como expressão espiritual das mulheres.

Estamos dançando na igreja hoje

Quando viajei para a Pacific School of Religion em Berkeley, na Califórnia, para pesquisar a história da dança, fiquei muito entusiasmada ao descobrir que Doug Adams, Carla DeSola, Cynthia Winton-Hiller e outros estavam efetivamente ensinando a dança sagrada e as artes na faculdade. Descobri que existia a Sacred Dance Guild, cujas origens eu descrevo no Capítulo 6, que estaria realizando o seu festival anual na faculdade daí a algumas semanas. Nesse festival, fiquei sabendo que a dança voltou em uma certa medida à igreja, em grande parte devido ao assíduo trabalho e iniciativas educacionais como a Sacred Dance Guild, a International Christian Dance Fellowship na Australia, a Sacred Dance Ministries International na Inglaterra e outras. Na realidade, um recente levantamento realizado pela revista *Dance Magazine* descobriu igrejas em mais de 23 denominações que hoje adotam alguma forma de dança como parte do culto: metodistas, luteranas, católicas, unitaristas, menonitas e ortodoxas russas, bem como algumas sinagogas judaicas.[53] Seria possível que a volta da dança como expressão religiosa e espiritual coincida com a ascensão das mulheres em funções de liderança na igreja?

Descobri também na minha busca a existência da dança sagrada em outras partes do mundo hoje em dia. Ao navegar na internet, entrei em contato direto com dançarinos do círculo sagrado na Inglaterra, Bulgária, Itália e outros países ao redor do mundo, e um vídeo intitulado *The Dancing Church* do Dr. Thomas A. Kane, um padre da Ordem de São Paulo, abriu os meus olhos para a rica variedade de dança encontrada em muitas igrejas católicas na África (Etiópia, Zaire, Gana, Malavi e Camarões) – danças adaptadas de formas tradicionais de culto.[54]

Um segmento inesquecível desse vídeo teve lugar em Lilongwe, em Malavi, e mostra as irmãs e membros leigos da comunidade Poor Clare celebrando a Festa da Nossa Senhora da África, *Misa Chimalawi*, com dança e música. A dança não é executada publicamente, tendo lugar na capela diante da estátua de Maria. A missa começa com orações antes que os participantes entrem no espaço sagrado. Uma vez que eles estejam do lado de dentro, têm lugar preces para que os santos e ancestrais estejam presentes na celebração. Existe uma calma reverência diante do canto *a cappella*. Sons percucientes de grãos sendo separados e da trituração nos pilões acompanham gestos de dança unificados, que ilustram a combinação do trabalho sagrado com o culto sagrado. A Aclamação Eucarística, um passo repetitivo

A IGREJA ABRAÇA A DANÇA. ENSEMBLE DE DANÇA DE ALELUIA, BATON ROUGE, LOUISIANA. FOTOGRAFIA DE MILDRED FELDMAN.

com os braços levantados e um balanço de um lado para o outro, é um momento de intensa adoração e celebração.

Outra cerimônia no bosque sagrado do mosteiro inclui a dança do fogo como parte da dança do salmo, que incorpora a apresentação do pão e do vinho, a oração e livros de canto, instrumentos agrícolas e as frutas da colheita. Tudo é colocado perto do fogo sagrado. Segurando archotes acesos, girando e se movendo em espiral em volta umas das outras, as dançarinas reencenam a chegada da Palavra. Cantoras se juntam ao grupo para louvar Maria: "Nós a amamos mais do que os tambores da noite, nós, filhos da África, queremos louvá-la com grande alegria".

A prece da dança

Está se tornando cada vez mais evidente, tanto nos Estados Unidos quanto no mundo inteiro, que a dança litúrgica pode nos ajudar a redescobrir a profunda expressão humana que comunga conosco e nos leva para mais perto do poder do Espírito do Divino. A dança é particularmente oportuna e adequada para o culto hoje em dia, à medida que um número cada vez maior de pessoas começa a reconfirmar o

ENSEMBLE DA DANÇA DE ALELUIA NA PRIMEIRA IGREJA METODISTA UNIDA, LAKE CHARLES, LOUISIANA. DANÇARINAS: BETTY WOODDY, ANNE MARKS, E LESLIE AKIN. FOTOGRAFIA DE GREG SMITH.

corpo humano, restabelecendo as conexões entre o corpo e o espírito. Essa não é uma teoria abstrata, pois os participantes podem confirmar quem vê e sente o poder, a majestade e a devoção na dança no contexto da liturgia.

A dança pode expressar um profundo sentimento de reverência, uma intensa participação no culto, que desperta a alegria e a união. Carlynn Reed escreveu o seguinte no livro *And We Have Danced*:

> O movimento complementa as palavras como o veículo da prece que expressa louvor ou confissão, súplica ou entrega. O movimento espontâneo da parte de quem busca a comunhão com Deus pode fluir da violenta turbulência para uma tranquila quietude. Por outro lado, gestos lentos e reconfortantes podem se tornar movimentos totalmente arriscados enquanto Deus desafia a pessoa para um ministério profético. Lágrimas de alegria ou arrependimento podem se seguir à prece quando o dançarino submete um corpo desejoso de ser transformado ao Deus que está disposto a revelar. O movimento diante de Deus é uma oferenda ao mesmo tempo tremendamente corajosa e humilde. A pessoa se torna vulnerável diante de um Deus que busca o supracitado para o Seu Reino – pessoas dispostas a ser moldadas como argila nas Suas mãos.[55]

A Sacred Dance Guild, fundada em 1958 por Margaret Taylor-Doane, aluna de Ruth St. Denis, foi uma das principais pessoas a trazer a dança de volta para o culto. A guilda acredita que a dança sagrada seja um catalisador para o crescimento espiritual e a mudança por meio da integração da mente, do corpo e do espírito. Por meio dos seminários e de outros eventos da guilda, tanto dançarinos quanto não dançarinos compartilham a oportunidade de vivenciar o movimento como culto, prece, cura e meditação; como agente de mudança; e como uma mensagem de paz. Os movimentos nessas danças sagradas não estão ajustados a nenhum estilo de dança específico ou a técnicas de corpo particulares. Mais exatamente, eles se originam da motivação interior do dançarino, o que possibilita a revelação do espírito através do corpo.

A meta da dança sagrada é a integração do culto – quer como parte de uma prática religiosa consagrada ou tradicional, quer como a expressão espiritual privada de uma pessoa – gerando e reconhecendo a nossa sabedoria interior. É se sintonizar com aquela "tranquila voz interior", fluir com as leis da harmonia e da beleza, respeitar a sabedoria do corpo, unir o físico e o espiritual, o espírito e a mente. O ritual autogerado, possível por intermédio da dança, pode conferir uma nova expressão à prece e ao misticismo quando é vivenciado com a ajuda das artes, seguindo a longa tradição dos participantes dos cultos que nos precederam e dos quais agora temos conhecimento.

Agora, vamos dançar

Pense a respeito do tipo de dança que você deseja criar. Pergunte a si mesma: "Como eu dançaria para reverenciar o sagrado?". Será uma expressão de Alegria? Ação de Graças? Amor? O que eu quero expressar a respeito do nosso Criador, a Fonte ou Espírito, que me levaria a dançar para celebrar? A sua dança pode ser dirigida aos membros de uma audiência, contando a eles, por meio do movimento, uma história ou ensinamento. Pode ser uma dança processional da qual outros depois participam. Pode ser uma expressão pessoal de fé e incorporação do Espírito. Apresento a seguir, como exemplo, duas danças que poderão inspirá-la a criar outras você mesma.

A dança das nossas ancestrais

Nesta dança, evocamos os espíritos das nossas antepassadas, mulheres cuja vida é hoje um símbolo de força para nós. Deem as mãos em um círculo e comecem com passos *grapevine** para a direita, enquanto dizem: "Lilith, Eva e Hanna, desde o início; abençoada mãe, irmã, amada – conduza-nos ao seu coração". Ainda de mãos dadas e caminhando para a frente em direção ao centro do círculo, levantem os braços e profiram: "Miriam, Raquel, Ana, Maria cheia de Graça". No lugar, com os braços acima da cabeça, digam: "Débora da Palmeira". Soltem as mãos e voltem ao círculo original, com as mãos em concha diante do rosto como um espelho, e

---

* O passo *grapevine* (ou cruzado) é um passo para o lado usado em danças folclóricas tradicionais no Oriente Médio e na Europa. Se vocês estiverem se movendo para a direita, coloquem o pé esquerdo atrás do direito, deem um passo para o lado com o pé direito, e depois pisem na frente do pé direito com o esquerdo, deem um passo para o lado com o pé direito etc. Continuem esse padrão enquanto dão as mãos ou tocam ombro com ombro. Invertam o movimento para ir na direção oposta.

digam: "Mostre-nos o seu rosto". Parem onde estão, voltadas para dentro do círculo, levem as mãos à posição de prece e digam: "Ensine-nos a sua misericórdia, força e compaixão". Estendam as mãos, com as palmas para baixo, para dar as mãos umas às outras em ambos os lados e reconstituir o círculo, e dando novamente passos *grapevine* para a direita, digam: "Que a nossa dança consagre este local sagrado". Repitam três vezes o padrão.

*Dança da Sublime Graça [Amazing Grace]**

Os algarismos entre parênteses são recomendações para o número de vezes em que o passo deve ser repetido. Você talvez constate que o número de passos ou contagens que você precisa fazer vai variar de acordo com o estilo da música que você usa, ou seja, de quantas notas o cantor usa em uma frase. Um cantor evangélico, por exemplo, poderá estender "sublime graça" em cinco a sete sílabas. Você poderá escolher cantar a sua própria versão, com o seu sentimento pessoal, enquanto dança.

Em um círculo, dando as mãos, dancem seguindo as frases:

Sublime Graça Fiquem de frente para a direita, andando no sentido anti-horário, lentamente, Direita, Esquerda (5)

Como é doce o som Fiquem de frente para o centro e deslizem os pés para a Direita, juntas, Direita (4), o círculo ainda se movendo no sentido anti-horário

Que salvou um infeliz Balancem para a frente em direção ao centro do círculo na Esquerda, de volta na Direita (4)

Como eu. Deslizem no sentido horário Esquerda, juntas, Esquerda (2)

Um dia eu estive perdida (Repitam o padrão da dança)

Mas agora me encontrei

Estava reprimida

Mas agora estou livre.

---

* *Amazing Grace* é um dos mais conhecidos hinos cristãos do mundo anglófono. O texto é do poeta inglês e clérigo anglicano John Newton (1725-1807). O título é normalmente traduzido em português como *Sublime Graça*. (N. dos T.)

No próximo verso, repitam os passos:

Foi a Graça que ensinou / o meu coração a temer, / e a Graça que aliviou / os meus receios; / Quão preciosa / essa Graça se mostrou, / na hora / em que eu acreditei pela primeira vez.

4

WomanDance

No antigo Egito, acreditava-se que a ab, uma das sete almas, viesse diretamente do coração da mãe, na forma do sagrado sangue lunar que descia ao útero dela para tomar a forma do seu filho. O símbolo hieroglífico para essa ideia eminentemente matriarcal era uma figura dançante, representando a dança interior da vida percebida na pulsação. Enquanto a dança continuava, a vida prosseguia.

Barbara G. Walker, The Woman's Dictionary of Symbols & Sacred Objects[1]

Sendo uma entusiasta do que, de um modo geral, é conhecido como dança do ventre, eu queria praticá-la mas não gostava nem do "olhar masculino patriarcal",* nem da atitude da

---

* Para mais informações sobre a "teoria do olhar" feminista e as consequências do olhar masculino e do voyeurismo na dança das mulheres, consulte Ann Daly, "Dance History and Feminist Theory: Reconsidering Isadora Duncan and the Male Gaze", *in* Laurence Senelick, org., *Gender in Performance* (Hanover, NH: University Press of New England, 1992), pp. 239-259; Christ Adair, *Women and Dance:* Sylphs and Sirens (Nova York: New York University Press, 1992); Susan Manning, "Borrowing From Feminist Theory",

WOMANDANCE É DANÇA PARA MULHERES, REALIZADA POR MULHERES E PARA PROPÓSITOS FEMININOS. AS MULHERES DANÇAM UMAS PARA AS OUTRAS NESTA TAPEÇARIA PERSA. COLEÇÃO DA AUTORA.

casa noturna com relação à dançarina. Criei a minha própria trupe, chamei-a de WomanDance, e escolhi a minha audiência entre grupos de mulheres, bibliotecas e feiras de arte. Tomei o cuidado de explicar a história e o significado da dança para as mulheres, tanto no contexto cultural do qual eu vinha quanto como uma forma de arte expressiva para mulheres americanas. A partir daí, comecei a fazer a minha pesquisa e a recolher informações a respeito das tradições de dança femininas, o que, aos poucos, evoluiu para este livro. O que eu encontrei foi uma intricada e complexa sincronicidade entre as mulheres, dar à luz, dançar e o Divino.

---

in Proceedings (Riverside, CA: Society of Dance History Scholars, Universidade da Califórnia, Riverside); Judith Butler, *Bodies That Matter: On the Discursive Limits of "Sex"* (Nova York: Methuen, 1984) e *Gender Trouble, Feminism and the Subversion of Identity* (Nova York: Routledge, 1990).

A busca do ritual da dança do nascimento

A dança tradicional e privativa das mulheres que, coletivamente, eu chamo de WomanDance tem recebido nomes variados de escritores, pesquisadores e intérpretes. Ela tem sido chamada de dança muscular, dança convulsiva e dança da barriga. A versão de entretenimento que vemos hoje pode ser chamada de *danse orientale*, dança oriental ou dança do Oriente Médio.* Ela foi apelidada de "dança do ventre" (do francês *danse du ventre*, "dança do abdômen") pelo empresário Sol Bloom, que trouxe a dançarina que ele chamava de Little Egypt [Pequeno Egito], junto com uma exibição de uma "típica" aldeia tunisiana, para a Chicago World's Fair em 1893. Existe atualmente um movimento entre as intérpretes dessa dança para mudar o nome para dança oriental, a fim de remover as conotações negativas do nome *dança do ventre*.[2]

Presenciei apresentações em boates e versões folclóricas da dança do ventre oriental interpretadas no palco no Egito, na Turquia, na Grécia e em Marrocos, e também assisti a muitos vídeos produzidos por dançarinas** que moraram, estudaram e realizaram pesquisas no Oriente Médio. O desafio delas, assim como o meu, foi identificar a verdadeira dança das mulheres, o seu propósito e a sua origem em contraste com as versões apresentadas publicamente.

Enquanto as audiências das casas noturnas são expostas a uma dança que enfatiza o sexo e a sensualidade, a dançarina tradicional do Oriente Médio se apresenta em grupos familiares para celebrar circuncisões, casamentos, festivais da colheita ou feriados nacionais, e enfatiza, diferentemente, complexidades rítmicas abstratas e a interpretação musical. A dança frequentemente inclui um diálogo rítmico entre a dançarina e a pessoa que toca o tambor, com a dançarina exibindo a destreza do controle muscular individualizado.

---

* Os nomes tradicionais do Oriente Médio para a dança do ventre são *raks sharki* ou *raqs sharqi* (dança oriental), *raqs Masri* (dança egípcia), *raqs beledi* (regional ou no estilo folclórico), ou *raqs Arabi* (dança árabe). *Raqs* significa "alegria", ou "celebração", bem como "dança", assim como a palavra turca *raklase* e a palavra síria *rakadu*. *Rag* (*raga*) significa "cor" ou "emoção" na dança indiana. A dança é conhecida na Grécia como *cifti telli*, que também é o nome de um ritmo turco.

** Uma lista incompleta de pesquisadoras, a quem sou extremamente grata, inclui Aisha Ali, Carolina Varga Dinicu, Delilah Flynn, Laurel Victoria Gray, Elizabeth Artemis Mourat, Magda Saleh, Leona Wood, Eva Cernik, Jamila Salimpour, Karol Harding, Andrea Deagon, Edwina Nearing, bem como as revistas *Arabesque* e *Habibi*.

PARTO, SIMBOLIZANDO A FASE UNIVERSAL DA CRIAÇÃO. DE UMA MADEIRA ESCULPIDA APROXIMADAMAENTE NO SÉCULO XVIII, SUL DA ÍNDIA.

Descobri que a dança do ventre não é originária do harém, como despreocupadamente se supõe, tendo sido adaptada de uma dança tradicional e privativa, uma dança que celebra a condição feminina, uma dança executada por mulheres e voltada para propósitos femininos para celebrar os vários estágios da vida. Seguem-se relatos testemunhais desse duradouro costume.

A rabina Lynn Gottlieb, no livro *She Who Dwells Within: A Feminist Vision of a Renewed Judaism*, disse o seguinte: "A dança do ventre sobreviveu durante milhares de anos como um remanescente da religião das mulheres [...] mulheres judias das culturas do Oriente Médio mantiveram viva a prática da dança do ventre até os nossos dias. Eu a presenciei repetidamente em contextos cerimoniais".[3]

Em 1923, Armen Ohanian, uma dançarina armênia do Cáucaso e defensora da dança oriental, descreveu a dança do ventre/ritual do nascimento da seguinte maneira: "Ela era [uma dança] do mistério e da dor da maternidade [...]. Na antiga Ásia, onde a dança foi mantida na sua pureza primitiva, ela representa a misteriosa concepção da vida, o sofrimento e a alegria com os quais uma nova alma é trazida para o mundo".[4]

A dançarina étnica e autora La Meri também escreveu a respeito dessa forma de dança: "Aquele que busca o conhecimento no Oriente frequentemente se deparará com opiniões conflitantes com relação às origens e aos primórdios de uma arte que não foi documentada pela palavra escrita. Quando estudei em Fez em 1929, fui informada pela minha professora, Fatma, que a *danse du ventre* era de origem ritualística e que ainda era, naquela época, executada ao lado da cama das mulheres em trabalho de parto. Ela também me disse que os homens não tinham permissão para assistir à dança na sua forma ritualística".[5]

Carolina Varga Dinicu, escritora e dançarina de Nova York conhecida pelo nome de Morocco, foi informada por uma dançarina da Arábia Saudita, Farab Firdoz, que os movimentos mais lentos que envolvem os músculos abdominais procedem de uma das mais antigas danças religiosas, na qual os movimentos imitam as contrações do trabalho de parto e do parto em si.[6] A dança é parte de uma cerimônia que homenageia a mulher como continuadora da espécie humana por intermédio do ato de dar à luz. Firdoz disse que estava presente quando as mulheres da tribo

LA MERI DANÇA O MAHGREB. COLEÇÃO DO MUSEUM OF MODERN ART.

da sua avó se reuniram em volta de uma mulher em trabalho de parto e fizeram esses movimentos. Outras danças, bem como uma repetição mais elaborada da efetiva dança do nascimento, foram feitas posteriormente para celebrar o nascimento.

Varga Dinicu descreve a sua observação de primeira mão em 1967 de um nascimento tradicional em uma aldeia situada a três dias e meio de viagem de Marrakesh. Ela pôde presenciar os momentos privados do ritual de nascimento fazendo-se passar por uma criada marroquina muda.

> [A mulher grávida estava] vestida com cafetã e *d'fina* e estava agachada sobre a pequena depressão que tinha sido escavada no centro da tenda [...]. As outras mulheres tinham formado uma série de três círculos em volta dela [...]. Todas estavam cantando suavemente e ondulando o abdômen, e em seguida contraindo-o fortemente várias vezes. O movimento era muito mais lento e mais forte do que aquele que as dançarinas chamam de tremulação, visto em algumas danças Schikhatt [uma dança erótica de Marrocos]. Elas repetiam os movimentos enquanto lentamente moviam os círculos na direção horária. A mãe se levantava e fazia os movimentos no mesmo lugar durante alguns minutos e depois se agachava por alguns minutos e fazia força para baixo. Ela não parecia estar particularmente agitada ou sentindo alguma dor. O único sinal de tensão era a transpiração que encharcava o seu cabelo e a testa. Paramos apenas para fazer as preces do meio-dia.
>
> Mais ou menos uma hora depois, ela emitiu um ofego e ouvimos um baque suave. Ela levantou o cafetã e lá estava um bebê na depressão. Ela levantou a mão: ainda não tinha terminado. Quinze minutos depois, outro ofego e outro baque suave. Eram meninos gêmeos [...]. As mulheres continuaram a cantar e dançar até depois do pôr do sol. Foi tão comovente que não pude deixar de chorar [...]. Para mim, isso foi mais do que suficiente para provar as origens de alguns dos movimentos daquilo que foi incorporado à dança oriental.

É fácil perceber que se os movimentos corporais associados ao ritual do nascimento fossem transportados para o palácio do rei ou uma casa noturna para o entretenimento masculino, esses mesmos movimentos seriam encarados de uma maneira inteiramente diferente. A dança do ventre no contexto do ritual do nascimento, contudo, não foi executada para projetar erotismo ou para apresentar a mulher como um chamariz, mas sim para exibir a consciência da maravilha do nascimento e do poder assombroso da maternidade.

O útero sagrado

Muito antes da construção dos templos nas cavernas ou da Arca bíblica, a humanidade reconheceu que a Natureza tinha propiciado o nosso primeiro espaço sagrado: o útero, o espaço vazio no qual a vida milagrosamente se manifesta a partir do nada e do qual ela emerge. A palavra sanscrítica para santuário, *garbha-grha*, significa "câmara do útero". Os antigos japoneses reconheciam o abdômen como a residência da alma, em vez de acreditar que a alma morasse no peito ou na cabeça, como na cultura ocidental. Na antiga arte chinesa de cura do qigong, o *qi* procede do que é descrito como uma bola de energia – a força vital – que reside no abdômen, logo abaixo do umbigo – em outras palavras, na região do útero. No Kundalini yoga, esse centro é conhecido como *manipura*, o chakra emocional (os chakras são centros de energia nos corpos internos sutis que governam o nosso bem-estar físico e emocional, de acordo tanto com a filosofia hindu quanto com a budista). No Tama-Do, ele se chama o centro *hara*, o centro figurativo e literal de uma pessoa, e está associado à vitalidade e à saúde.[7] O *hara* recebe energia da natureza e do cosmo, integra essa energia e a envia para as quatro direções do corpo.

MURAL EGÍPCIO. TRÊS DEUSAS DISFARÇADAS DE DANÇARINAS/PARTEIRAS CHEGAM PARA AJUDAR NO NASCIMENTO DE HÓRUS.

O mistério do nascimento é a base de todos os mistérios. Mesmo nesta época de avançado conhecimento científico, na qual os processos da gestação e do nascimento podem ser explicados em mínimos detalhes biológicos e fisiológicos, nós ainda encaramos o momento em que uma nova pessoa, uma nova alma, entra neste mundo, com nada menos do que assombro. É o visível e o invisível, um fenômeno tão claro, tão natural e corriqueiro, e ao mesmo tempo tão milagroso. Podemos sentir a presença de um novo ser porque vemos a barriga da mãe crescendo; da mesma maneira, temos fé que o novo ser existe porque não podemos vê-lo. Na ocasião em que finalmente o conhecemos, o bebê já passou por um sem-número de metamorfoses milagrosas.

A gravidez e o parto são símbolos apropriados de iniciação e transformação para as mulheres de hoje, assim como o eram no passado. A submissão ao risco bastante real da morte que representa o processo de dar à luz uma nova vida é conhecida e sentida por todas as mulheres que participam da experiência do nascimento. Em um certo nível, toda mulher grávida reconhece a sua disposição pessoal de atender a um possível chamado de sacrifício no verdadeiro sentido da palavra. Isso ainda é verdade nos nossos dias modernos, como o era há 25 mil anos para as nossas ancestrais nômades. A morte e a infecção eram perigos reais e presentes da época, e apesar de vastos melhoramentos, a tecnologia moderna nunca conseguiu eliminar totalmente essas possibilidades, nem mesmo hoje em dia. Não é difícil entender por que as mulheres empregaram, desde o início, toda a ajuda, humana e divina possível, para promover e garantir o sucesso.

Descobri, contudo, que assim como todos os costumes femininos, os rituais do nascimento das nossas ancestrais funcionavam não apenas como um auxílio físico, prático, para o parto, mas também como importantes formas de expressão espiritual. O processo de dar à luz é uma experiência de desenvolvimento espiritual muito pessoal que está aberta para as mulheres – uma experiência muito complexa que gera ao mesmo tempo felicidade e lágrimas. Ela tem uma profunda influência na vida espiritual das mulheres. A mulher entrega o seu corpo para ser um receptáculo durante a gravidez, cedendo o controle consciente para que outro ser possa emergir. Os rituais do nascimento ajudaram as mulheres a executar esse ato altruísta sem submeter o seu próprio ser. Eles as ajudaram a se tornar conscientes da qualidade impressionante e do privilégio do que estavam fazendo.

Quando os nossos ancestrais indo-europeus se fixaram em comunidades, começaram a ter tempo para contemplar a sua vida, a morte e a vida depois da morte. Os primeiros rituais da dança do nascimento proporcionaram um gesto externo de um despertar espiritual para o assombroso mistério do nascimento e do significado da vida. Eles enfatizavam a mãe como a doadora da vida. Parece bastante natural que a reverência por aquela que podia produzir outro ser a partir do próprio corpo tenha aumentado.

O papel da mulher como o receptáculo da nova vida era representado por abundantes figuras paleolíticas como a Vênus de Laussel, a Vênus de Willendorf e outras. Com uma palma da mão colocada sobre o abdômen e a outra no seio, a figura feminina era vista como a representante terrena da misteriosa força da criação.* Por meio da concentração no símbolo da mulher grávida, os nossos ancestrais esperavam alcançar a regeneração. A mulher, a geradora da prole, tornou-se, desse modo, a inspiração para a dança da reencarnação/regeneração (descrita mais detalhadamente no Capítulo 10), uma dança executada na esperança da imortalidade, de uma vida depois da morte.

A ciência confirma

Assim como em outros aspectos dos costumes das mulheres, eu queria ver se conseguia encontrar uma verificação científica moderna do poder e do efeito do ritual da dança do nascimento, e da sabedoria intuitiva e experimentalmente adquirida das mulheres. E de fato consegui. Com base em mais de trinta anos de pesquisas, o médico francês Alfred A. Tomatis descobriu que o feto "reúne numerosas memórias e estabelece um esboço da vida psíquica a partir das suas experiências de comunicação sensorial dentro do útero". As suas pesquisas mostraram que os ritmos e inflexões da voz da mãe constituem um nutriente emocional, uma fonte de transmissão da energia vital do ouvido para o cérebro e um *entrainment* do sistema nervoso. "A partir dessa morada primordial, desse envoltório que encerrou todo ser humano, muitas memórias arquetípicas encontram a sua suprema origem."[8] Nesse sentido, a mãe é uma sacerdotisa para o seu filho em gestação, canalizando a essência da vida para ele.

---

* A arte grega clássica deslocou as mãos para que ficassem na frente dos seios e na região pubiana, criando uma atrativa imagem modesta/sedutora.

DESENHO DE MULHERES
GRÁVIDAS DANÇANDO
EM FILA, DE MÃOS DADAS.
DETALHE GRÁFICO DE UM
VASO DE TERRACOTA, RAI,
IRAQUE, C. 3000 A.C.

O ritmo da dança feminina tradicional ou primordial é a pulsação, a batida ouvida pelo bebê *in utero*. A tradição tântrica chama esse ritmo de Nada, o som do poder ou da pulsação do Absoluto manifestado na pulsação humana.[9] A pulsação é básica para todos os ritmos. O feto vive em um mundo sonoro sincopado interno, ouvindo a pulsação do seu próprio batimento cardíaco de 140 batidas por minuto e o ritmo do coração da mãe de 70 batidas por minuto, bem como a voz da mãe, que é ouvida como um farfalhar e assobio de alta frequência. Pesquisadores assinalam que um feto de seis meses se move *in utero* ao ritmo da fala da mãe. A fotografia em câmera lenta, que capta a ênfase sutil que um observador casual poderia deixar escapar, mostra que um ou dois dias depois de nascer, o bebê move os braços e as pernas em uma sincronia rítmica com o som da voz da mãe.[10] O recém-nascido está literalmente dançando ao som da música da voz humana muito tempo antes de poder emitir uma palavra discernível.[11]

Além disso, Tomatis descobriu que os movimentos da mãe são registrados pela criança em gestação. Assim como outros estímulos sensoriais, esses movimentos têm um efeito energizante no cérebro em rápido desenvolvimento da criança e contribuem para o futuro desenvolvimento das funções motoras. Paul Madaule, praticante do método de Tomatis e ex-paciente do médico, diz o seguinte no seu livro *When Listening Comes Alive*, "caminhar, balançar, nadar e exercícios de baixo impacto são atividades que devem ser praticadas pela futura mãe. Para promover a harmonização de ambos os níveis do ouvido da criança – o nível auditivo e o corporal –, a mãe deve sincronizar esses movimentos com o som da sua voz. Por exemplo, ela poderia se balançar ao mesmo tempo que conta histórias ou recita poesias, ou dançar ao som do seu próprio canto".[12] Por conseguinte, vemos a partir de uma pesquisa científica e uma aplicação clínica que o ritual da dança do nascimento é tão benéfico para o futuro bebê quanto o é para a mãe e para a sua comunidade de mulheres.

Um grande poder coalesce em volta da mulher que participa plena e desinibidamente quando a incrível energia da vida irrompe através dela. Pesquisas demonstraram que a posição em pé pode efetivamente ser a melhor nos primeiros estágios do trabalho de parto, e que permanecer em movimento durante as contrações diminui a dor e acelera o parto. Permanecer em movimento também favorece um bom fluxo sanguíneo entre o bebê e a placenta. Psicologicamente, permanecer em atividade reduz o sentimento de desamparo causado pela posição inclinada passiva, fazendo com que a mulher sinta que está agindo em prol do parto em vez de ser o objeto de uma ação.

A dança do ventre e outros rituais da dança do nascimento na Antiguidade preparavam o corpo da mulher para o ato físico do parto. A forma tradicional da dança enfatizava mais o abdômen do que a pelve. Wendy Buonaventura, em *Belly-Dancing: The Serpent and the Sphinx*, observa essa distinção:

> Os músculos abdominais, junto com os das nádegas e os das coxas, são mais importantes do que quaisquer outros durante o parto. Eles são controlados pela pelve que – empregando uma comparação muito utilizada – parece uma bacia que podemos inclinar para a frente e para trás, e de um lado para o outro [...]. Outro movimento útil no início da gravidez é a ondulação abdominal, que mantém os músculos abdominais elásticos. Esses músculos cruzam o tronco inferior em diferentes direções, assim como fios de seda se ligam em volta de um casulo. Durante o trabalho de parto, eles exercem pressão sobre o útero para que este se abra e deixe o bebê sair.[13]

Esse movimento de contração/relaxamento também é visível na hula, a dança do povo maori, e também em outros tipos de dança.

O método Lamaze de parto natural inclui dois exercícios semelhantes à dança do ventre que preparam os músculos do útero para o trabalho. Embora o dr. Lamaze possa ter sido considerado o "inventor" de exercícios naturais para o parto como a ondulação e a respiração acelerada, a história da dança das mulheres mostra que esse médico francês foi um intruso tardio em uma prática que as mulheres já conhecem há milhares de anos.

Karen Andes, especialista em aptidão feminina e autora de *A Woman's Book of Strength* e *A Woman's Book of Power*, afirma que os movimentos dos quadris, do abdômen e da região lombar da dança do ventre não apenas são excelentes para o processo do parto como também muito benéficos depois deste, para a recuperação e manutenção da elasticidade muscular.[14] "Durante a gravidez e o parto, os músculos mais distendidos são aqueles do assoalho pélvico (às vezes chamados de músculos de Kegel) e os músculos transversos do abdômen (músculos abdominais profundos que atuam como uma 'cinta' para o tronco)." Ela diz que, durante a dança do ventre, os músculos transversos do abdômen são maravilhosamente exercitados por meio da contração dos músculos abdominais, possibilitando que eles ondeiem para fora novamente enquanto movemos os quadris e a caixa torácica.

Outro exemplo contemporâneo da dança do nascimento na prática pode ser encontrado em Healdsburg, na Califórnia. Lá, TerriAnne Baglien, professora de dança Oriental e Kathak, que também é técnica em emergências médicas e foi parteira durante mais de 23 anos, ensina os movimentos da dança do ventre para as suas clientes grávidas, a fim de ajudá-las a se preparar para o parto. Como Baglien dirige um programa de dança cultural que inclui três grupos de dança, ela também tem a possibilidade de levar dançarinas dos seus grupos para ajudar no processo do parto em casa por meio da dança. Ela diz o seguinte: "O fluxo de energia e os efeitos relaxantes da música e da dança são muito proveitosos. No entanto, mais importante ainda é o sentimento 'tribal' resultante, o poderoso efeito da energia combinada de mulheres reunidas durante o processo do parto".

Vemos, portanto, que a dança era executada não para projetar erotismo ou para apresentar a mulher como um chamariz, mas sim para exibir a consciência da maravilha do nascimento e do poder assombroso da maternidade. A dança do ventre coloca a mulher grávida profundamente em contato com o seu poder e beleza como criadora e progenitora e, quando praticada durante toda a gravidez, pode realmente ajudá-la a permanecer completamente conectada com a sua própria autoridade interior enquanto ela participa do ritual primordial do parto. O parto é a Vida assumindo o controle, e no entanto a participação positiva da mulher no processo é absolutamente essencial. Desse modo, trata-se da condição de sacerdotisa personificada.

Origens – as Ghawazi e as Ouled Nail

Em busca das origens dos antigos mistérios do ritual do nascimento, vamos agora para o Oriente Médio explorar, o mais que pudermos, as tradições de dança que persistem, guardadas por algumas famílias dispersas de castas hereditárias de entretenimento: as Ghawazi e as Ouled Nail. Vamos examinar também outras danças em áreas circundantes e refletir sobre a influência dos ciganos.

Embora muitas pessoas acreditem que a dança do ventre seja de origem egípcia, outras teorias aventam que ela chegou ao Egito vinda de outro lugar. Uma das razões para o mistério é um grupo chamado Ghawazi, do qual fazem

OULED NAIL, ARGÉLIA, INÍCIO DO SÉCULO XX. CORTESIA DA COLEÇÃO PARTICULAR DE ELIZABETH ARTEMIS MOURAT.

parte dançarinas profissionais errantes chamadas as Ghawazi (também Ghawazee ou Ghazye), cujas origens são desconhecidas.* A história dessa interessante casta de intérpretes é incerta, mas uma imagem na parede de uma sepultura do início da Décima Oitava Dinastia de Neb Amon testifica a sua antiguidade. Muitos dos seus costumes, entre eles a sua atitude perante o casamento, são anteriores ao islamismo.

Alguns dizem que os Ghawazi podem ser uma parte dos ciganos indo-persas, que migraram do norte da Índia em direção à Espanha e à Europa setentrional. Os Ghawazi, assim como os ciganos,** são de origem não egípcia, permanecem

---

* Talvez a mais famosa Ghawazi tenha sido Kutchuk Hanum, que foi exilada para Esna por Mehemet Ali. O escritor francês Gustave Flaubert e George William Curtis, um autor popular norte-americano, a visitaram e escreveram a respeito dela em meados do século XIX.

** É geralmente aceito que os ciganos se originaram no Norte da Índia. Genericamente conhecidos como ciganos, esse singular povo nômade é chamado por vários nomes nas regiões em que é encontrado: no Egito, Halab, Nawar (Nuri), Ghagar; na Pérsia, Luri; na Turquia, Cingana ou Cengi; dos Punjab na Índia, Jats or Zutt. Na Europa são conhecidos como Zigeuner, Zingaro, Cziganzy, Sinte, Romani ou Rom, Gitana/Gitano.

DANÇARINA GHAWAZI. XILOGRAVURA DE JAMES AUGUSTUS ST. JOHN, 1845.

separados do resto da sociedade, preservaram cuidadosamente as suas tradições e história oral, e têm a sua própria linguagem, de derivação obscura, que eles falam entre si.[15]

A dança (*raqs sha'abi*) das Ghawazi que ainda existe hoje se caracteriza por um contínuo requebrar dos quadris de um lado para o outro, que também pode ser visto nos movimentos clássicos da dança do ventre. Elas dançam em um compasso rápido 4/4. A sua música deriva de instrumentos folclóricos como o mizmar, o rebabi e o tabla baladi.

NAJAT, TOUHA E KARIMA YOUSEF, PROVAVELMENTE AS MAIS FAMOSAS GHAWAZI NO EGITO NOS TEMPOS ATUAIS. A FOTOGRAFIA É CORTESIA DE AISHA ALI.

Os Ouled Nail da Argélia, outro grupo de pessoas de origem misteriosa, permaneceram isolados e, desse modo, conservaram as suas antigas tradições. Os seus costumes fornecem ainda outra pista para as origens da dança do ventre. Essas dançarinas públicas do Sahara Djurdjura eram famosas pela sua coroa adornada com joias, ou *zeriref*, que remonta ao século VI a.C. Fabricadas com placas de prata ou ouro, e decoradas com turquesa, coral e peças esmaltadas coloridas, esses toucados são presos por fileiras de correntes e pendentes. Os pendentes são semelhantes a alguns encontrados em estelas funerárias fenícias e lembram os toucados usados pelas mulheres no Norte da África na época dos cartagineses. Muitos símbolos das joias delas foram identificados como provenientes da antiga Cartago ou da Babilônia.

Debaixo de camadas de cintos e cafetãs adornados com joias, a dança delas realça a *danse du ventre*, uma "ondulação" rítmica dos músculos abdominais. Começando lentamente, em uma posição estacionária, a dançarina primeiro ondula o abdômen em um movimento circular. À medida que o ritmo se intensifica, os braços e os pés entram em ação. Os quadris começam a participar do movimento rotativo rítmico e, ao mesmo tempo, os ombros começam a se sacudir. Depois que as mulheres acumulam o seu dote por meio da dança, o que não afeta de modo nenhum a sua reputação no seu lugar de origem, elas voltam para a aldeia para se casar e viver de acordo com a sociedade muçulmana que as cerca.

Outras tradições da dança do ventre

Supõe-se que o flamenco, que incorpora alguns dos padrões sinuosos dos braços e rotações dos quadris vistos em diversas versões da dança do ventre, seja proveniente de vários povos, entre eles os hindus de língua romani (ciganos), que se fixaram nas cavernas de Sacromonte e se misturaram com os mozarab, uma comunidade de mouros (árabes e berberes), judeus e ibéricos nos séculos VIII e IX d.C. Eles levaram para a Andaluzia, na Espanha, a combinação de complexos ritmos indianos misturados com temas melódicos árabes, incorporando muitas características tradicionais da dança espanhola e, desse modo, preservando-as.* A tribo Houara executa hoje no Marrocos uma dança que, segundo dizem, é a mãe do flamenco.

---

* As origens do flamenco podem recuar ainda mais, a um antigo ritual do fogo que envolvia a *flaminca*, que executava tarefas sacerdotais ao lado do marido.

Uma dança flamenca particular, a Zambra Mora, tem forte característica árabe. Ela é conhecida pelas suas rotações dos quadris e pela intensa representação da emoção e da paixão. Há também uma dança chamada *la danza serpiente* (dança da serpente) que as ciganas espanholas interpretam nas suas reuniões privadas, que também tem movimentos dos quadris semelhantes aos da dança do ventre. O nome se refere à dança das mulheres árabes.

Em alguns países do Oriente Médio, as celebrações de casamento tradicionalmente requerem a presença de um tipo especial de dançarina do ventre, a qual possui conhecimento – especificamente "carnal" –, experiência e sabedoria. No Marrocos, ela é a *scheikha/sheikha*; no Egito, ela é conhecida como a *Hannana*. A *Hannana* supervisiona os sete dias das cerimônias e rituais das mulheres que antecedem o casamento e dá a sua bênção à noiva.*

Além de entreter exclusivamente os convidados do sexo feminino com versos indecentes improvisados, a *scheikha* dança diante da noiva que está prestes a se casar, cantando versos a respeito dos prazeres das relações conjugais que a aguardam depois da provação da noite de núpcias e da perda da virgindade.[16] A sua trupe dança com exagerados movimentos dos quadris, da barriga e de outros tipos, que são visíveis apesar dos grandes e largos cafetãs e *d'finas* que elas vestem. Embora essa não seja a dança do ventre oriental Raqs Sharqi, os movimentos são semelhantes no controle e na articulação do trono e dos músculos dos quadris.

Hajja Noura Durkee, norte-americana, professora universitária, escritora e membro da ordem Shadhdhuli Sufi, descreveu certa vez para mim um casamento ao qual ela compareceu na década de 1970 que incorporava a dança do ventre:

> Em Jeddah [Arábia Saudita], as festas de casamento duram a noite inteira. Os homens tinham ido para outro lugar para beber chá e dançar. Várias centenas de mulheres se encontravam em um enorme pátio aberto, diante do qual haviam montado uma espécie de palco onde estavam duas enormes cadeiras semelhantes a tronos e um piso livre, com um toldo sobre ele. Durante um longo tempo, nada aconteceu além de conversas e música, e depois, uma jovem adolescente subiu ao palco e começou a dançar. A dança saudita tem muito pouco trabalho com os pés, é uma espécie de arrastar

---

* O nome da deusa do nascimento hitita Hannahannas é considerado como sendo uma adaptação do termo de parentesco *hitita hannas,* que significa "avó".

hesitante; toda a intensidade recai no giro dos quadris e dos braços, e nos olhos. Logo depois, outra jovem subiu ao palco, e as duas começaram a dar repetidas voltas; elas não estavam se exibindo para a audiência, e sim se concentrando interiormente. Eu só conseguia chamar aquilo de meditação sexual. Outras se levantaram e dançaram – mulheres de meia-idade, meninas pequenas. Todas executaram a mesma dança no mesmo círculo no palco, energizando-o.

Segundo textos do historiador da dança Curt Sachs de 1937, esse tipo de dança da mulher, independentemente do nome pelo qual seja chamado, é universal.[17] A dança pélvica do Bafioti Loango é um culto ancestral, dirigido às gerações passadas e futuras. Os pigmeus de Uganda têm uma dança na qual a ondulação da pélvis e do abdômen é especialmente importante como o centro da atividade sexual e do parto. Na cultura deles, quando uma criança nasce, a mãe dança enquanto carrega o bebê em uma mochila do tipo "canguru" para começar a educação de dança dele.[18] Danças semelhantes são vistas nos Mares do Sul, no sul

ORACIÓN DE LÁGRIMAS, UMA INTERPRETAÇÃO FLAMENCA DAS MULHERES DA CRUZ. OMEGA DANCE COMPANY, CATHEDRAL OF ST. JOHN THE DIVINE, NOVA YORK. DANÇARINAS: MARISSA MADRONE, MELINDA MARQUEZ, ALEXZANDRA DE MESONES E SANDRA RIVERA. FOTOGRAFIA DE MARY BLOOM.

e no centro da Austrália, em Namoluk e Tuk das Ilhas Carolinas, no Rio Sepik da Nova Guiné, nas Ilhas Shortland no Arquipélago Salomão, na Polinésia Oriental e na África da costa setentrional a Loang no oeste e Zanzibar no leste. De acordo com Sachs, existem até mesmo registros dessa dança pélvica oriundos das antigas Hellas. Ele explica que as danças das mulheres se desenvolveram a partir de uma cultura matriarcal de plantar e colher, e as mulheres, frequentemente, eram as únicas participantes. "Também está bastante claro que a 'dança do ventre' era o remanescente de um antigo costume religioso e que as mulheres mantiveram, apesar de todo o desaparecimento do significado religioso original, a posição que lhes foi concedida."[19]

Com a hula, os havaianos são um bom exemplo de um povo que tenta preservar a sua tradição da dança do nascimento. Em decorrência da colonização, a maioria das danças indígenas dos havaianos se perdeu, vítimas da ignorância e das ideias equivocadas dos vitorianos, mas em anos recentes essas danças foram resgatadas e reverenciadas pelo seu significado tradicional. Os maoris também têm uma dança chamada Ohelo, uma hula praticada deitada, com movimentos que se destinam especificamente a fortalecer os músculos para o parto.

Outra dança feminina relacionada com a dança do ventre que ainda existe é a Dança das Virgens Dinka, encontrada no sul do Sudão. Há quatro movimentos distintos, e todos precisam ocorrer ao mesmo tempo. O passo é um arrastar para a frente com os pés bem próximos; as mulheres se movem em um pequeno círculo, e enquanto elas dançam dando a volta, de quando em quando descem sobre os calcanhares e se levantam novamente, trabalhando a barriga em uma *danse du ventre*. Shera Khamisi, diretora do Medasi African Dance Theatre em Cincinatti, Ohio, observou esse tipo de dança da mulher no Senegal em 1990:

> É comum as danças africanas terem um propósito duplo por trás delas. Por exemplo, na dança da iniciação de Wollof, o movimento da dança da jovem impele as dançarinas a obedecer às expectativas da comunidade se abstendo do sexo antes do casamento. Essa mesma dança demonstra movimentos que serão necessários, no momento certo, para o ato sexual. Na realidade, os movimentos fortalecem a região pélvica e as pernas, preparando as dançarinas para a hora do parto. Na África, as mulheres tradicionalmente dão à luz em pé.

Sachs também disse que é possível ver partes da dança do nascimento praticadas pelas mulheres dentro de outras danças – no Camboja, por exemplo:

> Bem no meio de uma dança mitológica formal, pode acontecer que a mulher faça uma pausa, relaxe os músculos da perna e estremeça com um lento movimento ondulatório que parece começar em uma das mãos, e depois as duas ficam com as palmas voltadas para cima. O movimento serpentiforme desliza suavemente pelos braços da mulher, passa para o ombro, levanta o lenço que cobre o seu peito, passa para o outro braço e desaparece na vibração adejante da outra mão. Nesse momento, o seu quadril se arqueia. O abdômen recua debaixo da abundância de pesadas dobras reluzentes de seda e metal. Quando ela descerra as pálpebras, podemos ver os seus olhos se revirarem no pálido rosto extasiado.

A perda e o renascimento da WomanDance

A autora Jamila Salimpour explica as mudanças que ocorreram no ritual da dança do nascimento das mulheres nos países do Oriente Médio ao longo dos anos:

> E, assim, a mudança na religião ocasionou uma mudança na forma do culto e do ritual. Os adeptos das religiões da Deusa se retiraram da vida pública, embora continuassem a praticar e acreditar da maneira "antiga". Quando as novas religiões se sobrepuseram às antigas, foi tolerado que muitas das práticas "inofensivas" fossem absorvidas. À medida que o tempo foi passando, o significado dos rituais se tornou obscuro. Embora a maioria das sacerdotisas tivesse sido expulsa, o ritual mágico do nascimento persistiu como uma necessidades cerimonial nos casamentos, nascimentos e circuncisões, bem como em qualquer cerimônia relacionada com mulheres necessitadas da presença talismânica da sacerdotisa.[20]

A ênfase na dança deixou de ser no nascimento e passou a recair na sedução sexual ou na exibição. Nesse contexto, a energia da natureza inerente nos músculos, no sangue, na vibração instintiva do ritmo se tornou excessivamente conectada à extremidade material do espectro e precisou ser refreada para alcançar o

EDWINA NEARNING, HISTORIADORA, PESQUISADORA E DANÇARINA, DANÇANDO COM AS GHAWAZI. A FOTOGRAFIA É CORTESIA DE EVA CERNIK.

controle cultural e redirecionada para fins religiosos. A esquizofrenia social transformou em tabus menstruais a menarca com potencial para a vida. O medo da dança como uma regressão ao que é chamado de delírio dionisíaco resultou na degeneração da sua função sagrada dentro do templo. A dança foi relegada a um entretenimento para o mundo exterior. Foi um caminho muito longo e debilitante da mãe paleolítica que dançava para expressar gratidão por ter tido um parto facilitado pela dança do nascimento, à dançarina da Chicago World's Fair de 1893 e da casa noturna.

No entanto, por meio dessa antiga dança da mulher, as mulheres estão redescobrindo não apenas o seu próprio poder, verdadeira beleza e espiritualidade, mas também, uma vez mais, uma conexão com todas as mulheres. Ao longo dos anos, notei que embora as minhas alunas possam ter começado a ter aulas de dança do ventre para "ficar mais sexy", elas invariavelmente se esqueciam do seu propósito original. Em vez disso, testemunhei várias transformações de alunas em mulheres que se sentiam confiantes com relação ao próprio corpo, postulando uma nova definição do que significa ser uma mulher. Semana após semana, observei mulheres interpretarem a dança umas para as outras e para si mesmas em uma atmosfera segura de camaradagem e apreciação mútua.

DANÇA PARA A GRANDE MÃE. DELILAH FLYNN CRIOU ESTA DANÇA DURANTE O SEU OITAVO MÊS DE GRAVIDEZ. A FOTOGRAFIA É CORTESIA DE VISIONARY DANCE PRODUCTIONS.

Essa imagem de mulheres executando um antigo ritual feminino que fora corrompido pelo voyeurismo masculino durante tantos séculos, mas que agora está sendo novamente executado como um rito de passagem da mulher, confunde o sentimento de divisão entre o sensorial e o espiritual. O acesso ao mistério de outra cultura tão diferente da nossa contempla um propósito diferente do esperado. Ao mover o corpo de uma maneira que é ao mesmo tempo sensual e extremamente vigorosa e forte, sem coquetismo ou insinuação, a dançarina e a sua dança nos devolve às profundezas e ao poder do feminino.

O corpo da mulher como receptáculo, como templo

Desde o nascimento, o corpo e a psique são um só. É o corpo físico que confere forma, existência e limites ao nosso eu, o veículo do nosso ser no mundo que concretiza esta vida neste mundo. Somente dentro de um corpo o desenvolvimento psicológico e físico é possível. O corpo é o útero e o lugar de origem do ego. Ele proporciona a primeira conscientização do "eu" – eu sou este corpo, eu sou finito e separado de todos os outros.

Por outro lado, o corpo é uma coisa terrivelmente inepta, às vezes não confiável, desconcertante, confusa e parece reprimir o voo do eu. Para muitos de nós, o corpo, mais cedo ou mais tarde, se torna um problema. Ele está sujeito a vícios, compulsões, distúrbios alimentares, lesões e doenças. Isso, por sua vez, causa problemas psicológicos e impede o desenvolvimento da consciência superior. Por causa disso, o eu pode, às vezes, perder a conexão direta com o corpo como uma fonte de sabedoria natural e energia.

No entanto, a mulher não pode se esquecer do seu corpo – não apenas porque a sociedade não o permitirá, mas também porque ela é constantemente lembrada da presença dele pela menstruação e pelo fato de outros dependerem dela para cuidados e nutrição. A psique feminina reside no seu corpo, e a sua sabedoria se origina de um conhecimento instintivo e adquirido do que fazer com o seu corpo ao dar à luz, ao confortar outro ser durante o processo do parto, quando uma criança ou amiga atormentada necessita de um corpo confortante. A sua dança deriva do útero da sua experiência quando ela teve que entrar profundamente dentro de si e se esforçar para gerar o seu próprio poder. A mulher se entrega à dança devido à sua necessidade do processo criativo que deseja receber forma por intermédio dela. O potencial toma forma no escuro e se torna ativo na luz. Como um parto, ele sai dela, mas tem vida própria.

Por meio do treinamento da dança tem lugar uma lenta redescoberta da consciência interior. A mente está sempre presente, com o tempo escutando e aprendendo a respeitar o instrumento natural. A energia da natureza é canalizada para a meta criativa, redirecionada para fins espirituais, reconectando-se com o material.

Criando ritos para hoje

Com a ênfase excessiva atual na forma do corpo das meninas e das mulheres, estas últimas precisam formular ritos que reconheçam propósitos para o corpo feminino além da expressão da sedução sexual e de uma perfeição física inatingível. Uma das razões pelas quais muitas mulheres simplesmente suportam em vez de desfrutar a gravidez é que a nossa sociedade nos bombardeia com a mensagem que um abdômen grande é feio, independentemente do seu propósito.

As mulheres ocidentais, em geral, têm tanto medo de ter uma barriga protuberante que frequentemente mantêm o abdômen cronicamente contraído. Não raro, essa contração ocorre inconscientemente. Se você tentar manter uma perna ou um braço contraído o dia inteiro, pode imaginar o dano que isso causa ao corpo.

Entretanto, as coisas estão mudando. Sinto que alguma coisa no arquétipo feminino está lutando para obter reconhecimento, para se expressar. Hoje em dia, encontramos muitas feministas entre as dançarinas do ventre. Também não é fora do comum encontrar as mesmas mulheres interessadas na Deusa, na espiritualidade e também nos costumes femininos. A Dra. Jean Shinoda Bolen diz o seguinte no seu livro *Crossing to Avalon*: "Neste momento particular, muitas mulheres estão dando à luz a consciência da Deusa".[21]

Essa consciência em transformação é belamente expressa por Delilah Flynn, uma dançarina que mora em Seattle, em um vídeo que ela produziu durante o terceiro trimestre da sua gravidez intitulado *Dança para a Grande Mãe*, uma dança de louvor à futura mãe:

> Acredito que encerrada dentro desta dança existe uma linguagem secreta que conta as narrativas da vida das mulheres, da história delas. Essa linguagem fala das paixões e da espiritualidade das mulheres, da sua intuição e

emoções, ela fala dos sacrifícios, alegrias e dos sonhos da vida delas. Como ela fala com as mulheres a respeito da vida delas e da maneira como elas a vêm vivendo há séculos, o resultado não é o que você poderia imaginar [...]. O termo "dança do ventre" é, por estranho que pareça, apropriado, já que toda a vida está centralizada em volta do abdômen; o arquétipo da Grande Mãe e do princípio criativo feminino é mais bem expresso por meio dessa dança.

Quero deixar claro, contudo, que o texto deste capítulo não se destina a contribuir para a programação social das mulheres no modo maternal. O desejo de ser mãe está de tal maneira impregnado pelo condicionamento sociocultural que é difícil saber se você está tomando uma decisão individual. Muitos biólogos, psicólogos, psiquiatras e sociólogos são hoje de opinião que o instinto maternal foi programado no gênero feminino como uma conveniência social. A condição de sacerdotisa ou papel criador do qual eu falo está disponível para qualquer menina e mulher em qualquer papel que ela escolha na vida – mesmo que isso inclua o seu direito e opção de não ter filhos. Como tudo que mostrei neste capítulo, esta dança tem poder em todos os aspectos da vida.

Agora, vamos dançar

A dança do ventre (independentemente do nome pelo qual seja chamada) é a poesia do corpo expressada em antigos gestos significativos. É uma sinfonia de imagens em movimento e posturas emolduradas, uma revelação da alma humana, e uma arte sensorial feminina. Ela é, como afirmei anteriormente, uma celebração da condição feminina, uma dança executada por mulheres para fins femininos. Ela é excelente em qualquer idade; pode ser praticada como preparação para o parto, para aprofundar a conexão com o bebê interior, por meio de uma profunda concentração no milagre da nova vida. Depois do parto, a dança pode ser praticada como uma maneira de tonificar os músculos abdominais e de recordar a profundidade da sua sensualidade feminina, um sentimento do eu como indivíduo que as mulheres frequentemente perdem depois do parto. Esta dança também ajudou muitas mulheres que sofriam de TPM e desconforto menstrual porque os movimentos propiciam uma melhor circulação e fluxo sanguíneo na região pélvica.

A execução desta dança por mulheres em um círculo ao redor de uma menina como uma iniciação quando ela começa o seu período menstrual é uma maneira fortalecedora de acolhê-la na idade adulta e na comunidade das mulheres. Ela altera a atitude predominante de que a menstruarão é "a maldição" e diz, em vez disso, à jovem que ela está expandindo o seu poder espiritual, a capacidade de formar os seus próprios rituais, encarando as experiências da vida do dia a dia como a sua base de iniciação. Que poderosa diferença faria se as meninas fossem criadas com uma consciência do seu futuro papel como sacerdotisas para os filhos que elas poderão ter! Uma cerimônia desse tipo seria igualmente benéfica

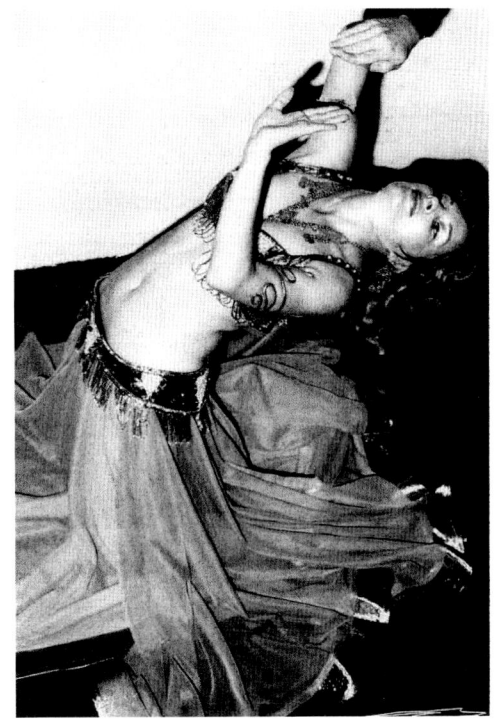

IRIS STEWART NA DANÇA RITUAL DO NASCIMENTO. FOTOGRAFIA DE ARNOLD SNYDER.

para a mulher que está passando pela menopausa, uma iniciação positiva à liberdade da fase da mulher mais velha pós-menopáusica. A partir da nossa perspectiva privilegiada de ter informações de pesquisas científicas, como foi discutido anteriormente, e da nossa capacidade de comparar informações transportadas de antigos centros de conhecimento, poderíamos concluir que as nossas antigas Avós estavam praticando uma abordagem esotérica e holística da saúde, da harmonia e da espiritualidade nesta dança permanente, a WomanDance.

A dança do ventre

A dança do ventre consiste de vários movimentos básicos: o requebrar dos quadris, rotações dos quadris, movimentos sinuosos dos braços, movimentos serpentiformes da cabeça e ondulações abdominais. Cada um desses movimentos trabalha em harmonia com os outros e pode ser usado em qualquer combinação.

RINA ROLL E KAREN GEHRMAN, MEMBROS DA FAT CHANCE BELLY DANCE, SAN FRANCISCO. DIRETORA, CAROLENA NERICCIO. FOTOGRAFIA DE MARTY SOHL.

O requebrar dos quadris é o movimento mais conhecido da dança do ventre, mas na verdade a ondulação abdominal é que é o alicerce da dança do ventre. Para aprender essa ondulação abdominal, nós nos concentramos, curiosamente, não em mover os músculos e sim na respiração (consulte a seção "Usando a Respiração para Criar a Dança", mais adiante).

Uma vez que você tenha dominado a ondulação básica da pelve e do abdômen, você pode estender esse movimento ondulatório para o seu peito, quadris, ombros e braços, e para a cabeça e o pescoço. Uma dança do ventre clássica frequentemente incluirá movimentos da cabeça em uma linha reta de ombro a ombro em um movimento serpentiforme, ou "bamboleio" – um movimento de sacudir o dedo indicador no queixo no ritmo da música. Ela também incluirá movimentos ondulatórios das mãos e dos braços, uma vez mais, serpentiformes; suaves sacudidelas dos ombros; e fazer movimentos circulares e levantar e baixar a caixa torácica para acompanhar as ondulações do peito e do abdômen. Os músculos do abdômen são flexionados e contraídos com grande controle ou são tremulados rapidamente enquanto a pelve se move para a frente e para trás. Como um todo, esses movimentos apresentam um incrível movimento fluente ou ondulatório.

As ondulações especializadas dos quadris e da caixa torácica que são feitas na dança do ventre devem formar a figura do número oito. Com frequência, o amplo balançar ou vibração dos quadris é sustentado enquanto outras partes do corpo se movem em um ritmo diferente. Às vezes, todo o corpo é tomado por um tremor minuciosamente controlado. Adicionalmente, a cabeça, ombros, mãos ou quadris podem se lançar para a frente ou para trás, com uma ênfase dramática, conforme a música o exigir.

Você talvez queira complementar esses movimentos básicos da dança do ventre com outros, de acordo com a sua habilidade ou disposição de ânimo, e dependendo da música. Recomendo rodopios, voltas, a inclinação do tronco para trás ou até mesmo deixar cair o corpo no chão. A dança do ventre, apesar do seu nome, é uma dança do corpo todo. Você descobrirá, contudo, que os pés e as pernas não são enfatizados. Poderíamos dizer que eles são simplesmente utilitários, levando você de um ponto para outro a fim de oferecer variedade e possibilitar que toda a sua audiência a veja a partir de vários ângulos e distâncias. Algumas pessoas até mesmo disseram que a dançarina do ventre parece uma serpente, já que ela é "totalmente tronco sem pernas".

Usando a respiração para criar a dança

Provavelmente, a coisa mais importante que eu posso ensinar ou enfatizar para a dança do ventre, e também para o seu bem-estar físico e clareza espiritual, é a maneira correta de respirar. Quando éramos bebês, nós respirávamos naturalmente no abdômen. À medida que crescemos e nos ensinaram a "encolher a barriga", a nossa respiração se tornou rasa. A dança do ventre enfatiza muito a respiração, e você precisará reensinar ao seu corpo essa maneira "natural" de respirar – a mesma técnica respiratória usada pelos cantores e aqueles que tocam instrumentos de sopro.

O MOVIMENTO
DE ARCO E
CONTRAÇÃO.

Fique em pé com as solas dos pés apoiadas no chão, os pés afastados a uma distância mais ou menos equivalente à largura dos quadris, os joelhos flexionados, a pelve empurrada ligeiramente para a frente. A cabeça, o pescoço e os ombros permanecem relaxados. Como a pelve tem a forma de uma tigela, quando você empurra para a frente, a pelve na verdade se inclina para trás. Ao soltar o ar, encolha o abdômen, deixando que a pelve se incline para a frente e para cima, contraindo as nádegas, enquanto você deixa cair a caixa torácica. Agora, inspire, deixando o abdômen se expandir, enquanto começa a levantar a caixa torácica; isso alonga as costas, criando mais espaço para o abdômen. Levantar a caixa torácica lhe proporcionará um sentimento de elevação ao longo do tronco, fazendo com que você endireite as pernas. Faça uma pausa.

Solte novamente o ar e deixe que a caixa torácica relaxe novamente no lugar, enquanto você solta a pelve e o estômago. Empurre um pouco mais a pelve para a frente a fim de completar o movimento de arco e contração.* Você pode manter a

---

* A famosa e dramática técnica de dança de contrair e soltar de Martha Graham se baseava nessa mesma pulsação de respiração e no movimento de investida da pelve. (Martha Graham é discutida no Capítulo 6.)

mão na frente do estômago e praticar, empurrando o estômago para fora para encontrar a mão.

Repita esses dois movimentos em sequência – ao inspirar: a caixa torácica é levantada e o abdômen é empurrado para fora; ao soltar o ar: a caixa torácica se descontrai e o abdômen relaxa. Enquanto você balança levemente para trás e para a frente, esse arco e contração se torna o início de uma ondulação – uma onda – a onda-mãe. O movimento essencial para a forma da dança do ventre. Enquanto estiver praticando, você poderá colocar as mãos nos quadris para contrabalançar o seu movimento; na dança, contudo, os braços ficam estendidos. Ao deslizar um dos pés para a frente em cada ondulação, você pode começar a se mover para a frente ou girar em espiral. Praticar diante de um espelho a mantém coordenada. Inicialmente, você talvez não se sinta nem um pouco à vontade ao executar o movimento, mas quando você sincronizar os diferentes elementos, você começará a sentir um ritmo se desenvolver. A cabeça e o pescoço ficam relaxados, a coluna é um líquido que canaliza energia nesse movimento serpentiforme ondulatório e a dança se torna uma das coisas mais liberadoras que você pode fazer por si mesma.

Para o propósito do ritual de uma Dança do Nascimento, a ondulação pode ser praticada por si só, com a atenção voltada para a abertura do primeiro e do segundo chakras, situados no períneo e na pelve, respectivamente, a fim encorajar a energia "emperrada" a fluir livremente através desses canais. Você também pode ondular a própria caixa torácica balançando levemente para a frente enquanto a levanta em resposta à tomada de ar e a deixa cair novamente quando solta o ar. Esse pequeno movimento, por si só, pode ser extremamente reenergizante e também tremendamente eficaz como técnica de meditação respiratória. Pessoalmente, sempre senti que ficar sentada imóvel na meditação, ou praticar técnicas respiratórias na posição deitada, não funciona para mim. O meu corpo precisa se mexer, e não gosto de me sentir zonza e nem do entorpecimento das minhas mãos que ocorre quando eu apenas coloco muito ar nos pulmões. Descobri que se eu me mexo durante essas ondulações, quer sentada, quer deitada de lado, consigo obter resultados muito melhores e posso permanecer na meditação por um período bem mais longo.

Ao executar o movimento como uma meditação respiratória, respire com a boca aberta, raspando levemente a garganta enquanto o ar se desloca para dentro e para fora. Sorva o ar e depois apenas deixe que ele saia, deixando cair a caixa torácica.

5

O Traje da Dançarina: Simbólico e Glorioso

A Que É Velada é mais luminosa do que dez mil sóis, e no entanto, quando ela é contemplada, ela se cobre com dez mil véus e se torna tão pálida quanto a lua para proteger-te do seu brilho. A sua força está no seu espírito que é destemido. Ela só é submissa à vontade de Deus. Quando uma mulher descobre A Que É Velada dentro de si mesma, A Que É Velada se mostra como a Mãe do Mundo.

Taj Inayat, The Crystal Chalice: Spiritual Themes for Women[1]

Sempre fui fascinada pelos trajes exóticos das dançarinas tradicionais como as da Índia, do Oriente Médio, de Bali e do Japão. Quer usado em uma produção teatral, quer em uma dança folclórica local, o traje causa decididamente um impacto na apresentação. Parte da grandiosidade dos trajes representa as riquezas da corte, é claro, mas outras roupas que são tradicionais e não estão associadas à realeza também são bastante decorativas, não raro utilizando objetos da natureza como conchas, gramíneas e pedras coloridas. Embora eu conheça a atração feminina por coisas belas, eu me perguntei se poderia haver alguma coisa mais significativa por trás desses adornos. Descobri um tesouro de informações ocultas a respeito dos costumes das mulheres.

As roupas que derivam de trajes rituais e folclóricos são frequentemente vistas nas apresentações teatrais e nas casas noturnas. No meio de uma fanfarra de música, a dançarina do ventre aparece em uma exibição de cores brilhantes e contas cintilantes que são deslumbrantes para os olhos. Ela se desloca regiamente pela pista de dança em uma exuberante demonstração de opulência. Ao vê-la dançar, quer em uma boate étnica nos Estados Unidos, quer em qualquer outro lugar, os membros da audiência sentirão imediatamente que acabaram de ser transportados para o misterioso Oriente Médio, terra do exótico e do belo.

Essa fantasia é criada pela dança em si, e pela dançarina que se move da maneira sensual que viemos a associar com a dança do ventre. Ela é criada pelos sons estranhos, eróticos e impetuosos que emanam de instrumentos com os quais muitas pessoas não estão familiarizadas: *oud*,* *nay*,** *qanun**** e *bouzouki*.**** A ilusão é ainda mais acentuada pelo traje da dançarina. Metros do mais puro *chiffon* formam a volumosa saia circular que se estende da faixa do quadril da dançarina até o chão. Lantejoulas cintilam dentro das dobras da saia ou definem a sua bainha. Várias saias de diferentes cores brilham como um arco-íris sobre pantalonas de cigana. Panos em relevo multicoloridos, iridescentes, dourados ou prateados podem dar destaque à saia e combinar com o véu envolvente que a dançarina move rapidamente, de um lado para o outro, sobre a cabeça e corpo. Alternadamente revelando e ocultando, o véu flutua como uma névoa atrás dela enquanto ela gira e dá voltas. Cobrindo o sutiã e o cinto de quadril há brocados, veludos e lamê, que formam a base de camadas de reluzentes moedas falsas antigas, sinos, pequenos espelhos redondos, contas de vidro brilhantes, joias ou cristais refrativos, pérolas – quase tudo o que reluz, brilha e resplandece –, projetados para ampliar os movimentos da dançarina. Um bracelete de cobra circunda o seu braço. Elaborados acessórios de cabeça aderecados podem formar o toque de acabamento real.

---

* O *oud* é um instrumento árabe muito semelhante ao alaúde europeu em tamanho e forma. (N. dos T.)
** *Nay*, também chamado de *nai, ney, nye* e *tuiduk di gagri*. É da família das flautas e, em persa, significa "palheta". (N. dos T.)
*** Canum, em português. É uma espécie de harpa árabe com mais de 70 cordas que se toca horizontalmente em cima das pernas. (N. dos T.)
**** Bandolim grego. (N. dos T.)

Turistas que visitam as casas noturnas no Egito e em outros países do Oriente Médio, ao ver as dançarinas vestidas com um tipo de traje muito semelhante ao das suas equivalentes americanas, alguns até mesmo mais elaborados, facilmente conjeturam que se trata efetivamente de um traje egípcio étnico. O traje ostentoso usado na boate, contudo, não tem nenhuma semelhança com o vestido de mangas compridas e pantalonas usadas pelas intérpretes da dança do Oriente Médio no século XIX.* O que a audiência está vendo é uma adaptação do traje das dançarinas *nautchnee* do norte da Índia, com o seu vestido de duas peças que mostrava um tronco nu, uma faixa nos quadris e uma ampla saia que datava da época da colonização britânica da Índia. Quando um protetorado britânico foi mais tarde criado no Egito, esse tipo de roupa foi adaptado pelas intérpretes egípcias porque era isso que os ingleses estavam acostumados a ver; desse modo, o estilo se tornou o símbolo indelével da dança do ventre.[2] Já o estilo de traje mais brilhante e glamouroso do cabaré – o sutiã coberto de lantejoulas e a saia de cintura baixa com aberturas laterais – contudo, é em grande medida inspirado nas casas noturnas dos Estados Unidos e, mais especificamente, de Hollywood, que subsequentemente influenciaram a indústria cinematográfica egípcia na década de 1930 e, pouco a pouco, essa versão mais estilizada do traje foi introduzida na vida noturna do Egito.

Apesar dessa interpretação glamourizada, descobri que as roupas e ornamentações nas estatuetas e desenhos das deusas são surpreendentemente semelhantes aos trajes da dança do ventre anteriormente descritos. Estatuetas de argila, estátuas e desenhos de deusas encontrados em toda parte, da Ucrânia e do Vale do Indo à China e à América do Sul, e abarcando muitos séculos, usam cintos de quadril, franjas, aventais, saias estreitas ou largas, estolas, colares, braceletes, medalhões e véus. Quando uma saia é usada, esta geralmente começa embaixo da cintura e envolve os quadris, tendo frequentemente uma textura decorativa de incisões incrustadas brancas ou vermelhas, exibindo padrões de rede, zigue-zague, xadrez ou pontos.[4] Outras marcas nas estatuetas incluem tatuagens ou incisões em padrões geométricos de asnas, espirais e linhas sinuosas paralelas. Cobras se enroscam ao redor dos braços, do corpo ou do cabelo, ou são ostentadas em

---

* Em 1860, Edward William Lane descreveu o vestido ghawazi na obra *An Account of the Manners and Customs of the Modern Egyptians*: "Algumas delas usam um corpete de gaze, sobre outra saia, com o *shintiyan*, e um crepe de *tarhah* muçulmano; e em geral elas se enfeitam com uma profusão de ornamentos, como colares, braceletes, tornozeleiras, uma fileira de moedas douradas sobre a testa e, às vezes, um anel de nariz. Todas usam *kohl* e *hena*.[3]

bastões, simbolizando a cura, a iniciação e o renascimento, e a transformação. (Para mais informações a respeito do simbolismo da serpente, consulte o Capítulo 9.)

Marija Gimbutas, na sua brilhante obra *The Language of the Goddess*, reuniu quase 2 mil ilustrações de artefatos de estatuetas de deusas, revelando um complexo sistema iconográfico de pensamento místico. As marcas nas estatuetas das deusas eram mais do que apenas decorações; elas eram símbolos que transmitiam um sem-número de mensagens: cálculos das fases da lua, estações, padrões de energia e poderes. Do mesmo modo, a postura, as roupas, o penteado e os atributos ou símbolos que envolviam a divindade criavam um "enredo" pictórico. Eles eram uma maneira de representar uma coisa especial, separada, santificada e sagrada, ao mesmo tempo que apresentavam uma identificação muito pessoal.[5]

A longevidade desses símbolos da deusa é impressionante. Decorações em representações das antigas deusas da serpente europeias encontradas em terracotas micênicas dos séculos XIV e XIII a.C., se repetem até o século VIII a.C. no templo de Hera e em figuras da deusa Beócia no século VII a.C., com pouca, ou nenhuma, alteração do tema.[6] Entre as características estão coroas, faixas de escamas de serpente pontilhadas, linhas paralelas, espirais e desenhos xadrez ou de rede. O triângulo, o zigue-zague, a rede e a espiral encontrados nas figuras das deusas são símbolos de poderes regenerativos. Esses antigos símbolos também foram passados adiante na tecedura e nos bordados dos trajes femininos em todo o mundo. Os símbolos sagrados do círculo, da espiral, da cruz, do triângulo e da árvore da vida também são comuns nos tecidos, nos tapetes e na antiga arte produzidos pelas mulheres.

Antigas estatuetas votivas europeias femininas do quinto milênio antes de Cristo são representadas com o tronco nu e uma saia na linha do quadril ou uma cinta, com uma franja vertical pendurada nos quadris. As saias estão frequentemente puxadas na lateral ou nas costas, ou então drapejadas para um dos lados, e presas por um cinto de quadril ou uma cinta. Outra característica dos vestuários é o avental ritualístico retratado por pontos e incisões demarcantes cobrindo a área do colo. Eles invariavelmente ostentam a serpente, a espiral, o V, a asna ou outros desenhos frequentemente encontrados nas estatuetas de deusas.

Assim como os símbolos ou representações da Deusa se destinavam a transmitir o propósito e o poder dela, o vestuário e as joias das sacerdotisas tinham a intenção tanto de revelar quanto de invocar a Deusa Divina. As sacerdotisas e as dançarinas-sacerdotisas regularmente adaptavam as suas vestes cerimoniais,

O triângulo

O triângulo é universalmente um símbolo primário e é sempre associado à Deusa. O *mons veneris* da Mãe é o triângulo de Afrodite, o "monte de Vênus", a montanha que conecta o homem e a mulher, a terra e o céu.[7]

O triângulo era associado a uma forma original pelas escolas iniciáticas pitagóricas da Antiguidade não apenas por causa da sua forma perfeita e da sua posição como a mais forte das estruturas arquitetônicas, mas também porque ele era o arquétipo da fecundidade.[8] Na filosofia Kundalini, dois triângulos sobrepostos ou opostos aparecem no Centro do Lótus no coração despertado, *anahata*, ou o quarto chakra. O triângulo com o vértice para cima representa a energia espiritual; o triângulo com o vértice para baixo é a energia física. Entrelaçados dessa maneira, os dois representam o mundo físico permeado pelo espiritual.[9]

Um ou mais triângulos não são incomuns nas joias do Oriente Médio. Chamado de *du'a*, o triângulo frequentemente contém um compartimento para textos de preces. Como amuletos protetores, também se acredita que os triângulos, em termos simples, rechacem o infortúnio, a doença e a morte. O avental nas vestes rituais da Deusa frequentemente ostenta um triângulo, além da forma de um diamante, o *tangov*, o nome polinésio para um símbolo usado nos rituais no mundo inteiro. Na Índia, o *tangov* é análogo ao Padrão da Grande Mãe, *Shri Yantra*, no qual era usado para fornecer pontos originais em muitas danças rituais cerimoniais. Ele reaparece de uma forma solidificada no Teatro de Dionísio em Atenas no piso de tijolo do local da orquestra e nos padrões de areia usados pelas dançarinas rituais na Polinésia. O *tangov* aparece na Estrela de Davi, sendo formado por um par de triângulos equiláteros, um apontando para cima (branco, simbolizando o mundo espiritual) e o outro apontando para baixo (preto, simbolizando o mundo material).[10]

KALI YANTRA, NEPAL.

---

tornando-as semelhantes aos trajes com que adornavam a Deusa. Além disso, padrões de tatuagem e hena na pele transformavam o corpo das devotas no portador de informações sagradas.

As *mystai*, ou iniciadas – seguidoras de Deméter – vestiam trajes de linho branco, possivelmente influenciadas pelos egípcios de Ísis. No período clássico, os trajes na ocasião do *myesis* (os primeiros ritos a Deméter) eram alvo de muita consideração e, até mesmo, vistos como sagrados. Os trajes das *mystai* eram dedicados à deusa ou guardados como cueiros para a geração seguinte.[11]

Na Grécia, mulheres jovens e meninas em procissão carregavam as joias e os mantos de Ártemis, com os quais elas vestiam a sua estátua em um estilo cerimonial. As meninas gregas ofertavam um vestido na ocasião da sua menarca. Depois do parto, a cinta da mulher era frequentemente dedicada a Ártemis como Eileitia, protetora do parto. As mulheres Ouled Nail, que veneram a deus Tanit ou Taurt, patrona do parto e da maternidade, usam uma enorme quantidade de joias, um grande cinto ou cinta de prata, e talismãs simbólicos, entre eles a Mão de Tanit. Elas também executam a *danse du ventre* em homenagem a ela.

As marcas especiais, os símbolos, as pedras preciosas e os drapejamentos das vestes da Deusa foram depois transferidos para o esplendor arquitetônico e as decorações do templo ou da catedral, e então para realeza. As Al'mehs (intérpretes árabes cultas), cortesãs e depois as intérpretes populares, com o tempo, adaptaram ornamentos e trajes rituais aos seus propósitos particulares.[12]

A Mão de Tanit das Ouled Nail é muito semelhante a outro conhecido símbolo usado com joia: a Mão de Fátima, como é chamada no mundo muçulmano.[13] Sobre a mão há um grande olho azul de cerâmica ou de conta de vidro contornado com sombras preto-azuladas. Na arte judaica, esse símbolo é chamado de Mão de Deus.

Encontramos a impressão da mão em pinturas rupestres pré-históricas como uma defesa contra o desastre. A mão era uma força estimulante simbólica, o toque energizante da Deusa, e era chamada de *Mano Pantea*, "A Mão da Deusa Universal". Não é incomum que a imagem ou estátua de uma pessoa santa ou uma divindade mostre uma das mãos com a palma voltada para fora, transmitindo uma bênção. O *khomsa*, o número cinco em árabe (cinco dedos), é um amuleto de boa sorte em muitas partes do norte da África. E na Tunísia, a impressão da mão é geralmente pintada na porta da casa para bênçãos e proteção.[14]

O poder das roupas das mulheres

Em várias situações especiais, o vestido ritual da Deusa ou sacerdotisa era por si mesmo reconhecido como poderoso. Em Creta, as numerosas oferendas votivas de modelos de argila em longos vestidos cerimoniais comprovam para nós a sua natureza especial. Em Kerala, na Índia, em uma cerimônia chamada *trippukharattu*, que tem lugar oito ou dez vezes por ano, um pano avermelhado enrolado na imagem da deusa Kali é intensamente procurado pelos peregrinos e apreciado como uma relíquia sagrada.[15] Uma antiga lenda indiana também conta que Shiva produziu uma criança a partir de um pedaço do vestido de Parvati.[16] Uma das histórias populares a respeito da Ressurreição diz que Fátima, filha de Maomé, estará vestida com um traje ornado com uma magnífica franja, e que as mulheres se agarrarão a ele e passarão sobre a Ponte em um piscar de olhos.[17]

Em uma combinação de crenças cristãs e tradicionais, os *Gitane* (ciganos) de Arles, na Provença, seguidores de Sara, a Virgem Negra (Sara *la Kali*) ou *Gitano* Sara *La Macarena*, tocam as vestes rituais da sua santa padroeira como parte da sua peregrinação anual à igreja de Les Saintes-Maries-de-la-Mer nos dias 24 e 25 de maio. Reza a tradição que Sara usou seu vestido como uma balsa para ajudar as Três Marias do Mar (Maria Salomé, Maria Jacobé e Maria Madalena), que tinham estado presentes na crucificação de Jesus, a chegar em segurança à terra quando o barco em que elas navegavam correu o risco de afundar.

> Aqueles que chegam se dedicam a Sara em dois atos de ritual: o tocar e o pendurar das peças de vestuário. As mulheres, especialmente, acariciam respeitosamente a estátua ou beijam a bainha dos seus numerosos vestidos. Em seguida, elas dependuram roupas ao lado dela, roupas que elas trouxeram, como um lenço, uma bandana de seda, uma combinação ou um sutiã. Às vezes, são apenas pedaços de roupa rasgados. Finalmente, elas tocam a santa com objetos heterogêneos que representam os que estão ausentes ou os enfermos.[18]*

---

*   Uma variação do poder das roupas das mulheres está refletida na punição de transgressão mais temida dos ciganos, a excomunhão do grupo, cuja origem se encontra nas Leis de Manu. Jean-Paul Cleber diz o seguinte no livro *The Gypsies*: "É suficiente, na ordem da tribo, que uma mulher casada rasgue do seu vestido um pedaço de pano e o atire na cabeça do Rom que foi condenado". De acordo com Clebert, esse rito também é encontrado em algumas tribos da Índia: "Entre os Nagos de Assam, é um terrível infortúnio para um homem descobrir que foi atingido pela saia de uma mulher que estivesse grávida".

SANTA SARA (SARA-LA-KALI) A MADONA NEGRA, VESTIDA COM SETE VÉUS. FESTIVAL DE LES SAINTES MARIES DE MER, FRANÇA. FOTOGRAFIA DE VALERIE RICHMAN.

O poder dos trajes da deusa e das sacerdotisas também era buscado por muitos sacerdotes do sexo masculino que os adaptavam e se evadiam com eles. O transvestismo ritual era uma característica de muitas classes sacerdotais em todas as partes do mundo e ainda pode ser encontrado hoje em dia entre vários povos tradicionais. Alguns exemplos são os Daiaks de Bornéu, os Chukchi da Sibéria e os *hijras* do subcontinente indiano.[19] Foram postuladas várias explicações para o comportamento dos travestis rituais. Uma das teorias aventa que eles podem estar se esforçando, consciente ou inconscientemente, para atingir um estado de androginia, unificando os aspectos complementares do homem e da mulher, alcançando desse modo um estado superior divino ou quase divino. Outra sugestão é que houve uma época em que todo o conhecimento religioso e mágico pertencia às mulheres. Em decorrência disso, quando os homens começaram a se apossar da autoridade religiosa, eles passaram a se vestir com as roupas simbólicas reservadas para a sacerdotisa de maneira a se tornar mais aceitáveis para os espíritos e as forças da Natureza.

A palavra para xamã em japonês é *miko*, e significa "mulher divina". Na Coreia, onde a maioria dos xamãs era historicamente mulheres,[20] surgiu uma classe de xamãs do sexo masculino, a *paksu mudang*, e esses xamãs usavam uma indumentária feminina durante os rituais; acreditava-se ainda que eles fossem possuídos por divindades femininas. Nos rituais dos *Sakhibhavas*, que surgiram em algum momento do século XVI em Brindaban e nos seus arredores no norte da Índia, homens se vestem de mulher e expressam a sua devoção adorando Radha e servindo-a. Também no norte da Índia, meninos brâmanes Brajbasi pré-púberes usam roupas de menina enquanto desempenham todos os papéis masculinos e femininos no Rasa Lila de Krishna. Os homens também vestem roupas femininas e dançam em templos à maneira das Gopis, devotas do Senhor Krishna.

O transvestismo ritual para os homens também ainda é praticado no Vaishnavismo.[21] Os homens vestem as roupas e os ornamentos das mulheres e até mesmo cumprem um recolhimento mensal de alguns dias em uma imitação do período menstrual. De acordo com a doutrina vaishnavita, todas as almas são femininas para a Realidade Suprema. Dizem que, por meio dessas técnicas rituais, o adepto do culto de Shakti do sexo masculino desperta a sua própria qualidade feminina, alcançando assim o "ideal".

Aprendemos com a mitologia grega que Herakles* (Hércules) descobriu numerosas maneiras de conquistar os mistérios femininos, passando, inclusive, alguns anos vestido de mulher, fiando para a Rainha Ônfale. Ele se desfez da sua pele de leão e, em vez dela, usou colares com pedras preciosas, braceletes de ouro, um turbante feminino, um xale roxo e uma cinta meoniana, aparentemente sem sentir vergonha.[22] Pinturas da Renascença mostram Herakles vestindo uma anágua amarela. Ele usou roupas de mulher até mesmo no seu casamento.[23] Os sacerdotes se vestiam de mulher no culto lídio de Herakles, e o sacerdote de Herakles em Antimacheia se vestia com roupas femininas antes do início de um sacrifício.

Vamos agora examinar mais detalhadamente duas das mais interessantes e poderosas peças de vestuário associadas à Deusa: a cinta e o véu.

---

* A autora optou por usar o nome *Herakles* em grego. Héracles (português) é *Heracles* em inglês. A palavra Hércules, como Héracles era chamado em Roma, vem do latim. (N. dos T.)

QUANDO A FAMOSA DANÇARINA MODERNA RUTH ST. DENIS (CONSULTE O CAPÍTULO 6) INTERPRETOU A NAUTCH COMO PARTE DO SEU REPERTÓRIO DE DANÇAS INDIANAS, ELA VESTIU UM TRAJE DE DUAS PEÇAS, REVELANDO O QUE É CONHECIDO NO YOGA COM O *CHAKRA MANIPURA* – O CENTRO DO PODER. A SUA INTERPRETAÇÃO DA TRADICIONAL DANÇA NAUTCH SE BASEOU EM UMA FORMA DE DANÇA KATHAK QUE SE ORIGINOU NOS TEMPLOS DO NORTE DA ÍNDIA, MIGRANDO DEPOIS PARA OS PALÁCIOS E, COM O TEMPO, PARA AS RUAS. A ROUPA E A DANÇA DE ST. DENIS SÃO REMANESCENTES DAS DANÇAS SAGRADAS DAS MULHERES, PRATICADAS PELAS SEGUIDORAS DA MÃE DIVINA. NEW YORK PUBLIC LIBRARY FOR THE PERFORMING ARTS.

A cinta da Grande Mãe

A cinta é particularmente sagrada para as mulheres porque ela inspira e protege o centro da vontade, o plexo sacral ou região do útero, que é a força fundamental da mulher, a fonte da sua criatividade corporal na procriação e na menstruação.

Recentes livros de história e de arqueologia, que apresentam ricos arquivos pictóricos, mostram que muitas deusas usavam uma cinta ou cinto elaborado; algumas só usavam isso. O cinto de quadril com contas ou cordão com franjas é típico das estatuetas nuas da Antiga Europa, do século VI ao século IV a.C., das culturas Vinca, Karanovo e Cucuteni.

A função protetora atribuída à cinta, como ao anel, provavelmente deriva do valor simbólico do círculo. Devido à sua forma circular e à sua função de sustentar uma coisa no lugar, ela é um símbolo de força, consagração e fidelidade. Na mitologia da Antiguidade, tomar a cinta ou cinto de alguém significava privar essa pessoa de conexões, força e dignidade. O nono trabalho de Herakles foi capturar a cinta do deus da guerra, Ares, da rainha das amazonas, Hipólita, fundadora da cidade de Éfeso.[24] Os homens gregos afirmavam que a cinta era deles, que ela pertencia às suas mulheres mas tinha sido roubada pela mulher forte e rebelde. Embora Hipólita tenha efetivamente oferecido a sua cinta para Herakles, mesmo assim ele a matou, dizendo que temia alguma trapaça. Herakles massacrou a amazona a fim de se apoderar do talismã mágico, a insígnia do sexo dela, privando-a assim de todos os poderes que ela tinha.

Já na época da Renascença, Juno (Hera), a principal deusa do Olimpo, é mostrada nas pinturas usando uma cinta ou cinto mágico, tomado emprestado de Vênus para seduzir Júpiter (como na história na qual Hera veste a sua cinta para seduzir Zeus). Ela até mesmo pegou uma emprestada com Afrodite para garantir que estaria irresistível. Nessa versão da cinta, o seu poder foi transformado em sedução, com o efeito de tornar quem a usasse "irresistivelmente desejável". A cinta de Afrodite, o Certus, provocava o amor, como foi descrito em poemas posteriores como "The Faerie Queene" de Spenser.

A *cintola*, outra forma de cinta, é mostrada amarrada nos mantos da Virgem Maria na arte religiosa europeia a partir do século XIV.[25] Na arte do século XVII, a Virgem Maria foi pintada como a Mulher do Apocalipse, "vestida do sol, tendo a lua debaixo dos pés, e na cabeça uma coroa de doze estrelas" (Apocalipse 12:1).

Em volta da sua cintura havia uma cinta com três nós representando os votos religiosos da pobreza, da castidade e da obediência. Há uma história que diz que São Tomé duvidou da assunção da Virgem, de modo que ela deixou cair a cinta enquanto subia ao céu para convencê-lo. São Francisco de Assis (1182-1226) é mostrado em pinturas com um cinto amarrado semelhante, que se tornou uma parte padronizada da roupa do monge.*

A *cintola* se tornou conhecida como a guirlanda e a jarreteira na Inglaterra, especialmente em Windsor. Em um dos antigos rituais do título de cavaleiro, uma cinta, faixa ou fita era concedida como prova de que quem a estava usando fora admitido no Ritual da Amêndoa. Esse ritual foi posteriormente incorporado à igreja latina no século XIII. A *cintola* também é o avental maçônico que cobre o "mistério dos órgãos que produzem Deus em ação".

Na Irlanda, um grupo de jovens que circulava na Véspera de Santa Brígida (deusa Brígida ou Brigantia) geralmente carregava a *crios Bride* (A Cinta de Santa Brígida). Era uma corda de palha, que tinha de 2,5 a 3 metros de comprimento e terminava em um laço. Em cada casa que era visitada, esperava-se que os ocupantes passassem através do *crios*, ficando desse modo protegidos pela santa e livres das doenças no ano vindouro.** Diziam que o *cingulam* ou cordão (vermelho, preguedo e com quase 3 metros de comprimento) era usado em volta da cintura de uma bruxa e utilizado para rituais de ligação simbólicos. Na Índia, uma cinta usada pela deusa, geralmente chamada de *katisutra*, oferece proteção, bem como fertilidade.

O poder da cinta também é mostrado em muitas histórias de dragões e outros mitos. A lenda nos diz que a mulher que conquistou

IRIS STEWART, DANÇA DO VÉU.

---

* Entre as especificações dadas em Êxodo 28 para o vestuário dos sacerdotes está a "cinta, obra de bordador". "E para os filhos de Aarão, farás túnicas, fará cintas e tiaras para eles, para glória e beleza." Os anjos usavam cintas como sinal de força e controle sobre a sua energia sexual, e os monges que diziam a missa também a usavam.

** Na Irlanda, o dia de Santa Brígida é comemorado em 1º de fevereiro. (N. dos T.)

ESTATUETA DE BRONZE DE UMA DANÇARINA COBERTA COM VÉU, INÍCIO DO SÉCULO II A.C.
METROPOLITAN MUSEUM OF ART.

> ### A sacerdotisa usou o véu
>
> O véu atrás do qual a Deusa simbolicamente permaneceu invisível e livre na busca do seu propósito também era usado pela sacerdotisa virgem. A cada cinco anos havia uma procissão ao templo de Athene Parthenos com o *peplum*, um longo véu especialmente tecido e decorado com desenhos simbólicos. O simbolismo da celebração e da sua dança indica a investidura da divindade residente. Uma versão posterior desse velamento e desvelamento simbólico é encontrada na Danza Del Duomo Cintola em Florença na forma de uma dança processional em volta e dentro da catedral.[31] O véu era alternadamente representado nas pinturas e esculturas como um manto, um véu suspenso ou um véu de templo, ou como a cobertura de uma estátua.

um dragão, Santa Marta, realizou a façanha sozinha colocando a sua cinta em volta do pescoço dele. São Jorge tornou-se o primeiro santo guerreiro quando usou uma cinta para resgatar a Princesa Sadra, que fora deixada como sacrifício para um dragão. Ele pôs a cinta da princesa em volta do pescoço do dragão e conduziu-o de volta à cidade, onde converteu as pessoas ao cristianismo e, finalmente, matou o dragão. Talvez a cinta da Princesa Sadra, que sem dúvida era uma sacerdotisa, tivesse o poder mágico que o cavaleiro virtuoso, Jorge, estivera procurando. O Nó Górdio, outro tipo de cinta ligada à história de Alexandre o Grande, também aparece em numerosas lendas.

O véu

O véu era originalmente usado pela Deusa, particularmente no seu aspecto de mulher velha e sábia, e ele representava o futuro, o desconhecido, o destino. O véu é o veículo para revelações da divindade e um lugar seguro. Ele estabelece um local para a meditação e para a busca da sabedoria e orientação interiores. O nome da Mãe Divina celta, Caillech, significa "A Velada".[26]

Um templo da deusa velada Neith em Sais, no Egito, ostentava a seguinte inscrição: "Eu sou tudo o que existe, que existiu e que existirá, e nenhum mortal levantou o meu véu". Plutarco registrou uma declaração semelhante que viu em uma inscrição pertencente a uma antiga estátua de Palas Atena. Diziam que Ísis, como a deusa branca Ino-Leucothea, salvou Odisseu de se afogar por meio do seu véu divino. Na mitologia grega, Hera drapejou da sua cabeça um glorioso véu, tão branco quanto o sol. A frígia Cibele foi mostrada em uma escultura de cerca de 700 a.C. com polos (coroa) e véu.[27]

O painel central do Trono Grego Ludovisi (c. 470-460 a.C.), exposto no Museo Nazionale Romane em Roma, retrata o nascimento de Afrodite, que nasceu do mar. Ela está sendo ajudada a sair da água por duas Horas, as Estações, que a envolvem em um véu. Diziam que a deusa grega Harmonia "tece o véu do universo".

Na história em que Deméter (Ceres) procura a filha, Perséfone (Koré), Deméter desceu através de sete níveis, retirando um véu em cada portão.[28] Quando Perséfone se reuniu com Deméter e voltou para a Terra, ela trouxe consigo a primavera. Na primavera, Deméter volta para o mundo, os seus véus restabelecidos e os seus segredos uma vez mais ocultos dos olhos dos mortais. A vida brota novamente.

Em uma história semelhante com um quê sumeriano, Inanna (Ishtar), deusa da Mãe Terra, vai visitar a irmã, Eresh-kigal, rainha do mundo subterrâneo. Em cada um dos sete portões ela precisa deixar uma joia, a sua coroa, o seu cetro de lápis-lazúli, as suas contas, ou um véu.[29] Ela abandonou o véu no sétimo portão. Encontramos evidências de que a ação de abrir cortinas, rasgar véus e arrancar diademas, mantos ou pulseiras na realidade significa um avanço em direção a um *arcanum*, ou o ato de penetrar um mistério – certamente um poderoso símbolo.[30]

A tradição dos sete véus

De onde surgiu a ideia dos sete véus? E por que havia sete deles? A sabedoria é tradicionalmente associada ao número sete. O sete era considerado como sendo o número da perfeição e o número da Grande Mãe, como representado pelos seus numerosos nomes em todo o mundo. Os sete véus geralmente representavam as sete esferas planetárias (Sol, Lua, Vênus, Júpiter, Marte, Mercúrio e Saturno), corpos celestes que na crença da Antiguidade tinham movimentos próprios entre as estrelas fixas e exercem uma profunda influência na vida terrestre.

Maya, a senhora pré-védica dos "véus de arco-íris" da realidade perceptível,[32] tinha um arco-íris de sete cores que significava as camadas das aparências terrenas de ilusões abandonando aqueles que se aproximavam do mistério central das profundezas. O arco-íris é composto tanto de matéria quanto de luz, sendo ao mesmo tempo material e imaterial, um símbolo apropriado para a Deusa. O arco-íris era uma ponte que unia o céu e a terra, os princípios masculino e feminino, o yin e o yang. Ele era visto, às vezes, como os sete véus coloridos de Ishtar da Babilônia, que figuravam na dança da sua sacerdotisa. O arco-íris com sete cores também era o colar de Ishtar.

Assim como a deusa Maya hindu, a deusa Íris do Arco-Íris grega personificava os véus multicoloridos das aparências do mundo. O véu multicolorido da deusa egípcia Ísis também representava as numerosas formas materiais da natureza que vestem o espírito criativo, e a partir do qual todo o universo se manifestava e se manifesta. O manto multicolorido de Ísis era obtido por uma sacerdotisa por meio da iniciação e era vestido em muitos cerimoniais religiosos.

A deusa Ísis também tinha sete véus, ou estolas;[33] assim como dizem que os egípcios tinham sete almas.[34] O desvelamento ritual da estátua de Ísis era um símbolo da aparência da luz divina. Inanna (Nammu), a mais antiga Deusa Criadora da Suméria, também tinha sete véus.[35]

Vim a encarar o simbolismo dos sete véus como possuindo várias camadas de significado. Talvez o mais eloquente e relevante para mim seja o fato de que o descarte dos sete véus transmite a evolução gradual da alma a partir dos sete véus do plano material.

O véu representa a forma da natureza e do mundo natural em eterna transformação – a beleza, o drama e a tragédia que tão frequentemente nos intriga e nos distrai, escondendo o espírito dos nossos olhos. Como a nossa natureza é ao mesmo tempo espiritual e animal, os seres humanos existem na dualidade, pertencendo não a um, mas a dois mundos. O mundo manifesto, o nosso corpo, as nossas reações emocionais, as nossas relações com outros seres humanos – todas essas coisas parecem ter uma realidade absoluta para nós. Somente nos momentos de discernimento, que podem ser induzidos por um grande sofrimento, ou nos momentos de grande alegria, compreendemos, de repente, que existe um tipo diferente de realidade, que é espiritual e eterna.

A Que É Velada

O véu, a túnica ou o manto frequentemente representavam o eu ou a alma. O véu, ou capa, é uma expressão da completa presença de espírito da sábia, isolando-a das tendências instintivas que impulsionam a humanidade em geral. O véu era visto como protetor, assim como a manta para os índios americanos, às vezes com fetiches (símbolos para espíritos ou energias protetores) fixados do lado de dentro, era um abrigo.

O véu como era usado pela Deusa representava o futuro, o desconhecido – uma coisa que a maioria de nós sinceramente deseja conhecer. Mas também temos medo do que possa ser revelado, de modo que a curiosidade e a apreensão se desenvolveram em nós como ambivalência. O poder do véu se tornou personificado em uma imagem conhecida como A Que É Velada – a personificação de tudo o que é precioso, de tudo o que é valorizado e de tudo o que é sagrado. A Que É Velada é o ideal. Quando o ideal se torna uma realidade, ele é A Que É Velada dentro do nosso coração. Só podemos alcançar A Que É Velada se estivermos em uma condição profundamente receptiva, sintonizados bem além dos mundos criados.

Joias – beleza, poder e cura

Assim como os trajes da Deusa, as suas joias também têm poder e significado ritual. O papel importante das joias se desenvolveu a partir da crença universal de que as joias eram dotadas de um significado religioso mágico e protetor, o que é evidenciado pelas enormes quantidades de joias encontradas nos cemitérios, as expressões sobreviventes de antigas crenças. Contas, anéis, braceletes em forma de espiral, pendentes e moldes de artefatos de cobre foram encontrados armazenados em templos ou vasos na Antiga Europa a partir de 6000 a.C.

As joias são rituais. Na maioria das tradições simbólicas, as joias significam verdades espirituais inextricavelmente associadas à vida e ao desenvolvimento. Certos símbolos universais ou arquetípicos como os peixes, os pássaros, as cobras e as borboletas são imagens predominantes nas joias. Eles representam uma crença pré-histórica de que todos os objetos, seres humanos, plantas e até mesmo as pedras são habitados pela mesma força primordial da natureza e, portanto, têm importância para os seres humanos.

A divina sacerdotisa de Ur

A antiga Ur no sul do Iraque, famosa nos tempos bíblicos pelo ouro e pela prata extraídos das colinas do Curdistão e trabalhados pelos artífices locais, era o lar da sacerdotisa *dingir* (divina/sagrada) e rainha Puabi, que viveu por volta de 2500 a.C. Os ornamentos associados a Puabi representam algumas das joias mais elaboradas e requintadas que sobreviveram da Antiguidade. Na cabeça, Puabi usava várias tiaras ajustadas sobre uma peruca: uma coroa de contas de lápis-lazúli e argolas de cornalina com pendentes de argolas de ouro, e um pequeno diadema de contas com folhas e flores de faia, cobertos por um pente de ouro com três flores de ouro incrustadas com lápis-lazúli. Ela usava enormes brincos luniformes de ouro e dez anéis nos dedos. Ela vestia um colar de pequenas contas de ouro e lápis-lazúli com a roseta de oito pétalas de Innana, a Rainha do Céu babilônia, no meio. Puabi vestia um manto feito de cordões de contas de ouro, prata, lápis-lazúli, cornalina e ágata. Em volta da cintura, usava um cinto do qual pendiam cordões de contas, tubos de ouro, cornalina e lápis-lazúli, com argolas de ouro suspensas nas extremidades, pedras azuis (céu) de lápis-lazúli e safira com propriedades curativas e protetoras.*

Especialmente interessante é outro cinto ajustado nos quadris de Puabi, feito de contas de ouro, lápis-lazúli e cornalina em forma de ovo, do tipo cerimonial levado para o local sagrado nos festivais. Essa cinta não apenas significava realeza como também era chamada de cinta do nascimento, pois ficava sobre o útero. Diziam que a Deusa usava sete pedras na cinta para prever o destino da humanidade.

---

* No Apocalipse, a safira é uma das quatro pedras fundamentais da Jerusalém Celestial. É um símbolo do mundo quando Deus viverá no meio do seu povo escolhido.

HEGAB ÁRABE, COMO DOCUMENTADO POR EDWARD WILLIAM LANE EM 1836. OSTENTANDO INSCRIÇÕES COMO "MA' SHAALLA'H" (A VONTADE DE DEUS) E "YA' K'ADI-L-HA'GA'T" (Ó DECRETADOR DAS COISAS QUE SÃO NECESSÁRIAS), ELE É PENDURADO NO LADO DIREITO, ACIMA DA CINTA, PASSANDO SOBRE O OMBRO ESQUERDO. AS CRIANÇAS PODEM USÁ-LO PRESO AO SEU TOUCADO.

A pedra preciosa simboliza o conhecimento interior acumulado como a soma de experiências.[36] As pedras preciosas formam o arco-íris subterrâneo, completando o círculo com o arco-íris no céu. Os antigos acreditavam que as pedras preciosas eram gotas solidificadas da essência divina, incrustadas nas rochas quando o mundo foi criado.[37]

Os diamantes "regem" todas as outras pedras devido à sua dureza superior. A palavra *diamond* (dia-mond) significa

ENTALHE EM PAU-SEDA, DANÇARINA DA CORTE BALINESA.

literalmente "deusa do mundo".[38] A água-marinha, a esmeralda, a turquesa e o berilo são pedras preciosas associadas à deusa Vênus. Certas ametistas eram chamadas de "gemas de Vênus". O quartzo, o cristal, a pedra-da-lua e a pérola estão associadas à lua e às deusas Diana-Ártemis, Hécate, Ishtar, Perséfone e Hathor, entre outras.

A pérola é vista como o produto da conjunção do fogo com a água. Ela também foi identificada como a alma humana. Os hindus acreditavam que as pérolas brotavam das lágrimas da Grande Mãe que caíam na água e, sob os raios do sol nascente, se transformavam em pérolas. Eva derramou lágrimas de arrependimento que se transformaram em pérolas. Para os cristãos, a pérola se tornou o emblema da Mãe de Deus, porque Maria deu à luz "uma pérola preciosa".

Os chineses consideravam o jade como uma parte do paraíso que caiu na terra e acreditavam que ele tinha um grande poder de cura, possuindo uma qualidade essencial de imortalidade e perfeição. O jade é um símbolo da união das cinco virtudes celestiais (pureza, permanência, clareza, eufonia e bondade). Ele figurou em ritos e invocações a partir do terceiro milênio antes de Cristo em figuras de dragões e tigres destinadas a representar o ciclo da diminuição e aumento nas forças naturais.[39]

As joias sempre simbolizaram o poder e a promessa. O colar simbolizava os muitos em um, a unificação da diversidade, unindo eternamente a Deusa Mãe e o seu povo desde o início dos tempos, um símbolo cósmico e social de laços e vínculos.[40] A evidência do que talvez seja o mais antigo colar é a asna tripla usada pela deusa alada com bico, da cultura Lengyel da Europa central, no início do quinto milênio antes de Cristo.

O colar da deusa Freyja (Freya) da Idade do Bronze era a ponte mágica do arco-íris para o paraíso. Figuras femininas usando o torque de ouro da deusa, datando de aproximadamente 2500 a.C., foram descobertas em turfeiras escandinavas.[41] A deusa Ishtar usava um colar com as joias do céu, e a importância dele era ilustrada pela promessa que ela fazia: "Por meio do lápis-lazúli em volta do meu pescoço eu me lembrarei destes dias como me lembro das joias da minha garganta".[42]

O colar também serve para identificar a divindade. A deusa hindu Kali usa um cordão de crânios humanos em volta do pescoço, enfatizando a natureza transiente de todas as coisas. Contas de prece (*akshamala*) feitas de sementes, pedras preciosas ou pérolas enfiadas (*ratamala*), flores (*vanamala*), ou madeira, simbolizando o eterno ciclo do tempo, são um atributo especial de proteção associado à deusa Sarasvati. Diziam que a deusa Lakshmi surgiu do oceano coberta por colares e pérolas, coroada e com pulseiras.[43]

A coroa adorna a parte mais nobre da pessoa e, portanto, eleva simbolicamente quem a usa. Devido à sua forma circular, ela também compartilha do simbolismo do círculo: um símbolo do céu, da unidade, do absoluto e da perfeição.

A partir do sétimo milênio antes de Cristo, a coroa era uma característica constante nas representações pictóricas da Deusa Serpente.[44] Extraída da Serpente Branca, a coroa era um símbolo de sabedoria e riqueza, possibilitando que a pessoa tudo soubesse, visse tesouros ocultos e entendesse a linguagem dos animais. A deusa grega Hera aparece coroada com ornamentos florais, que indicavam a sua capacidade de curar por meio das ervas. Existe entre as deusas minoicas um tipo de toucado em forma de cone que é envolvido por frutos, papoulas e pássaros, uma representação abstrata da fertilidade da terra.[45]

No budismo e no hinduísmo, assim como no islamismo, a coroa – às vezes mostrada como a flor de lótus – significa a elevação do espírito sobre o corpo. Na Índia, a *kiritamukuta* é literalmente a mais elevada das coroas. A sua forma se aproxima à de um cilindro cônico, semelhante a uma mitra, que termina em um nó ou ponta.

A Bíblia se refere à coroa como o símbolo da salvação eterna – a coroa da vida, a coroa da imortalidade. O legado final dos santos é retratado como uma coroa de virtuosidade. O símbolo da coroa, no entanto, se tornou dividido. Por um lado, ela era um símbolo de poder, pois os reis a adaptaram para a exibição pública da sua autoridade; pelo outro, ela se transformou em uma declaração pública de virgindade para as mulheres. A coroa de Maria era a sua "virgindade". Tanto no Oriente quanto no Ocidente, a noiva habitualmente usa uma coroa, que é considerada um símbolo da virgindade e também a sua "elevação a uma nova e conceituada condição" – pelo menos durante esse dia.[46]

As joias usadas no umbigo são outro tipo adorno que encerra um significado ritual. As pedras no umbigo usadas pelas dançarinas no Oriente Médio são recordatórias daquelas habitualmente usadas pelas dançarinas do templo hindus. Essas joias são um lembrete da época em que um grande significado espiritual era atribuído ao umbigo, por ele ser o canal por meio do qual todos recebíamos inicialmente a nutrição da mãe, o lugar de poder concentrado que produz a vida. No svara yoga, o chakra do umbigo, chamado *manipura*, a "Cidade das Gemas", é um importante centro nervoso do corpo que favorece a transformação da respiração. Sendo o áureo meio-termo entre os chakras superiores e inferiores, o umbigo é de crucial importância na união das energias do Céu e da Terra por meio da respiração. No kundalini yoga, esse centro é conhecido como o chakra do fogo, o emocional. Na arte de cura chinesa do *qigong* (*chi kung*), o *qi*, ou força vital, é descrito como uma bola de energia que reside no abdômen logo abaixo do umbigo – em outras palavras, no útero.

MULHERES MARROQUINAS USANDO COLARES DE ÂMBAR.
A FOTOGRAFIA É CORTESIA DO CONSELHO TURÍSTICO MARROQUINO.

Os poderes de cura das pedras preciosas e dos amuletos

Pode ser uma necessidade humana inconsciente, porém elementar, buscar proteção nos amuletos contra forças desconhecidas e incognoscíveis. A fé nos amuletos (do árabe *hamalet*) e nas pedras preciosas deriva da crença na sua capacidade icônica de adquirir um poder, ajuda ou conhecimento secreto oculto na Natureza. O historiador romano Plínio escreveu que se acreditava que a esmeralda ajudasse as mulheres na hora do parto. Havia uma crença semelhante na América do Sul. O lápis-lazúli era usado pelas mulheres armênias na prevenção do aborto espontâneo. A transferência das propriedades das pedras está ilustrada no difundido costume das mães grávidas de usar uma pedra particular chamada pedra da águia (ferrous aetites), que contém minério de ferro, geralmente encontrada nos córregos, como foi registrado pelos escritores gregos Dioscórides e Plutarco.

AUTORA E DANÇARINA LAUREL GRAY COM UM TRAJE DAS CIGANAS RUSSAS E UM COLAR DE MOEDAS DE OURO.

A granada (de *granatum*, a romã, um símbolo tradicional do útero) era usada na Inglaterra para os problemas de sangue das mulheres. O âmbar era utilizado principalmente para a garganta, a cabeça e o útero. O nome de Electra, uma das Sete Irmãs, significa "âmbar" e talvez tenha sido aplicado a uma sacerdotisa que usasse certos amuletos de âmbar como uma insígnia da função.[47] E o cristal, quando utilizado como objeto de concentração, demonstrou estimular o processo de purificação devido à perfeição da sua estrutura atômica.

O mais antigo nome do sol é *tsalam* em assírio-babilônio, e Salambo, o nome da Deusa do Sol, significa "imagem" ou "símbolo". Isso vem da palavra árabe *talasim* da qual, por meio do espanhol, se origina a nossa palavra *talismã*. Enquanto os amuletos possuem propriedades protetoras, os talismãs projetam o poder de quem os usa e trazem boa sorte. Há dois mil anos, eles eram distribuídos pela sacerdotisa e, posteriormente, usados ritualmente por aqueles que praticavam a medicina, a alquimia e a astrologia.

A prática médica entre os antigos judeus consistia principalmente de amuletos usados externamente. Lilith é representada entre os judeus alsacianos nos amuletos de proteção e nos talismãs das mulheres (a partir do momento em que começa o trabalho de parto), e nesses talismãs estão inscritas invocações a *Sini* e *Sinsini*. A cornalina era colocada dentro de múmias no Egito e era conhecida como o "sangue de Ísis", um símbolo da ressurreição.

A dançarina indiana Indumathy Ganesh relaciona a prata, o cobre e/ou o ouro como parte da cerimônia para o recém-nascido. "No sétimo dia, colocamos braceletes nas pernas e mãos do bebê para repelir os espíritos negativos."[48]

Agora, vamos dançar

Agora que sabemos mais a respeito do simbolismo e do poder das peças de roupa e dos adornos, podemos uma vez mais valorizar a nossa herança estética. A dança sagrada não é apenas uma oferenda para a força divina ou poder espiritual divinos; é uma maneira de ser Ela, de ser Dela, uma parte do Todo. Por conseguinte, quando você se junta a outras mulheres em um grupo ou quando sente a necessidade de dançar e se conectar sozinha, vista a sua deusa – a sua deusa interior. Vestir roupas especiais e se adornar com joias, quando isso é feito com a intenção adequada, ajuda você a vivenciar sua divindade interior. A indumentária pode ser bem simples, como amarrar um lenço com franjas em volta dos quadris ou usar um colar ou outros objetos que você tenha reservado para esse propósito.

O que quer que você use deverá refletir a integridade da sua dança e acentuar a capacidade dela de servir de inspiração. Se a sua dança for para uma audiência, talvez seja interessante você considerar se a apresentação é para um serviço de culto: o serviço é formal ou casual, ritualístico ou carismático, regular ou especial? Se a apresentação for para uma congregação eclesiástica, a sua audiência está familiarizada com a devoção por meio da dança? Cada comunidade religiosa tem a sua própria identidade, e o que é vestido precisa ser apropriado para ela. Algumas

ELIZABETH ARTEMIS MOURAT USA O VÉU PARA ACENTUAR E ALONGAR SEUS MOVIMENTOS.

comunidades, por exemplo, não se sentem à vontade com malhas de ginástica ou pés descalços. Uma boa regra geral é se vestir modestamente, tomando o cuidado de usar roupas de baixo adequadas. Alguns grupos preferem trajes especiais, enquanto outros usam roupas comuns com um item unificador como uma estola ou faixa. Mangas compridas com amplas saias ou calças compridas folgadas proporcionam liberdade de movimento adequada e são apropriadas para vários tipos e formas de corpo.

Embora haja muitos artigos de roupas, trajes especiais e joias que inspiram a dança, como dançarina, eu adoro, acima de tudo, o movimento que é possível com um belo véu. O véu se torna uma extensão da dançarina, flutuando como asas diáfanas sobre as correntes de ar deixadas pelo seu corpo enquanto ela gira e desliza. O véu cria um ar de mistério, intriga e ilusão. É o despertar da terra para a primavera, da menina para a condição de mulher; ele retrata as pétalas de uma flor que desabrocham, o mistério de um novo amor. A dançarina deixa de estar presa à terra quando dança com o véu.

O véu flutuante encerra uma vida essencial em si mesmo, criando a imagem de uma linha rítmica, móvel, de energia personificada e deixando para trás uma mancha colorida quando você se vira. O véu pode ser uma nuvem envolvente na qual a sua personalidade do dia a dia é engolfada e perdida. Colocar o véu sobre a cabeça pode funcionar como um interruptor, formando ao mesmo tempo uma reclusão protetora e conduzindo você instantaneamente às suas profundezas. Assim como na meditação ou na prece, os seus pensamentos se voltam para dentro, para longe das exigências do dia a dia. Dançar lentamente e girar debaixo de um véu encerra um sentimento místico.

DANÇA DOS VÉUS.

A dança dos véus

Para dançar com o véu, você precisa de uma boa postura, mantendo o queixo e a caixa torácica elevados. As voltas sobre a parte anterior do pé transmitem uma sensação mais leve do que as voltas que são feitas com o pé achatado no chão. Pratique as voltas como são ensinadas na dança moderna ou nas aulas de balé, recorrendo às técnicas de *spotting** se você ficar tonta. O véu deve ser segurado com o dedo indicador e o polegar, muito levemente. Ele deve sempre ser movido de maneira a captar o ar, a mantê-lo flutuando. Existem muitas variações, como manter a mão direita perto do corpo enquanto a esquerda segura o véu na frente e em cima, virando em seguida para a esquerda e para dentro do véu até a extremidade debaixo do braço esquerdo, e depois invertendo a virada para fora do véu. Adicio-

---

* Movimento da cabeça em vários passos do balé e da dança moderna. A dançarina escolhe um ponto fixo à frente e, ao rodar a cabeça, deve fixar sempre o ponto de referência enquanto o corpo completa a volta. Esse movimento muito rápido da cabeça dá a impressão de que o rosto está sempre virado para frente, evitando a tontura. (N. dos T.)

nalmente, você pode deixar cair uma das pontas do véu e formar padrões com a figura do número oito com um dos braços estendidos enquanto você gira em um círculo.

Você pode segurar o véu sobre a cabeça enquanto corre ou desliza para a frente ou para trás, ou de repente cair em uma posição ajoelhada, puxando o véu para baixo com você, e parando com o véu cobrindo o seu corpo. Quanto mais você interagir com o véu, mais coisas inovadoras você será capaz de fazer com ele, mas lembre-se de mantê-lo sempre leve e flutuante.

Recomendo que você dance ao som de uma valsa de Strauss, do *Bolero* de Ravel ou de qualquer uma das numerosas versões da *Ave Maria*.

SEGUNDA PARTE

A dança sagrada moderna hoje

A revitalização da dança sagrada na verdade não começou na década de 1990 ou de 1970, e sim nas décadas de 1920 e de 1930 com dançarinas modernas como Isadora Duncan, Martha Graham e a grande dama da dança moderna, Ruth St. Denis, que serviu de inspiração para duas das principais organizações de dança sagrada dos nossos dias: a Sacred Dance Guild e a Dances of Universal Peace.

Vamos estudar a influência de cada uma dessas mulheres e também de outras, examinar alguns dos estilos e práticas da dança sagrada nos dias de hoje e depois explorar alguns dos temas e símbolos mais duradouros e significativos dos quais derivam muitas danças sagradas – a lua, o círculo, a serpente, funerais e outros ritos de passagem, bem como os quatro elementos: a terra, o ar, o fogo e a água. Finalmente, vamos identificar práticas e técnicas importantes que você deverá ter em mente enquanto se aventura a criar os seus estilos exclusivos de dança e ritual.

6
Dança Moderna: a Dança Sagrada da Eternidade

Se buscarmos a verdadeira origem da dança, se formos à natureza, descobriremos que a dança do futuro é a dança do passado, a dança da eternidade, e que foi e sempre será a mesma [...]. Mas a dança do futuro terá que se tornar novamente uma arte religiosa elevada como era na época dos gregos. Porque a arte que não é religiosa não é arte, é mera mercadoria.

Isadora Duncan

Onde quer que uma dançarina pise é solo sagrado.

Martha Graham

Durante séculos, a convenção social censurou o livre movimento do corpo feminino, eliminando ou separando a dança das práticas espirituais. Quando o movimento da dança era desejado, ele era oculto sob uma elegância refinada, debaixo de formas decorativas porém altamente artificiais, com posturas e movimentos coreografados

ISADORA DUNCAN NO PARTHENON. FOTOGRAFIA DE EDWARD STEICHEN.
NEW YORK PUBLIC LIBRARY FOR THE PERFORMING ARTS.

masculinos que não eram naturais para o corpo feminino. O ortopedista William Hamilton, M.D., fez uma citação extraída dos textos de um especialista em balé da década de 1760: "Para dançar com elegância [...] é fundamental inverter a ordem das coisas e forçar os membros por meio de exercícios longos e dolorosos, a assumir uma posição completamente diferente da que é natural para eles".[1] Entre a lista de "defeitos da estrutura física" estavam os quadris amplos e as coxas largas, e sabemos que seios não eram permitidos. Desafiando essas ideias preconcebidas e restrições impostas às mulheres, dançarinas modernas como Isadora Duncan, Ruth St. Denis, Martha Graham, Mary Wigman e até mesmo a grande bailarina russa Anna Pavlova se voltaram para o passado a fim de recapturar o ímpeto original da expressão da dança e resgatar o espírito feminino. Ruth St. Denis foi atraída pelo sentimento ascético do misticismo encontrado nas antigas danças da Índia e do Oriente Médio. Anna Pavlova foi ao Egito e à Índia estudar dança oriental, o que conduziu à sua interpretação da *nataya* (cena de dança da história) de Radha-Krishna coreografada por Uday Shankar. O trabalho de Mary Wigman mostrou uma forte inclinação para uma crença mística, baseado no simbolismo arcaico. Suas danças lidavam com o apogeu do destino, do sacrifício e da morte dentro da sua visão de holismo que é a vida. Sua *Witch Dance* [Dança da Bruxa] refletia a imagem de uma pessoa possuída; *The Temple* [O Templo] conectava as mulheres com o culto.[2] Algumas outras dançarinas eram Jea Erdman, que reuniu a mitologia com a dança no Theatre of the Open Eye em Nova York; Katherine Dunham, que, na década de 1940, apresentou uma cerimônia de exorcismo Voudoun (vodu) com vários elementos semelhantes ao ritual Zar egípcio e ao mambo;[3] Helen Tamiri com o seu *Negro Spirituals* e Doris Humphrey a sua dança *Shakers*.

Diziam que, para cada uma dessas dançarinas, a técnica estava sempre a serviço de um propósito mais elevado: traduzir por meio da arte do movimento as experiências emocionais, as percepções intuitivas e as verdades etéreas que se esquivam da declaração intelectual do fato. O trabalho delas foi elevar a nossa consciência da abordagem das mulheres da espiritualidade por meio do princípio de conectar o corpo humano ao Corpo Cósmico. Doris Humphrey explicou a sua dança como "trabalhando de dentro para fora". Ela disse que o corpo espelha os impulsos interiores, a realidade invisível onde reside a criatividade.[4]

Isadora Duncan: a mãe da dança moderna

Isadora Duncan (1878-1927) estava convencida, na virada do século XX, de que o movimento emanava da "alma", com o que ela queria se referir à sede da emoção. A sua emancipação exuberante, tanto no palco quanto fora dele, era uma glorificação da mulher como uma pessoa livre das roupas e costumes sociais limitantes, e ela celebrava a sua liberdade no centro do palco para o mundo inteiro ver. Duncan se inspirou nas artes gregas da Antiguidade e também ficou muito impressionada com a música e a dança folclóricas ciganas húngaras.

Ao se manifestar a favor da liberdade e da felicidade das mulheres em todos os aspectos da vida, Isadora Duncan expressou as mesmas coisas com as quais eu sinto que as mulheres modernas, embora separadas das suas raízes ritualísticas pelo tempo e pelo espaço, ainda podem se conectar, por meio da dança: "Não é apenas uma questão da verdadeira arte; é uma questão de raça, do desenvolvimento do sexo feminino em direção à beleza e à saúde, do retorno à força original e aos movimentos naturais do corpo da mulher".

Martha Graham

O político se tornou o pessoal no trabalho de Martha Graham (1894-1991). Uma emancipadora do seu próprio jeito, Graham também manteve as mulheres no centro do palco nas danças do seu período inicial e intermediário, frequentemente usando temas e personagens da antiga mitologia como veículos para mostrar as mulheres de uma maneira nova e poderosa, e usando o corpo para transmitir estados mentais e emocionais. A sua crença de que a emoção *interior* pode ser revelada por meio do movimento era a base das suas criações de dança.

Graham acreditava que o corpo de uma mulher em movimento é capaz de estender a espiritualidade da natureza e conectá-la com a experiência fundamental de ser humana. Na obra *Notebooks of Martha Graham*, ela escreveu: "Desse modo, a mulher é a vidente original, a dama das águas das profundezas que trazem sabedoria, das nascentes e fontes murmurantes, para a 'elocução original da condição de vidente na linguagem da água'. Mas a mulher também compreende o farfalhar das árvores e todos os sinais da natureza, com cuja vida ela está tão estreitamente envolvida".[5] Ela ensinava que a linguagem da dança se baseia nos

MARTHA GRAHAM EM *ALCESTIS*. FOTOGRAFIA DE MARTHA SWOPE.

gestos exagerados do corpo. Na dança, um passo através do palco se torna uma metáfora, disse ela.

A técnica de dança que Graham inventou dependia do princípio de contração-e-relaxamento: movimentos que se baseiam na pulsação da respiração, a pulsação da vida. O resultado foi uma força e uma tensão dramáticas no movimento do corpo jamais vistas anteriormente na dança ocidental. Eis como Martha Graham explicava a sua técnica: "Todas as vezes que inspiramos a vida ou a expelimos, ocorre um relaxamento ou uma contração [...]. Nós nascemos com esses dois movimentos e os mantemos até o dia em que morremos. Mas começamos a usá-los conscientemente de modo que eles se tornam substancialmente benéficos para a dança". Ela acrescentou o seguinte: "Fico pasma com o fato de a minha escola em Nova York ter sido chamada de 'a Casa da Verdade Pélvica', porque grande parte do movimento procede de um impulso pélvico, ou porque eu digo a uma aluna: 'você simplesmente não está movendo a sua vagina'".[6] Embora o estilo de Graham fosse inovador para a sua época, o arco e a contração, ou a contração e o relaxamento, são a base de uma das mais antigas e duradouras formas de dança feminina, a dança do ventre (consulte o Capítulo 4), o que associa Graham à sabedoria e às práticas de gerações de mulheres que a precederam.

Graham era fascinada pelo passado e disse que sempre sentiu passos ancestrais atrás dela, gestos ancestrais circulando através dela: "[...] sempre me pareceu que, mesmo quando eu era criança, tinha consciência de coisas invisíveis à minha volta, uma certa sensação desse movimento. Não sei como chamá-los, seres de percepção, talvez, ou espíritos, ou uma espécie de energia que estimula o planeta. Eu sei que alguma coisa existe lá".[7]

Como visto em *Primitive Mysteries*, *Judith*, *Herodiade*, *Frescoes* e *Golden Hall*, havia um tema recorrente da mulher como heroína e os diferentes aspectos da mulher como Deusa-Mãe-Sacerdotisa nos trabalhos de Graham. Nas agonias de *Clytemnestra*, na sua *Medea* e em *Joscasta*, ela nos mostrou paixões que nós, como mulheres, podíamos reconhecer. Em uma anotação de 1950, ela relacionou a divindade indiana Kali à liberação da energia criativa que ela viu como o tema do seu *Deaths and Entrances* de 1943. Ela escreveu o seguinte: "Esta noite em *Deaths and Entrances*, quando estava em pé, de repente eu soube o que é bruxaria [...]. É o ser dentro de cada um de nós, às vezes a bruxa, às vezes o verdadeiro ser do bem – da energia criativa –, não importa em que área ou direção de atividade [...]. É Kali no seu aspecto terrível. É Shiva o Destruidor".

Martha Graham sempre expressava o seu sentimento do espiritual. Ela disse: "Eu vivo por aquela força motriz de Deus que vive através de mim". Graham nunca abandonou a Deusa. Aos 96 anos, ela escreveu o seu último parágrafo e o seu tributo final: "Eu tenho um novo balé para fazer para o governo espanhol, e tenho remoído a respeito de apontá-lo em direção à transmigração da figura da Deusa, da Índia para a Babilônia, Suméria, Egito, Grécia, Roma, Espanha (com a sua Dama del Elche) e o sudoeste americano. E estou certa de que ele será um terror e uma alegria, e me arrependerei mil vezes de tê-lo começado, e acho que ele será a minha canção do cisne, e a minha carreira terminará assim, e sentirei que falhei cem vezes, e tentarei me esquivar daqueles inevitáveis passos atrás de mim. Mas o que existe para mim a não ser continuar? Isso é vida para mim. A minha vida. Como tudo começa, suponho que nunca começa. Simplesmente continua. E um... [e dois, e (...)]".

Aos 12 anos, Murshida Rabia Ana Perez-Chisti, detentora da linhagem e ministra interconfessional sênior do Sufi Movement International, foi aluna de Martha Graham. Rabia descreve como Graham a introduziu ao budismo no seu estúdio na rua 64 em Nova York, e os efeitos positivos que isso teve na sua vida. "Comecei a aprender como os estados de vazio poderiam se tornar uma arte para o entendimento dos estados no desenvolvimento espiritual por meio da dança. A senhora Graham falava comigo a respeito disso, particularmente depois que passei a persegui-la constantemente com perguntas." Ela, junto com Ruth St. Denis, instilou em Rabia "o amor pela dança e o conceito de que a dançarina era Divina e nada menos do que isso era aceito. No momento em que percebi isso, senti que fui libertada".[8]

Mata Hari: intriga exótica

Depois de Salomé dos Sete Véus, provavelmente nunca houve uma dançarina mais escandalosa do que Mata Hari. Mata Hari, nascida Margaretha Geertruida Zelle, ficou famosa como uma espiã da Primeira Guerra Mundial que morreu nas sombras da intriga e da traição. A sua infâmia na política, contudo, obscurece a sua outra vida como dançarina inovadora embora, às vezes, provocativa. Assim como Isadora Duncan, Mata Hari levou para o palco o seu próprio espetáculo de dança feminina, escolhendo as próprias roupas e criando as próprias interpretações da dança.

Mata Hari cativou a Europa com suas versões exóticas da dança *bayadere* hindu. Acredita-se que ela tenha estudado as danças sagradas e rituais nativos de Java em visitas secretas aos templos quando viveu lá com o marido depois da morte misteriosa do seu filho em 1899. Mata Hari descrevia sua dança como "um poema sagrado no qual cada movimento é uma palavra e cada palavra é realçada pela música". Ela disse o seguinte: "O templo no qual eu danço pode ser vago ou fielmente reproduzido, porque eu sou o templo. Todas as danças do templo têm uma natureza religiosa e todas explicam, em gestos e posturas, as regras dos textos sagrados. Precisamos sempre traduzir os três estágios que correspondem aos atributos divinos de Brahma, Vishnu e Shiva – criação, fecundidade, destruição [...]. Por meio da destruição dirigida à criação através da encarnação, é isso que estou dançando – é nisso que consiste a minha dança".[9]

MATA HARI. A FOTO
É CORTESIA DA
COLEÇÃO
PARTICULAR
DE ELIZABETH
ARTEMIS MOURAT.

Mata Hari apresentava suas danças com grande liberdade do corpo, apesar do fato de ela estar vivendo na época vitoriana, na qual o movimento do corpo feminino era severamente julgado; sem dúvida, isso ajudou a acentuar a sua reputação negativa. No entanto, independentemente de qual possa ter sido a sua reputação pessoal, ela era descrita como uma excelente dançarina e foi elogiada por ilustres orientalistas do Museu Guimet em Paris pela sua dança.[10]

Ruth St. Denis: a sacerdotisa americana

Ruth St. Denis (1880-1968), afetuosamente conhecida como Miss Ruth, foi a grande dama do início da dança moderna. Na sua autobiografia, ela descreveu como a experiência de ver um pôster da deusa egípcia Ísis afetou toda a sua abordagem da dança e da performance:

> Eu me identifiquei instantaneamente com a figura de Ísis. Ela se tornou a expressão de todo o sombrio mistério e beleza do Egito, e eu soube que o meu destino como dançarina tinha adquirido vida naquele momento. Eu me tornaria um instrumento rítmico e impessoal de revelação espiritual e não uma atriz pessoal de comédia ou tragédia. Até então, eu nunca conhecera um choque de arrebatamento interior como esse.[11]

Embora ela adicionasse qualidades dramáticas às formas de dança tradicional que apresentava, as interpretações de St. Denis mantinham os aspectos ritualísticos originais das danças, enquanto ela buscava a sua própria essência espiritual. Exatamente como Isadora Duncan tinha feito antes dela, Ruth St. Denis incluía todas as partes do corpo para externar uma expressão espiritual – braços, mãos, cabeça, ombro, pescoço, rosto e olhos. Ela também usava trajes tanto autênticos quanto criativos para ampliar os seus temas coreografados.

Miss Ruth se dizia uma profetisa autodesignada.[12] Entre as suas danças de temas religiosos e da deusa estavam *Radha and the Dance of the Five Senses*, *Egypta*, *The Queen of Heaven*, *A Study of the Madonna*, *Ishtar of the Seven Gates*, *Three Apsarases*, *Kuan Yin*, *Incense*, *Dancer at the Court of King Ahasuerus (Esther)* e *White Jade*. Ela também dançou Teodora de Bizâncio, a dançarina (sacerdotisa) que se tornou imperadora, e as Ouled Nail da Argélia.

Em 1906, Ruth St. Denis introduziu a sua interpretação de um ciclo de antigas formas de expressão espiritual em um lançamento que ela intitulou "A Program of Hindu Dance"* [Programa de Dança Hindu]. Ruth St. Denis, junto com Anna Pavlova e Uday Shankar, despertaram o interesse do povo indiano por reviver e preservar as suas tradições de dança sagrada indígenas, que tinham sido fortemente negligenciadas e menosprezadas durante o longo período da colonização inglesa.[13]

Em 1918, St. Denis desenvolveu a dança *Jephthah's Daughter*, baseada em uma história do Antigo Testamento a respeito de um guerreiro chamado Jefté, que jurou matar, como um sacrifício, a primeira pessoa que encontrasse ao voltar da batalha se Jeová lhe concedesse a vitória. Quando ele voltou para casa, a sua filha (que não recebe um nome na história) apareceu dançando de alegria para celebrar o seu triunfo. Ao contrário da história de Abraão e Isaque, na qual o filho é salvo por Jeová no último minuto, a filha é sacrificada pelo pai.**

Ruth St. Denis passou os últimos trinta anos da vida concentrando suas energias na dança sagrada nos Estados Unidos, afirma Kamae Miller no seu livro *Wisdom Comes Dancing: Selected Writing of Ruth St. Denis on Dance, Spirituality and the Body*.***[14] Depois de visitar uma igreja no Sul, onde observou "uma atmosfera de melancolia", "a monotonia da fala do pastor" e "hinos lúgubres", Miss Ruth disse: "Um grande ressentimento e uma espécie de indignação justiceira jorrou do meu coração, e eu me senti insatisfeita pela igreja. De repente, tive uma visão de um edifício grande e belo cuja expressão era a luz, o movimento e a harmonia. Era um 'Templo do Deus vivo'".

A ministra interconfessional sênior Murshida Rabia Ana Perez-Chisti experimentou pessoalmente o envolvimento de St. Denis com esse empreendimento criativo nos seus estudos com Miss Ruth no Graham Studio em Nova York:

> Esvaziando-se, ela desaparecia, a dança sagrada entrava nela e tudo o que ela transmitia no seu movimento era a presença viva Daquela que ela invocava por meio do seu corpo. Contemplar aquela experiência era inesquecível. O

---

* Na sua primeira turnê pelos Estados Unidos, Ruth St. Denis foi acompanhada pela família Khan, um dos mais famosos grupos de músicos da Índia, que incluía Pir-O Murshid Hazrat Inayat Khan, o grande mestre sufista, músico magistral e autor.

** Há uma versão grega dessa história, na qual Ifigênia é sacrificada pelo pai, Agamenon.

*** Miller, artista e professora do movimento sagrado na tradição sufista, executou um meticuloso trabalho de pesquisa em mais cem caixas nos arquivos da Universidade da Califórnia Los Angeles [UCLA] e da New York Library for the Performing Arts, reunindo uma combinação de poesias, palestras, manuscritos e fotografias, publicados e não publicados, de Ruth St. Denis.

seu efeito no meu ser me arrebatava com o desejo de aprender a seguir esse exemplo. Foi ela que me mostrou uma maneira, um caminho que podemos percorrer para chegar ao Divino por intermédio do corpo.[15]

Ruth St. Denis tentou levar a dança de volta para a igreja. Em 1934, ela executou uma das suas apresentações da Madona diante do altar da St. Mark's Episcopal Church, em Nova York. Nesse mesmo ano, ela também escreveu um manuscrito intitulado "The Divine Dance", que nunca foi publicado mas que delineava a sua visão da integração da dança à prática religiosa – visão essa que se tornou o espírito da dança sagrada litúrgica atual. Ela escreveu o seguinte:

> Vivemos constantemente, por um tempo longo demais, em dois mundos, ou supúnhamos que vivíamos, no corpo e no espírito; no entanto [...] não somos feitos de uma substância e o nosso corpo de outra. Na realidade, o plano total das coisas não é duplo, e sim Uno. Nessa constatação se apoiam não apenas toda a lei e os profetas da filosofia liberadora da nova era como também o ponto de partida e o método de abordagem da Dança Divina.
>
> O meu conceito das novas formas de culto que incluiriam o movimento rítmico nos serviços da igreja não requer nenhuma redução da dignidade natural e solene beleza da realização espiritual. Mas eu preconizo uma expressão nova e vital que levará a humanidade para um relacionamento mais próximo e harmonioso com Aquele que criou tanto o nosso corpo quanto a nossa alma.[16]

Embora as audiências da sua época adorassem Miss Ruth, as suas imagens exóticas e as produções ostentosas, na maior parte, as pessoas realmente não compreendiam ou não se importavam com a mensagem espiritual que ela transmitia. Ela desejava intensamente que a igreja "no seu sentido não sectário mais elevado personificasse o evangelho da Vida de Jesus e tivesse o fascínio irresistível da Beleza com o qual se pode curar e inspirar o mundo".[17]

"Olhando para o futuro", disse ela, "vejo milhares de igrejas palpitando com vida e revelando a beleza da qualidade sagrada; vejo milhares de altares onde os jovens Mirians e Davis de hoje estão dançando diante do Uno! Vejo a maturidade renascer com graça e força, e os passos joviais das crianças dançando nos presbitérios do mundo, levando para o santuário de Deus as ofertas de louvor!"

RUTH ST. DENIS EM *INCENSE*. NEW YORK PUBLIC LIBRARY FOR THE PERFORMING ARTS.

Ela resumiu belamente a sua missão em um poema que escreveu e que foi posteriormente gravado na sua cripta:

Os Deuses pretendiam
Que eu dançasse
E em uma hora mística
Eu me moverei para os ritmos desconhecidos
Da orquestra cósmica do céu
E vocês conhecerão a linguagem
Dos meus poemas sem palavras
E virão até mim
Porque é por isso que eu danço.[18]

Embora eu não tenha tido a sorte de conhecer ou estudar com Ruth St. Denis, sei que eu, como tantas outras pessoas, se beneficiaram enormemente de sua forte crença na dança divina e de seu espírito pioneiro. Ruth St. Denis desenvolveu a Society of Spiritual Arts (mais tarde chamada de Church of the Divine Dance) e o Rhytmic Choir em Nova York. Ela serviu de inspiração para a fundação da Sacred Dance Guild, e Samuel L. Lewis, que criou a Dances of Universal Peace, foi aluno de Ruth St. Denis.

The Sacred Dance Guild

Um dos legados dos ancestrais da nossa dança moderna foi o retorno a temas religiosos e o uso da dança nos serviços da igreja, e uma das maneiras pelas quais isso foi realizado foi por meio da formação da Sacred Dance Guild. A Sacred Dance Guild é uma organização internacional e inter-religiosa que envolve denominações diferentes. Ela oferece várias formas de dança de uma combinação exclusiva de antecedentes religiosos, culturais e étnicos. As regiões e divisões patrocinam eventos e seminários ao longo do ano, e a guilda realiza um festival nacional todos os verões em vários locais dos Estados Unidos. A guilda da dança leva um completo espectro de atividades e informações para pessoas de todas as idades, formações e habilidades que estão de acordo com a sua crença de que a dança é um catalisador para o crescimento espiritual e a mudança por meio da integração da mente, do corpo e do espírito. Dançarinos e não dançarinos compartilham a oportunidade de experimentar o movimento como culto, prece, cura e meditação; como agente de mudança; como uma mensagem de paz; e como recreação. Margaret Taylor-Doane, aluna de Ruth St. Denis, foi uma das fundadoras da Sacred Dance Guild (1958). Ela começou seu trabalho com a dança sagrada por meio do seu papel de esposa do pastor, criando gestos para o coro. Hoje autora de vários livros e artigos sobre como levar a dança para o culto, ela ensinou muitas coreografias de dança litúrgica em todo o território americano. Margaret escreveu o seguinte no boletim informativo da Sacred Dance Guild de junho de 1961:

> O requisito básico dessa arte é que os participantes e os líderes estejam claramente dedicados a usar todo o seu ser (corpo, mente e alma) com integridade enquanto enfrentam questões atuais que se tornam esclarecidas e iluminadas como o resultado do seu entendimento mais profundo.
>
> A responsabilidade secundária da dança sagrada é a "dança". Os movimentos devem se originar criativamente da motivação interior, sem estar ajustados a nenhum estilo de dança específico ou envolvidos de uma maneira autoconsciente em técnicas corporais. Os movimentos e designs da dança são secundários com relação aos assuntos sagrados que estão sendo comunicados, possibilitando a livre revelação do espírito por intermédio do corpo disciplinado para esse propósito e propagado com o espírito.[19]

Existem várias abordagens da dança sagrada dentro da afiliação da guilda e nas numerosas congregações em todo o mundo que levaram a dança de volta para o culto, cada uma do seu jeito. Primeiro, há o coro ou solista da dança sagrada que ensaia e se apresenta regularmente de uma maneira semelhante aos coros que cantam nas igrejas. A partir disso pode emergir a "superprodução da dança", que é executada em um nível de desempenho mais profissional, como um drama religioso.

Em segundo lugar, há a dança sagrada congregacional, que inclui a participação da audiência exatamente como o canto e a leitura dos Salmos congregacionais. Essa forma de dança sagrada pode ser definida como "a resposta física do participante do culto ao Espírito" de uma maneira igual aos movimentos de se ajoelhar para a prece e de ficar em pé para a invocação. Podem ser incorporados passos de dança básicos do tipo étnico, ou movimentos carismáticos como bater palmas ou levantar os braços para acompanhar as canções espirituais. Esses movimentos podem ser espontâneos, dos quais alguns ou todos os congregantes optam por participar, ou podem ser ensaiados por um grupo e apresentados aos outros como uma dádiva a ser compartilhada.

Entre outras formas de dança sagrada estão a dança improvisada e a dança como prece particular. A dança como prece particular pode ser um ato solitário ou ser executada por um pequeno grupo reunido para dançar para o seu próprio propósito unificado. A dança da prece particular também pode ser outra forma e resultado da dança de improviso.

A dança sagrada de improviso

Uma das numerosas abordagens da dança sagrada que muitas pessoas consideram relevante é a dança de improviso. A improvisação no culto confere uma expressão pessoal à palavra e à prece. Gail Stepanek, professora de dança moderna e fundadora da Improvisational Inspiration, integra o uso do movimento, tonificação, respiração, desenho, meditação e prece em um processo espontâneo e intuitivo a fim de conectar a si mesma e os outros com o espírito. Ela descreve muito apropriadamente o processo e o poder da dança sagrada de improviso na introdução aos seus seminários:

> Quando nos envolvemos ativamente com a dança improvisada, vivemos automaticamente no momento presente e ingressamos no desconhecido, de momento a momento, enquanto estamos criando.
>
> À medida que nos abandonamos e nos entregamos à dança que desabrocha a partir do interior, nós entramos em um estado "livre de pensamentos", no qual a mente se torna um instrumento concentrado para a canção do coração e somos capazes de ingressar em níveis profundos de alegria e felicidade, e envolver-nos em um sentimento de união com o espírito que tudo permeia.
>
> Ao nos oferecermos completamente para o espírito, para a dança sagrada, o espírito penetra em nós e nos movimenta, nos transforma, desperta a paixão da nossa alma, aviva cada célula do nosso corpo. Nós nos tornamos a essência do espírito em movimento, o dançarino cósmico divino. A dança sagrada pode nos levar de um mundo para outro, de um

GAIL STEPANEK, FUNDADORA DA IMPROVISIONAL INSPIRATION, CRIA UMA DANÇA SAGRADA DE IMPROVISO. FOTOGRAFIA DE NICOLE SAWYER.

estado mental para outro, da contradição e do medo para a expansão e o amor. Ela é um símbolo de vida; é vibrante, viva e radiante. Ela pode nos conduzir ao nosso verdadeiro estado de liberdade interior.

Doug Adams, professor de Cristianismo e de Artes da Pacific School of Religion em Berkeley, na Califórnia, diz o seguinte: "Teologicamente, a improvisação deixa espaço para que o Espírito Santo se desloque de maneiras misteriosas e imprevisíveis".[20]

Dances of Universal Peace

As Dances of Universal Peace, às vezes erroneamente chamadas de dança sufista, são uma coleção de simples danças circulares meditativas que incorporam frases, mantras ou cânticos, música e movimentos sagrados. Essa forma de dança circular com

DANCES OF UNIVERSAL PEACE. FOTOGRAFIA DE MATIN MIZE.

a consciência da respiração, do som e do movimento foi desenvolvida por Murshid Samuel L. Lewis (1892-1971). Lewis (carinhosamente conhecido como "Sufi Sam") sentia que as danças eram uma forma de movimento sagrado que poderiam ser apresentadas ao público e criariam um sentimento expandido do eu por meio da devoção e também uma forma de "paz mundial por meio das artes".

As danças se originam de muitas das tradições espirituais do mundo e de uma síntese de técnicas da dança espiritual do estudo de Lewis com Ruth St. Denis. Elas também incluem o treinamento da meditação em movimento e técnicas respiratórias de práticas sufistas e zen budistas. Lewis estudou hinduísmo e budismo, bem como sufismo com várias ordens sufistas na Índia, no Paquistão e no Egito, e foi habilitado como professor de sufismo por Hazrat Inayat Khan da Índia. Lewis iniciou as Dances of Universal Peace em San Francisco na década de 1960 e lecionou-as posteriormente no mundo inteiro.

Dizem que a canção, o canto, é sempre central e que a dança deriva disso. Aprendemos a harmonizar a respiração, o coração, a mente e o corpo quando dançamos em comunidade. Na minha opinião, um dos aspectos mais benéficos da técnica da Universal Peace é a oportunidade de interação entre os dançarinos de uma maneira estruturada, levando a experiência para relacionamentos com estranhos ou com o que o eu habitualmente encara como "pessoas de fora". Perguntei certa vez a uma participante regular por que ela dançava, e ela respondeu: "Quando eu abandono o suficiente a minha autoconsciência a ponto de dizer para outra pessoa, até mesmo um desconhecido, no círculo: 'Alá/Deus ama você, eu te amo', fica mais fácil para mim dizer isso, ou me sentir dessa maneira a respeito de pessoas com quem eu entro em contato na minha vida do dia a dia. É por isso que ele é chamado de um dos caminhos espirituais". Outro dançarino me disse: "Adoro as danças. A sua beleza e os movimentos repetitivos me conduziram a experiências espirituais que não acredito que eu teria tido de outra maneira. Acho que o fato de o corpo estar envolvido é, em grande medida, responsável pela experiência mais profunda".

A alquimia da dança sagrada

Joan Dexter Blackmer, diplomada pelo Instituto C. G. Jung, em Zurique, que também tem formação em dança moderna, descobriu que a dança encerra um poder sagrado mesmo quando essa não é a intenção do dançarino:

> Qualquer pessoa que entre na esfera do teatro dançado penetra, até mesmo agora, quando a dança parece tão secular, uma esfera sagrada. Por trás do esforço necessário para nos tornarmos dançarinos, da maneira como encaro o processo, reside o profundo anseio de ser admitido no tempo e no espaço sagrados, de abrir o corpo terreno e o que ele pode comunicar para uma energia etérea ou espiritual. A própria dança se torna, por um momento, o receptáculo para dentro do qual as energias sagradas podem fluir, um veículo para a manifestação dos deuses, as forças que aparecem na psique como imagens arquetípicas.[21]

A expressão da espiritualidade e da consciência do corpo que ocorre quando dançamos conduziu ao desenvolvimento de numerosas técnicas psicofísicas e ao campo florescente da dançaterapia. O trabalho físico da dança dá origem a um processo de liberação mental que o trabalho psicológico por si só não proporciona.

EMILIE CONRAD, FUNDADORA DO MOVIMENTO DA DANÇA CONTINUUM.
FOTOGRAFIA DE RON PETERSON.

Carla DeSola, fundadora da Omega Liturgical Dance Company na St. John the Divine Cathedral, em Nova York, nos faz lembrar do seguinte: "Talvez a dádiva mais importante da dança para nós resida na sua capacidade de nos unificar e tornar completos, unindo a nossa vida interior com a nossa expressão externa".*[22]

Com o seu interesse nas formas antigas da dança, Isadora Duncan, Ruth St. Denis e outros criaram um elo contemporâneo entre a dança étnica espiritual e a dançaterapia. Eles procuraram dançarinos étnicos estrangeiros nos Estados Unidos e também viajaram para outros países, estudando e presenciando a cura comunal e a dança terapêutica em culturas tradicionais. Ao fazer isso, prepararam, direta e indiretamente, o terreno para o desenvolvimento da dançaterapia.

Mary Starks Whitehouse, a criadora da Movement-in-Depth, estudou no Instituto C. G. Jung em Zurique, e também com Martha Graham e Mary Wigman. A técnica de Whitehouse, que ela chamou de Tao do Corpo, se baseou no conceito

---

* Carla DeSola atualmente leciona dança e Omega Peace Arts na Pacific School of Religion em Berkeley, na Califórnia.

de que a psique e o físico são inseparáveis e que a experiência consciente do movimento físico produz mudanças na psique. Um descendente direto do trabalho de Whitehouse é o Authentic Movement Institute em Oakland, na Califórnia. A Dance Therapy Association em Columbia, Maryland, se originou das técnicas do "movement-as-communication" [movimento-como-comunicação] concebidas por Marian Chace, pioneira da terapia da dança/movimento. O trabalho Continuum de Emilie Conrad em Santa Monica, na Califórnia, se inspirou nos seus estudos com Katherine Dunham, Pearl Primus e outros. A sua abordagem do corpo se baseia em um movimento sentido intrinsecamente em vez de um movimento padronizado culturalmente imposto.

Laura Shannon, que mora em Middlesex, na Inglaterra, desenvolveu uma técnica que ela chama de Living Ritual Dance a partir dos seus muitos anos de trabalho com danças folclóricas, entre elas danças da European Sacred Circle Dance Network, e teoria e métodos da terapia da dança/movimento. Em artigos publicados nos trabalhos da American Dance Therapy Association, Shannon explicou o seguinte: "A Living Ritual Dance não visa ensinar a técnica da dança folclórica e nem imitar as culturas 'tradicionais'; o seu principal objetivo é promover a redescoberta experiencial da antiga dança de cura na qual a dançaterapia tem as suas raízes, por meio da exploração criativa de danças folclóricas que ainda existem. Procuramos relacionar essas antigas formas de dança com o nosso eu moderno, e mantê-las vivas de uma maneira que encerre significado para nós hoje, vivenciando-as em um contexto ritual".[23]

Os antropólogos da dança descobriram que existe uma conexão visível entre a arte das culturas desaparecidas e a daquelas ainda existentes. Embora as primeiras formas de dança tenham, em sua maior parte, desaparecido, a sua influência é encontrada nas mais simples danças das aldeias, descendentes diretas das mais antigas tradições de cura comunal ou de dança terapêutica, a ancestral da terapia do movimento da dança.

Shannon diz que as formas de dança em fila, do círculo aberto e fechado, do labirinto/espiral e das formações solitárias contribuem do seu próprio jeito para propiciar um espaço seguro e de apoio no qual a cura pode ocorrer. O compartilhamento do ritmo e do esforço cria uma atmosfera de envolvimento e apoio mútuos. Movimentos simples são repetidos para evocar a universalidade da experiência humana

DANÇA DA COLHEITA TURCA EM UM SEMINÁRIO NA FRANÇA DIRIGIDO POR LAURA SHANNON.

no espaço e no tempo. Esse conceito é extremamente simples e no entanto incrivelmente profundo; mas ele só pode ser verificado pela nossa experiência pessoal.

Uma parte integrante da Living Ritual Dance é a meditação em movimento inspirada em imagens de antigas estátuas e estatuetas sagradas do mundo inteiro. Shannon diz o seguinte: "Essas poderosas imagens femininas apresentam um concreto e inegável precedente histórico do fortalecimento das mulheres baseado no corpo". As participantes desse seminário exclusivamente para mulheres, usando movimentos tradicionais da dança feminina frequentemente concentrados em um movimento da pelve poderoso e no entanto suave, criam um "ritual vivo" "por meio do qual podemos vivenciar a energia intemporal da dança comunal de uma nova maneira".[24]

SHAMAN, INTERPRETADA PELO ELINOR COLEMAN DANCE ENSEMBLE, NOVA YORK. FOTOGRAFIA DE OTTO M. BERK.

Por que dançamos

A dança é um canal espiritual, uma abertura de portais metafísicos e sensoriais. Toda dançarina conhece a sua meta: chegar ao ponto no qual o corpo deixa de ser um obstáculo e se torna o instrumento de expressão da alma, com o corpo e a psique trabalhando juntos. Infelizmente, os sentimentos de alegria, esperança e renovação, bem como as conexões espirituais que podemos vivenciar por intermédio da dança sagrada, nem sempre são sentidos imediatamente pela iniciante. Um período de disciplina e treinamento precede essas experiências, de uma maneira bastante semelhante à da iniciação em um treinamento espiritual ou mental – um tipo de jornada do xamã. Gradualmente, os músculos começam a responder: os ombros, os dedos das mãos, os quadris, a pelve, o pescoço e os braços começam a se mover em coordenação. O mundo interno e o externo se fundem, e a dançarina se desloca além do cuidado consciente com a fisicalidade e perfeição da forma. A dançarina sabe que valeu a pena o esforço de ser capaz de ouvir a música através do seu corpo, de ser governada pelo ritmo, de expressar aquilo que é inexprimível. Quando chegamos a esse ponto, estamos nos conectando com a música, o místico e o etéreo, submetendo-nos a um poder que nos usa como um instrumento predisposto. Nós somos dançadas.

Hoje em dia, a abordagem holística da cura que conecta o corpo, a mente e o espírito como o caminho em direção à totalidade, está, uma vez mais, simplesmente tentando nos levar de volta a uma abordagem muito antiga. Ao mesmo tempo, estaremos cumprindo a profecia de Isadora Duncan quando ela disse: "A dançarina do futuro cumprirá a missão do corpo da mulher e a qualidade sagrada de todas as suas partes. Ela dançará a vida em constante transformação da natureza, mostrando como cada parte se transforma na outra. Uma inteligência exultante se irradiará de todas as partes do seu corpo, levando ao mundo a mensagem dos pensamentos e aspirações de milhares de mulheres. Ela dançará a liberdade das mulheres".[25]

7

A Dança da Lua

E então,
quando a Lua desapareceu
as mulheres também desapareceram
No Lado Escuro da Lua
as mulheres desceram ao templo de Hera
e aquele sombrio lugar no útero próximo e sagrado
ternamente as engoliu
Porque o seu tempo de sabedoria e poder estava próximo
O seu Tempo de Dragão estava próximo.

De um poema em Virgin, Mother, Crone: Myths and Mysteries of the Triple Goddess[1]

Para entender a conexão singular das mulheres com a lua, precisamos examinar a época e os costumes da Antiguidade. A lua sempre foi associada ao ciclo da criação na natureza, com as suas quatro fases (nova, crescente, cheia e minguante) refletindo os ciclos da vida (nascimento, crescimento, maturidade e morte) – ou, na terminologia

DAMA DO BOSQUE:
DEUSA ASHERA,
C. 1300 A.C.
OS DESENHOS NA
SUA SAIA ILUSTRAM
AS FASES DA LUA.

agrícola, semeadura, crescimento, colheita e repouso do inverno. As fases da lua também refletem o ciclo de criação à medida que ele se desloca através do corpo da mulher na preparação, preenchimento e esvaziamento do útero que ocorrem todos os meses. O ciclo menstrual da mulher é frequentemente chamado de o seu ciclo da lua porque a maioria das mulheres tende a se ajustar a um ciclo de lunação mensal de vinte e oito a trinta dias, com os dias da ovulação e da menstruação caindo mais ou menos nas luas cheia e nova.

Em muitas civilizações da Antiguidade, a lua simbolizava a filha da criação, a filha da Mãe Terra ou a própria Deusa da Criação. Muitos acreditavam que os mortos viviam na lua. Os efeitos dos ciclos da lua sobre o corpo e sobre a natureza eram reconhecidos no símbolo da Deusa Tríplice, a Deusa Trina: Donzela, Matrona e Idosa – lua nova, lua cheia, quarto minguante.

Todas as deusas gregas tinham alguma ligação com a lua. Eurípides, na sua tragédia *Íon*,[2] faz com que o mar e o céu respondam à dança da Deusa da Lua que dança com as suas cinquenta filhas, homenageando Perséfone, a filha com a coroa de ouro, e Deméter, a mãe sagrada. O oráculo em Delfos estava conectado com um oráculo na lua e era proferido mensalmente.[3] Hécate é a Deusa da Lua, bem como a protetora especial das bruxas.

Os hititas da Ásia Menor, no segundo milênio antes de Cristo, deixaram evidências da conexão das mulheres com a lua. Textos mitológicos, bem como rituais de nascimento, contam os meses de gravidez de uma mulher com base nas aparições da lua, com o parto esperado no décimo mês a partir da última lua crescente antes da cessação da menstruação. A derivação de "estar grávida" e "mês" do radical hitita *arma* tem uma forma idêntica à do nome da deusa da lua anatoliana Armas. A história das Mênades nos fornece a pista de que elas provavelmente estavam dançando em rituais da lua cheia ao relento, com a exposição à lua ao ar livre sendo a maneira mais eficiente de ficar em sincronia com as fases da lua. Na época de Eurípides, e na verdade até o século II d.C., as danças rituais na montanha executadas à noite pelas mulheres podiam ser vistas em Delfos e em outros lugares. O escritor romano Ovídio falava das "melodias dos bacanais sob a face oculta da Lua" dos membros do coro de Cibele.

Na tradição cabalística, a Shekinah (o espírito do divino ou da Mãe Divina) é saudada na prece, especialmente durante os dias festivos de Sukkot e na chegada da lua nova. O sábio Rabino Yohanan disse o seguinte: "Quem quer que abençoe a Lua Nova no momento adequado é considerado como tendo acolhido favoravelmente a presença da Shekinah".[4]

Nas elevadas montanhas do Peru, dançarinas da tribo Quillacingas, usando crescentes de ouro como ornamento de nariz, dançavam para Mama Quilla, o nome inca para a lua. Elas dançavam para restabelecer uma atitude dedicada em um mundo insensibilizado, alienado dos valores femininos.

O poder menstrual

As mulheres saudáveis em idade de procriar sempre sangraram uma vez por mês sem causar nenhum mal ao corpo. Em um sem-número de culturas ao longo do tempo, as mulheres se retiravam da vida do dia a dia durante o seu ciclo "da lua" ou menstrual, cessando todas as interações sociais e de outros tipos com os homens, meditando e executando vários ritos. Na sua reclusão, livres de preocupações imediatas, a energia psíquica criativa fluía novamente para dentro. Os mitos

"THE MOON", DE ALEXANDRA GENETTI. ILUSTRAÇÃO DE *THE WHEEL OF CHANGE TAROT*.

de muitas culturas contam como a própria lua se recolhe pela mesma razão que as mulheres o fazem: para ter o seu período e se renovar. O período menstrual frequentemente conduzia a um aumento da consciência e era motivo de ritos e cerimônias de devoção e possessão. Era a vasta sabedoria das mulheres e o entendimento dos ciclos da vida, baseados na lua, que elas tinham, que forneciam a base para a agricultura, a astronomia e até mesmo para a matemática.

A mais antiga oferenda de sangue conhecida era o sangue menstrual das mulheres livremente concedido, um símbolo de regeneração ou renascimento, como o ocre vermelho usado em um sem-número de sepultamentos paleolíticos e neolíticos. Com o tempo, contudo, o sangue das mulheres foi redefinido gradualmente como sendo contaminante em vez de sagrado, e a reclusão da santificação autoimposta se tornou uma exclusão forçada da comunidade. Para os homens, que não vivenciavam o parto ou o fluxo de sangue não reprodutivo da menstruação, o sangue estava relacionado com a morte: para que o sangue fluísse, uma criatura viva precisava morrer. Por conseguinte, no modelo patriarcal, a menstruação e até mesmo o parto vieram a ser vistos como uma consequência da morte; as mulheres menstruadas se tornaram tabu, tão impuras como se tivessem tocado um cadáver. Foram desenvolvidas leis proibitórias que desumanizavam e isolavam as mulheres.

ESPIRAL TRIPLA DO TEMPLO EM NEW GRANGE, NA IRLANDA. A ESPIRAL É O PADRÃO BÁSICO PARA A DANÇA DA LUA.

Alguns pesquisadores, como Vicki Noble e Barbara Walker, argumentam que a prática da sangria, a obtenção de "sangue sagrado" por meio do sacrifício humano ou animal, e o ato da circuncisão só se tornaram uma necessidade quando o poder menstrual da mulher não foi mais considerado sagrado e quando as mulheres deixaram de fazer parte dos ritos religiosos. Lucy Goodison, autora de *Death, Women and the Sun*, ressalta que "não existe um único símbolo do período mais antigo que celebre o ato efetivo do sacrifício animal".[5]

Nos tempos antigos, o fluxo menstrual era visto como um conjunto harmônico de ritmos naturais, como as estações, o nascimento e o renascimento, e era recolhido e armazenado em um copo menstrual. O copo ou cálice é frequentemente um símbolo de abundância transbordante, um receptáculo que fornece nutrição. Ele também é uma representação do útero. No entanto, o cálice menstrual sagrado foi transformado em um caldeirão fervente quando foi substituído pelo cálice do sangue sacrificial, que mais tarde se tornou um símbolo na Eucaristia – o cálice que contém o sangue de Cristo.

Os homens claramente sentiam que uma espécie de poder se originava da ocorrência do ciclo de sangramento mensal, tendo em vista que eles buscavam imitar essa prática por meio do sacrifício ritual, mas eles interpretavam erroneamente o que esse poder significava. O poder é o fluxo – o fluxo de graça, de energia, para a mulher e através da mulher. Sua própria natureza impossibilita a sua manipulação ou a sua utilização para qualquer propósito ou poder externo por qualquer pessoa, até mesmo pela mulher. Ele tampouco pode ser induzido ou capturado, assim como a graça não pode ser induzida ou capturada. A fim de remediar a separação das mulheres dos ritos sagrados, precisamos retornar ao simbolismo feminino associado ao sangue menstrual.

A sintonização com a lua

Os eventos naturais que causam alterações no corpo de uma mulher afetam irreversivelmente a sua vida, as suas concepções e valores dessa vida, os seus relacionamentos pessoais e a sua identidade social. A primeira menstruação, a primeira relação sexual, o parto e a menopausa constituem a participação fundamental e poderosa da mulher no inescrutável mistério da vida. Foi o fato de essas mudanças e eventos serem tão definidos e definitivos que as mulheres reconheceram a necessidade do ritual para ajudá-las a incorporar essas experiências à sua vida.

Sintonizar-se com a harmonia da lua é uma maneira pela qual as mulheres podem trazer a sabedoria antiga e os rituais para a vida moderna. As mulheres que estão continuamente se doando à família e à carreira nesta era da "supermulher" podem se sentir desgastadas e ao mesmo tempo culpadas por dedicar algum tempo a si mesmas. Entrar em sintonia com a lua nos ensina a reconhecer que existem períodos para a ação e períodos para a reposição.

Nós, como mulheres, podemos usar a nossa conexão especial com a lua e providenciar um tempo para cuidar de nós mesmas – um tempo necessário para a formação de ideias e descobertas, para conectar a nossa natureza psíquica com a da lua. As mulheres que passam períodos prolongados dormindo ao ar livre constatam que o seu ciclo menstrual rapidamente se sintoniza com os ciclos da lua, assim como as mulheres que vivem e trabalham juntas tendem a notar que os seus períodos menstruais se sincronizam. Os ritmos que constituem o nosso corpo são os mesmos que compõem a dança do Universo; quando sentimos que os dois são um só, sabemos que somos parte da Natureza.

Agora, vamos dançar

Todas temos a lua dentro de nós. Às vezes estamos cheias, às vezes estamos vazias; estamos sempre nos expandindo e contraindo, somos imprevisíveis e instáveis. A Dança da Lua é uma maneira maravilhosa de incorporar essa parte de nós mesmas à nossa expressão física e espiritual.

O padrão básico para a Dança da Lua é a dupla espiral, o símbolo da Deusa da Lua. Evidências desse padrão podem ser encontradas nos antigos monumentos e templos da Inglaterra, Irlanda e Malta; nos desenhos dos vasos de Creta; e nos petróglifos dos índios americanos. Poderosos microscópios hoje nos mostram a dupla espiral como a hélice do DNA, a essência da vida humana.

A espiral simboliza a maneira pela qual a lua aparece para orbitar ao redor da terra no sentido anti-horário até que se torna cheia no seu zênite, e depois passa a orbitar no sentido horário até que desaparece perto do sol como a lua nova. No passado, diziam que a lua era errante ou serpeante porque ela seguia uma trajetória complicada, desconhecida na época. A dança espiral imita o mistério da morte e renascimento serpenteando para dentro e para fora do labirinto. A dançarina se desloca no sentindo anti-horário a partir da periferia para o centro do círculo, e depois no sentido horário, do centro para fora.

Como as flutuações das marés do oceano são governadas pela lua, a fim de se sintonizar mais plenamente com o poder eletromagnético dos ritmos da lua, talvez seja interessante que você dance próximo do oceano – caso haja um perto de você. Tente dançar exatamente no ritmo das ondas que quebram na orla. Experimente dançar durante várias fases da lua, observando as diferenças no ritmo, na força e na altura da maré e o efeito dela na sua dança. No entanto, você descobrirá que as noites claras iluminadas pela lua são mágicas não importa onde você esteja – em uma ribanceira, em um campo ou até mesmo se reunindo com outras mulheres em um quintal –, porque dançar para a lua nos redesperta para o poder e a beleza da natureza, e para a nossa parte na natureza; nos faz lembrar do que estamos fazendo aqui.

A Dança Menstrual

A Dança Menstrual é uma das numerosas variações possíveis da Dança da Lua. Quando você criar a sua Dança Menstrual, certifique-se de incluir flores, porque as flores são uma representação bastante conhecida da menstruação, já que resultam de uma semente que não se tornou o fruto do útero. Além disso, as ondulações serpentiformes da Dança do Nascimento devem ser incluídas na Dança Menstrual. Os movimentos de contração/relaxamento da Dança do Nascimento aumentam a circulação na área pélvica e reduzem enormemente as câimbras. Esses movimentos também levam a sua consciência para a área pélvica, que é uma coisa que muitas mulheres não se sentem à vontade fazendo. Para muitas de nós, a área pélvica é tabu até mesmo para nós mesmas.

Os ritos de passagem das meninas

Quando executada como um ritual de grupo, a Dança da Lua propicia uma bela maneira de acolher uma menina na comunidade de mulheres adultas. Nessa cerimônia, mãe e filha ficam em pé, a alguns metros de distância uma da outra. Os membros do grupo ficam em uma formação de fila única, dando as mãos. A líder conduz o grupo a uma forma circular e, em seguida, começa a configurar dentro do círculo outra forma circular menor, criando uma espiral em volta da filha. No ápice, a líder faz a fila se virar sobre si mesma, conduzindo a fila para fora ao longo do mesmo trajeto, formando finalmente uma espiral ao redor da mãe. No segundo conjunto de espirais em volta da filha, esta se junta à corrente atrás da líder. A corrente em espiral então se move mais uma vez para rodear a mãe, que agora se junta à filha e a corrente do grupo para a terceira espiral.

Por meio desta dança, as mulheres reconhecem e santificam o crescimento e o amadurecimento da criança, possibilitando que ela se erga sozinha pela primeira vez e sinta o poder de si mesma como um adulto independente, e depois convidando-a a se tornar um elo na corrente da sua família estendida das mulheres.

Esta dança também pode ser uma poderosa ferramenta para acalmar relacionamentos disfuncionais e a comunicação prejudicada entre membros femininos da família, especialmente mães e filhas. A dança cria uma ponte física entre os dois mundos separados e convida cada pessoa a dar as mãos e abraçar o apoio e a força das suas companheiras. O autofortalecimento, o sentimento de coesão, continuidade e sabedoria emergem organicamente dessa dança ritual.

DANÇAR PERTO DO OCEANO É UMA MANEIRA DE SE SINTONIZAR COM O PODER DOS RITMOS DA LUA. JAMIE PARNUM, DIRETORA DA SOARING SPIRIT DANCE MINISTRY, DANÇANDO EM APTOS BEACH, CALIFÓRNIA. FOTOGRAFIA DE KELLY RICHARDS.

8

O Círculo Sagrado

Chegamos girando a partir do nada, espalhando estrelas... as estrelas formam um círculo, e no centro nós dançamos.

Rumi, século XIII

O círculo talvez seja o mais antigo dos símbolos místicos e a mais universal de todas as danças. Ele é a terra e o sol em eterno movimento, uma linha ininterrupta, não vergada que simboliza a continuidade e a eternidade. A dança circular representa a totalidade das coisas, a redondeza da gravidez, dos seios, dos vasos, da casa e do templo. A dança faz a vida completar um círculo.

O círculo cria solidariedade. Como para completar um círculo são necessárias mais de duas pessoas, ele cria comunidade. O círculo é a perfeita democracia; existe igualdade. O círculo proporciona um espaço protegido, consagrado e que tudo abrange. Ele é não linear, multidirecional e interminável.

Antes que a praça principal se tornasse quadrada, ela era circular. Várias cidades na região da Catalunha dos Pirineus franceses orientais, por exemplo, ainda têm um círculo no centro, alguns assentados com belos mosaicos ou ladrilhos,

DANÇA DO CESTO DOS ZUNIS. CESTOS SIMBOLIZANDO A COMIDA, QUE PRESERVA A VIDA DA TRIBO, FORMAM UMA EVOCATIVA PEÇA DE CENTRO PARA ESTA DANÇA CIRCULAR DE AÇÃO DE GRAÇAS. DE UM QUADRO DE AWA TSIREH, CORTESIA DA UNITED EDUCATORS, INC.

especialmente construídos para a dança circular local. Como é maravilhoso construir uma aldeia ao redor da pista de dança!

O círculo é encantado porque encerra o vazio – um vazio construído pela energia concentrada dos nossos corpos conectados em movimento e carregados por essa energia. Quando deixamos o centro vazio e dirigimos a nossa dança para essa imobilidade impassível, criamos dentro de nós mesmos a quietude do centro impassível. Ao dançar como uma pessoa dentro de um grupo, sentimos o surgimento dessa energia invisível em resposta às nossas invocações corporais e musicais, como na orquestra quando um único instrumento se funde com o som musical ao mesmo tempo que permanece uma parte individual do todo orgânico. Como pássaros voando em formação, um novo corpo é criado, unido como se por fios elásticos invisíveis, e recebendo dos comprimentos de onda vibracionais unificados a energia necessária para a propulsão de cada pessoa. Nesse processo, um ser mais elevado é descoberto, a saber, a alma do grupo.

Circundante está a incorporação, o dar e o receber do poder. Ao mesmo tempo que encerra e possui, o círculo também fortalece por meio de uma concentração de

DERVIXES GIRADORES MERVLEVI SEMA, ISTAMBUL, TURQUIA. FOTOGRAFIA DE REGINA PHELPS.

energia que está sempre fluindo e em eterna transformação. O círculo conduz de volta a si mesmo, de modo que é um símbolo de unidade, do Absoluto, da perfeição.

Mas o círculo tem um poder efetivo? De acordo com Marija Gimbutas, "O círculo – seja ele uma dança das fadas ou um círculo de menires – transmite a energia aumentada por meio da combinação dos poderes da pedra, da água, dos montículos e do movimento do círculo".[1] Starhawk diz o seguinte: "As bruxas concebem a energia psíquica como tendo uma forma e uma substância que podem ser percebidas e direcionadas por aqueles que têm uma consciência treinada. O poder gerado dentro do círculo assume a forma de um cone, e é liberado no seu apogeu – para a Deusa, para reenergizar os membros da assembleia das bruxas, ou para executar um trabalho específico como o de cura".[2] O eletromagnetismo natural do corpo humano é fortalecido e acentuado por movimentos horários e anti-horários. O círculo da dança funciona literalmente como um motor elétrico, com o movimento rítmico do círculo induzindo o ajuntamento local de energia nas células do corpo com a mesma precisão de um turbogerador de metal, embora em um nível mais sutil.

Evidências mostram que a dança circular já era praticada no Paleolítico Superior, foi transmitida para a era Neolítica e para toda a história. Apoios de vaso da cultura Cucuteni clássica, que recua à segunda metade do quinto milênio antes de Cristo, têm a forma de mulheres de braços dados em um círculo, ilustrando figuras femininas executando um ritual do círculo. Esses vasos, chamados vasos hora, retratam danças em círculo ainda executadas atualmente.[3]

No livro *World History of the Dance*, Curt Sachs descreve as danças circulares de caráter devoto e solene serenamente executadas em homenagem à divindade:

> Não é de causar surpresa, portanto, que o *emmeleia* ["o conceito sagrado" em grego] tenha recaído principalmente sobre as mulheres – ele é a antiga distinção do movimento fechado e expandido. Procissões festivas aos santuários e círculos flutuantes em volta do altar são as formas assumidas por essas danças. A mais bela maneira pela qual elas chegaram até nós foi nos maravilhosamente preservados *partheniads*,* nos quais as Virgens, de mãos dadas como as Graças, veneram Deus ao som de canções semelhantes a hinos. Temos aqui a magia elevada completamente ao culto, à celebração devota [...]. A dança rodopiante deve ser reconhecida como a mais emocionante expressão do poder feminino da concepção.

A imitação dos movimentos siderais conduziu à dança circular; o mapa básico da astronomia e da sua companheira, a astrologia, estava esquematizado em um padrão em grande escala no piso do templo. Estrelas giratórias, o sol e a lua rotativos, e os giros celestes sincronizados com as estações e os ciclos eram um mistério profundamente significativo para os povos da Antiguidade, e o céu era uma sala de aula ao ar livre. As sacerdotisas, os primeiros astrônomos, abriram a porta para o registro do tempo, a matemática e a ciência por meio da sua dança das estrelas, uma coreografia muito complicada na qual, movendo-se em sincronia com a Ordem Divina, as sacerdotisas dançavam do leste para o oeste em volta de um altar do sol ou da lua, fazendo os sinais do zodíaco. A dança ritual, que variava a cada mês, era executada com o movimento apropriado e com o traje correto, com cantos que confirmavam instruções, louvores e preces para o período.** Os

---
* O *partheniad* é um poema em homenagem a uma virgem. (N. dos T.)
** A arte do zodíaco começou como uma dança ritual, uma série de 12 símbolos ostensivamente atribuídos ao sistema estrelado, em relação ao qual a terra e o sol se movem. Isso se tornou a base principal da avaliação e da predição astronômicas e relacionadas com o calendário.

dervixes Mevlana (*derv* significa "girar") se movem em um círculo como um único corpo em volta da sala, com cada dançarino simultaneamente revolvendo em torno do seu próprio eixo, simbolizando muitas realidades cosmológicas.

Todo sistema religioso revela um sistema de 12 unidades de poder. Havia 12 patriarcas e 12 profetas na tradição hebraica. A Jerusalém celestial tinha 12 portões nos quais estavam escritos os nomes das 12 tribos de Israel. Jesus tinha 12 Apóstolos; 12 legiões de anjos podiam ser convocadas por ele. A Árvore da Vida dava 12 tipos de frutos, produzindo um tipo em cada mês. O Conselho Circular do Dalai Lama é composto por 12 pessoas. Na mitologia grega havia 12 Titãs e 12 divindades olímpicas. Hércules recebe 12 trabalhos, com o 12 representando o número solar, o ciclo do herói solar, ao passo que o ciclo da lua é o 13. Hermas de Hellas visitou as 12 virgens na montanha sagrada, vestidas de branco, que executavam uma dança circular. Elas simbolizam 12 poderes que emanam da fonte sagrada oculta. O próprio Estado etrusco era dividido em 12 estados. Havia historicamente 12 pares da França. Os cavaleiros se apresentavam em conjuntos de 12, frequentemente com um príncipe escuro ou "negro" como o décimo terceiro. Henrique VIII tinha 24 cavaleiros. Até mesmo Robin Hodd tinha 12 cavaleiros e 12 Homens Alegres.

O PASSO *GRAPEVINE* DA HORA, UMA CLÁSSICA DANÇA CIRCULAR. DANCES OF UNIVERSAL PEACE, CALIFÓRNIA. FOTOGRAFIA DE MATIN MIZE.

DANÇA CIRCULAR SAGRADA DE PETER DEUNOV. REGIÃO DOS SETE LAGOS, BULGÁRIA, 1994. FOTOGRAFIA DE BARNABY BROWN.

Agora, vamos dançar

Embora o padrão da dança circular seja muito simples, ele encerra um grande poder e significado. Dançar o círculo simboliza unir-nos em um só corpo. Um altar, um objeto que encerre um significado ou uma pessoa que precise ser curada podem ser envolvidos pelos dançarinos, o que separa essa pessoa ou coisa do mundano por meio da parede viva formada pelo corpo dos dançarinos e, desse modo, simbolicamente consagrando-a, protegendo-a e reverenciando-a. Podemos também optar por dançar para o círculo vazio, evocando o mesmo sentimento de vazio interior.

DANÇA CIRCULAR SAGRADA EM FINDHORN, NA ESCÓCIA. FOTOGRAFIA DE PETER VALLANCE.

É importante evitar transformar a dança circular em uma interminável repetição. Como esse tipo de dança reflete e inverte a dinâmica do movimento e do relacionamento, o potencial para alcançar um estado liminar é inerente à dança circular. O estado liminar (do latim *limen*, que significa "limiar") é uma condição de existência na qual os limites do tempo e do espaço são deixados para trás sem ser completamente abandonados. Por meio do simples processo de juntar as mãos ou seguir uns aos outros em um círculo ou espiral, ocorre uma reorganização da nossa experiência normal de relacionamento enquanto nos movemos da percepção do "eu" e do "outro" para a percepção do eu como parte do *continuum* de toda a vida.

A dinâmica coreográfica de uma dança circular torna a partida liminar muito poderosa. O padrão de uma dança circular fornece um trajeto de experiência claramente marcado para o dançarino. Começando na posição "inicial" os dançarinos avançam para uma nova posição através do padrão de uma dança designada. Esse início e retorno é repetido muitas vezes, com cada repetição sendo familiar e, contudo, não familiar, habitual e, ao mesmo tempo, não habitual, já que a conclusão do padrão também marca o seu princípio.

O LABIRINTO CIRCULAR NA GRACE CATHEDRAL EM SAN FRANCISCO, UMA RÉPLICA EXATA DO LABIRINTO DA CATEDRAL DE CHARTRES DO SÉCULO XII NA FRANÇA.
FOTOGRAFIA DE CINDY A. PAVLINAC.

A hora é um exemplo de uma dança circular clássica que ainda é executada ao redor do mundo. Já houve mais 1.600 variedades da hora; a forma de dança circular mais conhecida usa o passo *grapevine* como a sua base.

Existem hoje muitos grupos de dança circular das Ilhas Britânicas e na Europa, trazendo essa antiga forma de dança para a nossa vida contemporânea. Cada um desses grupos, do seu próprio jeito, visa ilustrar um relacionamento consciente e uma troca de energia entre os seres humanos e a natureza. Entre os mais conhecidos estão a Paneuritmia de Deunov, a Euritmia de Steiner e as práticas de dança de Findhorn. A Paneuritmia foi desenvolvida pelo mestre Beinsa Douno (Peter Deunov, 1864-1944). Trata-se de uma dança-yoga que se combina com sons sagrados, a qual, ao regular os sistemas físico e nervoso, coloca os participantes em uma sintonia harmoniosa com as energias sutis dos mundos natural e espiritual. O fundador da Comunidade Findhorn da Escócia, Bernard Woisen, reuniu mais de trezentas danças circulares de toda a Europa. Muitas são ensinadas nos seminários de Findhorn ao redor do mundo. O dr. Rudolph Steiner da Alemanha desenvolveu, no início do século XX, o sistema Euritmia da Sociedade Antroposófica, o qual é ensinado nos

Estados Unidos e em outros países. Ele incorpora a forma verbal acompanhada por seu próprio modo de movimento ou gesto visual apropriado. Existem vídeos e livros de instruções disponíveis sobre essas e outras abordagens.

Embora essas danças possam nos ligar a antigas práticas e a outros dançarinos e culturas de todo o mundo, não sinta que você está limitada a uma forma preexistente de dançar um círculo sagrado. Criar a sua própria dança circular como um rito de passagem, como uma prece ou para celebrar um evento ou estação (a chegada da primavera, uma colheita abundante) pode ser tão simples quanto escolher uma peça de centro para simbolizar o seu tema e talvez um pouco de música ou de som para acompanhar os seus movimentos.

A Dança do Labirinto

Embora a Dança do Labirinto não seja normalmente o que nos vem à cabeça quando falamos da dança circular, ela proporciona um tipo especial de dança circular porque, ao contrário de outras formas de danças circulares, ela pode ser executada por uma única pessoa. A forma do labirinto com frequência pode ser circular, e ao dançar nele – serpenteando para dentro e para fora do padrão circular, espiralando para dentro e para fora –, criamos padrões circulares no chão. A travessia do labirinto até o seu centro voltado para dentro é um trajeto sinuoso e intemporal, e não um percurso direto, rápido e aberto.

DESENHO DO LABIRINTO DA CATEDRAL DE CHARTRES, FRANÇA.

O piso da grande Catedral de Chartres na França é um exemplo de labirinto com forma circular.* Dizem que esse labirinto veio originalmente de Creta, mas ele não é aquele que se tornou parte do mito grego do Minotauro. O labirinto funcionava como um símbolo da peregrinação espiritual, a progressão a partir dos véus externos da matéria em direção à luz interior e à revelação da Luz Divina. Existem duas reproduções exatas do labirinto de Chartres na Grace Cathedral em San Francisco.

---

* O labirinto de Chartres foi construído no local do Santuário dos Santuários dos Druídas. As pessoas da Antiguidade iam até lá para receber a dádiva da terra. Faculdades espirituais eram despertadas pelo que os gauleses chamavam de *Wouivre*, correntes magnéticas que serpenteiam pelo solo, e eram representadas pela serpente.

A dra. Lauren Artress, Pastora Canônica da Grace Cathedral, a quem podemos conceder o mérito de ajudar a reviver o uso do labirinto, diz que ele é uma incrível ferramenta espiritual:

> O labirinto é um grande e complexo círculo espiralado que é um antigo símbolo para a Mãe Divina, o Deus interior, a Deusa, o Sagrado em toda a criação [...]. O labirinto é um arquétipo de totalidade, um lugar sagrado que nos ajuda a redescobrir as profundezas da nossa alma [...]. Quando caminhamos pelo labirinto, podemos sentir que poderosas energias foram ativadas. O labirinto funciona como uma espiral, criando um vórtice no seu centro. O trajeto em direção ao centro do labirinto serpenteia em um padrão no sentido horário, e o caminho de volta se desenrola no sentido anti-horário. O caminho circular para dentro purifica e nos aquieta à medida que nos conduz para dentro. O trajeto que se desenrola nos integra e nos fortalece em nosso percurso de volta para fora [...]. As cúspides ou pontos das lunações funcionam como condutos para que a energia circule e se irradie para fora.
>
> O caminho unicursal do labirinto é o que o diferencia e define como ferramenta espiritual. O labirinto não mobiliza a nossa mente pensante. Ele convida a nossa mente intuitiva, buscadora do padrão e simbólica, a aparecer. Ele nos apresenta apenas uma única escolha, mas uma escolha orgulhosa. Entrar em um labirinto significa escolher percorrer um caminho espiritual.[4]

LABIRINTO CRETENSE.

LABIRINTO HOPI TAPU'AT.

Percorri o labirinto dentro da Grace Cathedral e dancei pelo labirinto externo. Essa é sempre uma experiência profunda e iluminadora que traz uma alegria imediata ao meu coração. Labirintos estão sendo hoje construídos em comunidades de todos os Estados Unidos – nos adros, parques e lugares como centros de adolescentes e casas de repouso. Labirintos de tamanho real em lona também estão disponíveis, e podem ser usados dentro de casa e ao ar livre (consulte "Veriditas" na seção "Recursos" no final do livro).

9

A Dança da Serpente

A Serpente Galáctica é o vento, a respiração, a Via Láctea, rastros de cometas. Os movimentos rítmicos da Serpente das Águas Místicas são a chuva que cai, as ondulações dos cursos d'água, o oceano ondulante. A Serpente da Terra é o fluxo de energia terrestre e as correntes magnéticas subterrâneas; a Serpente Cósmica nos mostra os ciclos sazonais, os ciclos da menstruação e da lua, da vida, da morte, e do renascimento, o eterno processo. A Serpente Astral é o mundo psíquico da percepção supersensorial. A espiral ascendente de Kundalini transforma a matéria em criatividade e movimento: a Dança da Cobra.

A pobre cobra é provavelmente a criatura mais caluniada e difamada que jamais viveu. E a mais fascinante. Ela é estranha para nós de inúmeras maneiras – ela se move de uma maneira curiosamente perturbadora, aparentemente tão à vontade no subsolo quanto na água ou na terra. Ela é silenciosa, rápida e aterrorizante.

A serpente resvalou ao longo de séculos da mais incrível variedade de infundadas fantasias, superstições e projeções humanas. Ela provavelmente tem a mesma importância no cristianismo, embora negativa, que tinha nas religiões "animistas". A associação com Eva não favoreceu a sua reputação, e nem a ideia de Freud de que ela seria um símbolo fálico.

Fiquei chocada na primeira vez que assisti a uma dança oriental em uma casa noturna étnica (dança do ventre) e ouvi a audiência efetivamente sibilar para a dançarina, até que me explicaram que aquela era uma demonstração de agrado, ao contrário do que ocorre na nossa cultura, onde esse tipo de assobio é considerado um sinal de desaprovação. Fiquei bastante curiosa com relação ao modo como a cobra poderia ter sido vista de forma diferente por culturas diversas em outras épocas. Eu me perguntei a respeito dos braceletes de cobra das dançarinas orientais – por que elas os usavam? O que a cobra tinha a ver com a dança do ventre? Por saber que os intérpretes americanos adaptam livremente coisas de outras culturas, decidi investigar mais. Os movimentos serpentiformes do Extremo Oriente, de Bali e dos Mares do Sul, os braços e mãos, o tronco, a cabeça e o pescoço deslizante das dançarinas indianas e do flamenco, tão misteriosos, tão sensuais e poderosos, e tão femininos – o que eles significavam?

A imagem da serpente espiralando em volta da árvore da vida está associada aos processos vivificantes, a dançar uma nova vida. Em muitas antigas culturas, a palavra *cobra* ou *dragão* indicava o útero.[1] A cobra também representava os movimentos rítmicos, ondulatórios, do útero durante o parto, essa maravilhosa técnica fornecida pela Natureza para que dois corpos possam se separar sem que nenhum dos dois fique ferido.

Em todo o mundo e ao longo das eras, o espírito da serpente tem sido um símbolo de cura, iniciação, renascimento, transformação e conhecimento secreto – um conhecimento que só o corpo tem. A cobra solta a pele e reaparece em uma forma jovem e brilhante, sendo perpetuamente renovada. Essa estranha capacidade era vista como simbólica do mistério mais elevado do nascimento e renascimento tanto físico quanto espiritual. A cobra também é energia vital, instinto e a experiência do corpo experimentada – a facilitadora da cura criativa.

Em outro nível, a Serpente Primordial se tornou o símbolo autorrenovador da Deusa. Não era o corpo da cobra que era sagrado, e sim a energia emitida por esse fenômeno que espiralava e serpenteava, transcendendo os seus limites e influenciando o mundo circunjacente. Ela emergia das profundezas e das águas, e não precisava de pés para se deslocar. Que símbolo poderia explicar e explorar melhor a energia – o poder criativo –, o fluxo que torna a matéria uma forma vital?

A SERPENTE DECORA UMA ANTIGA COLUNA NA ENTRADA DO ASKLEPOI, UM LUGAR FAMOSO DE CURA NATURAL PERTO DE PÉRGAMO, NA TURQUIA. FOTOGRAFIA DE IRIS STEWART.

A serpente do mundo

As danças do labirinto e da cobra ocorreram em toda parte, como no México antes de Colombo, na Índia e em Creta. Os volteios e sinuosidades da arte cretense seguem a trilha da serpente do labirinto do período Paleolítico e Neolítico na Casa do Duplo Machado até o templo da Deusa. O templo original era, entre outras coisas, um depósito para propiciar a sobrevivência da comunidade durante o inverno, e a cobra protegia o grão.* O principal ritual religioso minoico na ilha de Creta era a dança da Deusa Cobra, um símbolo de eternidade e imortalidade.[2] Estatuetas recuperadas do repositório subterrâneo do Segundo Palácio de Cnossos (1400 a 1200 a.C.) retrata a Deusa Cobra ou as suas sacerdotisas. Em traje ritual, braços estendidos, uma estatueta brande uma serpente em cada mão, personificando

---

* Em muitos lugares, as cavernas (também associadas à morada da serpente) eram frequentemente usadas como santuários naturais. Dizem que muitas delas eram locais de nascimentos tanto divinos quanto humanos, e estão associadas aos aspectos maternais da Deusa.

DEUSA COBRA MINOICA,
MUSEU DE HERAKLION, CRETA.

OUTRA ANTIGA EVIDÊNCIA DA
INFLUÊNCIA DA COBRA NA DANÇA.
UMA DAS INTÉRPRETES DA DANÇA
CIRCULAR SEGURA UMA COBRA,
C. 1400 A.C. CRETA.

poder e proteção. A outra figura está envolvida por um abraço serpentino; ela segura a cabeça de uma cobra na palma aberta de uma das mãos enquanto o corpo do animal se enrola em volta do seu pulso, sobe por um dos braços, passa pelos ombros e desce pelo outro braço. Duas cobras circundam a sua cintura e se entrelaçam para formar um avental, enquanto uma terceira perscruta do seu elegante toucado. Ela é a energia sagrada encarnada. Seu rosto sereno reflete a capacidade de canalizar o poder secreto da cobra. Outra evidência arqueológica de Palaikastro, Creta (*c.* 1400 a.C.), revela um grupo de pequenas figuras de argila dançando em um círculo. Uma das dançarinas usa dois colares e carrega uma serpente viva enquanto elas se movimentam em uma dança sagrada.

Era na dupla espiral que os ritos da Deusa Cobra eram executados por meio da dança ou da marcha, como é indicado por numerosos desenhos na cerâmica cretense que exibem uma dupla espiral com uma extremidade germinante. Os movimentos seguiam o curso da lua errante, das perambulações da alma, do caminho para a iluminação e novamente de volta. Cada anel é uma iniciação, um rito de passagem, uma dança gradualmente aprendida na espiral da eternidade. A extremidade germinante representa a segunda metade da vida, a maior sabedoria, a liberação e a aceitação.

Mais tarde, Homero alteraria mitos e arquétipos mais antigos, mudaria Ariadne (que significava "sagrada")[3] da Grande Deusa para Ariadne "dos cachos encantadores" na *Ilíada*, e transformaria a dança espiral em uma dança

DEUSA COBRA MINOICA. COLEÇÃO DA AUTORA.

de amante com acrobatas e menestréis para o entretenimento de grandes audiências. O resultado final seria a modificação do conceito de iluminação, transformando-o em um filme de sábado à noite com minotauros bestiais exigindo um constante sacrifício humano e heróis combatentes em uma barafunda de trapaças e becos sem saída.

Atena, com a sua cobra sagrada na Acrópole, é, de certa maneira, a sucessora da Deusa Cobra minoica, com a cobra expressando a sua grande antiguidade. Nos

LÉEMA KATHLEEN GRAHAM, ENCONTRANDO A SERPENTE INTERIOR POR MEIO DA DANÇA.

mistérios da cobra na Acrópole, os devotos de Atena manipulavam cobras vivas e dançavam com elas muito antes da representação de Atena nascendo da cabeça de Zeus. Até mesmo na versão clássica na qual ela é retratada em estátuas com elmo e escudo como defensora da cidade-Estado que foi batizada em sua homenagem, na sombra do seu escudo esconde-se o píton.[4] A sua égide, que significa "um poder que protege ou defende", era uma pele de bode com uma franja de serpentes.

Danças da cobra eram executadas pelos hopi, pelos navajos e pelos pawnee* para venerar a Mãe Terra, uma religião do Grande Espírito cuja dança atribui

---

* Povo indígena norte-americano que originalmente habitava o vale do rio Platte no centro-sul de Nebraska e no norte do Kansas, com uma população que atualmente vive no centro-norte de Oklahoma. Eles formavam uma confederação de quatro tribos relativamente independentes que moravam em aldeias permanentes. (N. dos T.)

um grande poder à serpente. As danças da cobra frequentemente reencenam processos cósmicos.

Para os antigos índios hopi, a cobra simbolizava a proximidade com a terra, a resistência e a influência sobre as nuvens.[5] Para os antigos mexicanos, a terra era deusa Coatlique com saia de serpente com cinco dobras, a asteca "Dama da Saia de Serpente". Ela era a divindade da lua, criadora suprema e preexistente. Ela aparecia como uma mulher com quatro irmãs, que se reuniam no monte Coatepec das cobras para dançar. Xochiquetzal, sua filha, era Deusa de Todas as Mulheres.[6] Tlazolteotl, uma deusa asteca, monta uma serpente. Uma antiga dança mexicana em homenagem à Deusa do Trigo se chamava Sete Cobras. Os movimentos dessa dança, que durava a noite inteira, eram silenciosos, lentos e deliberados, com os dançarinos formando uma fila única e longa.[7]

Na Austrália, os ciclos secretos Myall tradicionais são contados em episódios de dança do tempo de sonho, nos quais a mímica da dança é mais importante do que as palavras. Nesses episódios, a cobra divina sonha com o mundo e os seres humanos e eles passam a existir. Está claro que essas danças são vestígios de um sistema religioso mais antigo.[8] A deusa aborígene Uma, que fundou a terra, era retratada segurando a cobra do arco-íris nos braços.[9] Da mesma forma, os haitianos têm uma dança conhecida como Yanvalou na qual as pessoas se movimentam como cobras, o elo entre os seres humanos e a terra.

Lendas da Irlanda na Antiguidade descrevem uma dança serpentiforme circular, transmitida por gerações anteriores, em volta de uma árvore ou fogueira, na qual as pessoas se deslocam em curvas da direita para a esquerda. Outra dança serpentiforme se chamava Rinke Teampuill, ou Dança do Templo. A deusa céltica Verbeia em Yorkshire geralmente aparece nos relevos segurando serpentes. Essa imagem também está relacionada com a Santa Brígida irlandesa, já que o símbolo foi adaptado ao catolicismo.[10] É bastante provável também que o mito de São Patrício expulsando todas as cobras da Irlanda seja, na verdade, a derrocada da Deusa Cobra.

Léema Kathleen Graham conduz retiros para mulheres no norte da Califórnia sobre o tema "Encontrando a Serpente Interior". Na introdução ao seminário, ela diz o seguinte:

> Meu treinamento com a Deusa começou comigo olhando para uma estátua de alabastro da Virgem Maria, quando eu era uma jovem colegial católica. Fiquei fascinada pela serpente aos pés Dela, que parecia amistosa, em vez da

inimiga que a Igreja dizia que ela representava. A Virgem estava supostamente erradicando o mal, mas a serpente estava viva e parecia feliz. Nunca desenvolvi o medo de cobras ou a associação delas com o mal que a Igreja e os meus pais tentaram inculcar em mim. Em vez disso, fiquei intrigada com essa criatura, extremamente caluniada, do reino dos répteis.

Quando eu já seguia havia vários anos a carreira de bailarina clássica, as cobras começaram novamente a permear a minha consciência. Eu me tornei guardiã das cobras e dançarina das cobras com o meu foco espiritual na Deusa Grande Mãe.

Hoje, ainda tenho aquele mesmo misterioso impulso interior, e coreografei várias danças com os meus dois pítons-reais. Cada dança se torna uma jornada xamânica para mim e, na verdade, a cobra é o meu animal totem, como ela é a criatura totem universal para todas as mulheres.

Agora, vamos dançar

Imagens serpentiformes de poder ocorrem naturalmente na busca espiritual da mulher como forças ou correntes de energia que atuam em todos os processos naturais e sociais. Essas energias são óbvias na natureza, onde forças de vida e de morte executam a sua dança espiral. Elas também atuam nas esferas social e espiritual da existência, da não existência e da transformação, aumentando, afastando e deslocando a esperança em torno de algo maior do que o indivíduo. O fluxo é tolhido na categorização de símbolos em bom *versus* mau, pretos *versus* branco, masculino *versus* feminino. Quando estamos passando por um período muito difícil, a noite escura da alma, podemos ver a caverna como o mausoléu da morte, mas ele na verdade pode ser aquele lado escuro da lua, o tempo de repouso, e a caverna se torna o útero para a germinação e gestação de um novo crescimento.

O ritual criado com a Dança da Cobra celebra o abandono do nosso eu demasiadamente grande – o abandono, a purificação e a limpeza em preparação para a transição para um novo eu. A cobra enrolada é, na realidade, um símbolo do processo da autodescoberta. Os movimentos de uma dança serpentiforme também são muito semelhantes aos da Dança do Nascimento e são especialmente adequados a ela (consulte o Capítulo 4), a nossa primeira transformação.

A DANÇARINA RUSSA VERA MOROVA QUE ABANDONOU O BALÉ CLÁSSICO A FAVOR DA INSPIRAÇÃO DA ANTIGA DANÇA ORIENTAL. UMA POSE DA SUA *SNAKE DANCE*. NEW YORK PUBLIC LIBRARY FOR THE PERFORMING ARTS.

Os movimentos serpentiformes individuais começam com os braços e as mãos com você em pé em uma posição posada. Os movimentos são muito isolados e, não obstante, conectados. Comece erguendo o ombro direito, levantando o braço, com o cotovelo levemente flexionado, o pulso dobrado. Na altura do ombro, a mão segue em frente até que as pontas dos dedos sobem acima do braço. Neste ponto, repita o movimento com o braço esquerdo enquanto, simultaneamente, deixa cair o ombro direito, o cotovelo, o pulso e as pontas dos dedos, enquanto você estende a escápula na direção da coluna vertebral. Deslizar a caixa torácica para a direita e a esquerda junto com o padrão do braço enquanto os quadris se mantêm firmes forma um padrão serpentiforme mais amplo. Você pode ficar em pé imóvel, deslizar para a frente e para trás, ou girar lentamente em um círculo.

Para praticar o movimento da cabeça, olhe no espelho. Coloque as mãos em ambos os lados do queixo, e tente deslizar o queixo para uma das mãos sem inclinar a cabeça. Durante uma dança, você pode dar a si mesma uma margem de manobra e estabilidade colocando as mãos, com as palmas juntas no estilo de prece, na frente do peito.

A dança da cobra é muito mesmerizante quando executada lenta e suavemente. O corpo inteiro pode se envolver na dança se você erguer o quadril esquerdo a partir de uma posição de joelhos flexionados, empurrando o quadril para a esquerda enquanto balança a caixa torácica para a direita. Enquanto o quadril esquerdo forma um círculo para baixo e chega a uma posição de repouso, o quadril direito se movimenta para a direita e para cima, e a caixa torácica balança para a esquerda. Os braços ficam estendidos suavemente para o lado o tempo todo, erguidos acima da cabeça ou executando os padrões de braço ondulantes descritos anteriormente. Se você dançar essa dança ao som de uma música indiana, o *taxim* (uma composição solo lenta do Oriente Médio tocada na flauta ou *ney*,* no clarinete ou no canoon), ou de um ritmo turco Chifte Teli, você poderá ficar também bastante mesmerizada.

Não é preciso dizer que essa dança exige muita concentração e prática. É recomendável ter aulas com uma professora. Os resultados serão maior flexibilidade da coluna, do pescoço e dos quadris. Ela é melhor do que o halterofilismo e a tonificação do braço.

Ao dançar, entre no sentimento da serpente – o vento, a chuva, deslocando-se por onde quer que você deseje no planeta, no ar, no solo, no subsolo, movendo-se com sabedoria, facilidade e graça. A dança da cobra também pode ser muito prazerosa. Se a dança for feita em grupo, a líder pode conduzir as dançarinas em uma jornada espiritual, para dentro e para fora, e por todos os lados como uma corrente, o que é especialmente divertido para as crianças. A dança da cobra pode ser

---

* O *ney* (ou *nay*) é uma variedade de flauta que figura na música de várias culturas do Oriente Médio. Árabes, persas, turcos e egípcios fazem uso desse instrumento há mais de 4 mil anos. (N. dos T.)

executada com a rapidez ou a lentidão desejadas, e pode ser combinada com passos da dança folclórica – repetitivos e que se deslocam para as laterais – enquanto avança para a frente. Nessas danças da cobra em grupo, as ondulações individuais das várias partes do corpo se estendem em um movimento mais amplo do grupo. Somos invadidas por um sentimento especial quando todo mundo se move em sincronia. É um sentimento que você compreenderá quando os membros do seu grupo dançarem juntos como se fossem um só. A sensação é de que uma nova energia está nascendo.

Uma dança Horo da Cobra búlgara oferece um bom modelo.[11] A dança Horo aberta é conduzida em uma das extremidades, chamada de "fronte" ou "cabeça da Horo", e o seu fim é a "cauda". Essa corrente é considerada um corpo vivo – "a Horo dança a si mesma". De modo semelhante, a dança folclórica popular Karaguna, da Grécia, é outra dança da cobra tradicional na qual a fila é aberta de maneira a que o líder ou a líder possa "serpentear" os seguidores aonde quer que escolha ir. Uma característica especial dessa dança é o som sibilante emitido pelos dançarinos para acompanhar os movimentos circulares dos braços e os levantamentos friccionados das pernas executados na primeira seção da dança.

10

A Dança da Lamentação

Visto um longo tubo de tecido para indicar a tragédia que obceca o corpo, a capacidade de nos alongarmos dentro da nossa própria pele, de testemunhar e testar os perímetros e limites do pesar, que é honroso e universal.

Martha Graham escrevendo a respeito da sua dança
Lamentation in Blood Memory[1]

Cuidar dos doentes e dos agonizantes, preparar o corpo dos recém-falecidos, enterrar os mortos, rezar pela sua alma e dançar pelo seu espírito sempre foi parte do trabalho sagrado das mulheres.* Embora a ideia de dançar em um funeral possa ser estranha para a maioria das mentes ocidentais modernas, a dança da lamentação como um ritual muito especial e poderoso foi encontrada em diversas culturas ao longo dos séculos.

A união entre os vivos e os mortos no ritual da dança surgiu em civilizações nas quais a religião expressava uma esperança de renovação e renascimento – quando as estrelas, os deuses, os espíritos e os entes queridos falecidos dançam

---

* Três mulheres, Maria Madalena, Maria Salomé e Maria Jacobé (mãe de Tiago), levaram óleo e especiarias para ungir Jesus quando ele foi retirado da cruz.

juntos em um plano superior. Existem indícios que sugerem que a dança extática executada por sacerdotisas fazia parte dos costumes de sepultamento do Neolítico e da Idade do Bronze egeia, onde o enterro em sepulturas redondas simbolizava o retorno dos mortos ao útero abundante da Grande Mãe que tudo dá e tudo recebe.

A dança fúnebre é frequentemente uma dança em cadeia executada com os braços interligados de uma maneira protetora, demonstrando apoio e conforto para a comunidade e da comunidade, e simbolizando a unidade da vida e da morte, sustentando desse modo a conexão entre os que partiram e os que estão vivos. Fortes emoções, lamentações, ritmos pesados e o sonoro acompanhamento musical que não raro faz parte do ritual fúnebre servem para enfatizar a qualidade dramática da ocasião e aliviar o medo e o pesar. O ritual atesta a crença de que a morte é, essencialmente, outro aspecto da vida, tornando-se portanto uma tarefa dos vivos ajudar os mortos na sua ressurreição.

Agnes DeMille explicou o propósito da dança nos ritos fúnebres: "Ao colocar em contraste direto as mais vitais expressões da vida, o corpo em movimento e a argila inerte [o cadáver], os celebrantes acreditavam que garantiam para o falecido um renascimento ou ressurreição".[2]

Os lugares dos mortos, como o Valhala nórdico da antiga Escandinávia e os Campos Elísios, eram frequentemente encarados como locais de "feliz chegada".* Em grego, o nome *Elysion* significa "esfera dos abençoados". Íris, a Deusa grega do Arco-Íris, retratada como "uma radiante donzela transportada em rápido voo em asas douradas", conduzia as almas das mulheres para os Campos Elísios quando elas morriam. Como um símbolo dessa crença, os gregos plantavam íris roxas nas sepulturas das mulheres. Ao escrever a respeito dos rituais de Mistério em Elêusis, Aristófanes disse que a líder da dança na terra era espelhada no mundo subterrâneo e na morada dos abençoados que, durante a vida, tinham sido iniciados em Elêusis e agora continuavam a dançar nos Campos Elíseos. Desse modo, o céu, a terra e mundo subterrâneo são atraídos para a dança.

Em outra parte das histórias eleusinas, é dito que Deméter teve o seu templo construído acima do Kallichoron, o "Poço das Belas Danças", também chamado

---

* Alguns outros eram as Hespérides (Gibraltar), as Ilhas dos Afortunados, as Ilhas Afortunadas romanas, a Terra das Fadas ou Avalon das Ilhas Britânicas, e a Ilha da Maçã céltica, que era governada por nove irmãs. No Livro dos Mortos, a deusa Amenta aparece dando as boas-vindas aos mortos com os braços abertos para a terra da imortalidade ocidental egípcia, conhecida como a Terra das Mulheres.

de Parthenion, o Poço da Virgem.*³ Uma das representações do poço era uma entrada para o mundo subterrâneo. O poço também é um símbolo da alma e das coisas femininas. Um poço descoberto por escavadores no santuário em Elêusis tinha um calçamento de pedra em volta dele, uma pista de dança decorada indicando a figura básica da dança que foi em certa época executada pelas iniciadas até mais ou menos o século V a.C.⁴

TRÊS INTÉRPRETES DA DANÇA DA LAMENTAÇÃO EM UM VASO GREGO ARCAICO.

A circungiração era uma parte importante dos ritos fúnebres. Em um antigo poema acádio, um pranteador ritual declara: "Agora DN que avança em um círculo ao redor da cidade, ela, a pranteadora profissional dele, avança em círculo ao redor da cidade".⁵ Outro texto diz o seguinte: "A nora (do rei) lavará os pés (do príncipe herdeiro morto, o seu marido). Três vezes ela andará em um círculo em volta do esquife".⁶ Há sempre um número auspicioso da Mãe-Criadora. Esses eram ritos poderosos, e ritos femininos, embora as palavras usadas nas interpretações modernas da sacerdotisa sejam "pranteadora profissional" e "nora do rei".

Na Grécia antiga, os atenienses executavam danças circulares no terceiro dia da Antestéria, um festival muito antigo dos mortos, semelhante àqueles realizados na Índia e em outros lugares.⁷ Isso se correlaciona com o tema gnóstico de Jesus saindo da sepultura e dançando no terceiro dia, bem como de Innana e outras divindades mais antigas. Tudo se origina do símbolo da morte da vegetação, o outono, e o retorno, a primavera.

Os ritos fúnebres no sepultamento dos faraós envolviam toda a comunidade. As numerosas esculturas e pinturas das procissões fúnebres egípcias desde antes da primeira dinastia à vigésima dinastia (século V a.C. ao século XII d.C.) mostram que as cenas dos cerimoniais fúnebres eram sempre acompanhadas por mulheres dançando e cantando. Geralmente, uma mulher segura um tamborim no alto e bate um ritmo nele enquanto outras dançam ao seu redor. No desenho de uma sepultura, meninas vestindo saiotes estão de pé com os braços levantados e

---

* As primeiras versões da história de Deméter/Koré na Grécia descrevem Perséfone indo ao mundo subterrâneo para cuidar dos falecidos e prepará-los para o renascimento.

POÇO DAS BELAS DANÇAS, ELÊUSIS, GRÉCIA. FOTOGRAFIA DE IRIS STEWART.

um dos pés erguido acima do solo em sincronia. Nas proximidades, mulheres mais velhas com longos vestidos cantam e batem palmas, expressando tristeza e esperança. Desenhos nas paredes de procissões fúnebres também mostram danças acrobáticas acompanhadas de palmas e do tremular de galhos de palma. As danças para a *ka*, a alma do falecido, eram executadas de uma maneira mais solene, cerimonial, quando os mortos começavam a sua "jornada no mar noturno" em direção ao renascimento com a ajuda de mulheres como pranteadoras oficiais e musicistas.

Em Abidos, um dos três grandes centros religiosos do antigo Egito, era praticada uma cerimônia de lamentação especial chamada Silêncio do Luto.* Embora ela fosse conduzida pela *Qemat*, ou sacerdotisa cantante, não era tocado nenhum instrumento e nenhum canto era proferido para acompanhar os movimentos da dança solene.[8]

---

* A cantilena italiana, do latim *Canta-Laena* ou "Canto de Pesar", deriva desse antigo lento movimento de dança.[9]

JOVENS DANÇARINAS EGÍPCIAS, PINTURA EM UMA SEPULTURA, TEBAS, C. 1950 A.C.

O historiador Edward William Lane escreveu o seguinte a respeito da dança fúnebre egípcia em meados do século XIX:

> É habitual entre os camponeses do Alto Egito que os parentes e amigos do sexo feminino de uma pessoa falecida se encontrem na casa desta última em cada um dos três dias que se seguem ao funeral, e que lá executem uma lamentação e um tipo estranho de dança. Elas encobrem o rosto e o peito, e parte do vestido, com lama; e amarram uma cinta de corda, geralmente feita com a grama áspera chamada "halfa", em volta da cintura (como faziam as mulheres egípcias da Antiguidade no mesmo caso). Cada uma agita na mão um galho de palma, um *nebboot* (uma longa vara), uma lança ou uma espada desembainhada; e dança com um movimento lento e de uma maneira desigual; geralmente dando passos regulares em derredor, e levantando e baixando o corpo. Essa dança prossegue durante uma hora ou mais, e é executada duas ou três vezes no decurso do dia. Depois do terceiro dia, as mulheres visitam a sepultura e colocam sobre ela as suas cintas de corda; e geralmente um cordeiro ou um bode é morto no local como um sacrifício expiatório, e um banquete é preparado, nessa ocasião.[10]

PINTURA NA PAREDE DE UM TÚMULO DE MAGNA GRAECIA, ITÁLIA, 450-400 A.C.

Estátuas e imagens encontradas nas numerosas paredes decoradas em túmulos na Tarquinia, ao norte de Roma, nos dizem que a dança estava muito entrelaçada com a concepção da vida após a morte. Uma pintura na parede de um túmulo de Magna Graecia, na península do sul da Itália (*c.* 450-400 a.C.), hoje abrigada no Museo Nazionale em Nápoles, mostra uma fila de mulheres trajando longos vestidos e mantos chamados *himação*, com orlas coloridas contrastantes na testa, e todas usando grandes brincos circulares. As mulheres dançam para a esquerda, cada uma com os braços estendidos para segurar as mãos da mulher que está do outro lado da mulher que está ao seu lado, criando um padrão entrelaçado de braços. O passo parece calculado e propositado. A dança delas encerra solidariedade e solenidade. Danças semelhantes ainda são encontradas hoje nos Bálcãs, com as mulheres dando os braços e dançando lentamente em um círculo sem cantar enquanto pranteiam o seu morto; os únicos sons são emitidos pela batida dos pés no chão e pelo tinido das joias das mulheres. Como parte de um enterro tradicional na Irlanda, um grupo de mulheres contratadas chamadas carpidoras e pranteadoras formam um círculo em volta do caixão aberto, pranteando durante três dias e três noites para manter o diabo acuado enquanto a alma viaja em direção ao céu, depois do que se seguem os ritos fúnebres e, em seguida, a lendária festa fúnebre irlandesa. Rodear o esquife para ajudar o espírito no caminho em direção aos seus ancestrais também servia para confortar os vivos. Era uma dança para recordação. Até 1840 em Bailleul, no norte da França, as mulheres dançavam na nave central da sua igreja, ao redor do esquife da pessoa morta. Na Escócia, até o século XIX, era uma prática reconhecida que a viúva saltasse em uma dinâmica *strathspey** (em um compasso 4/4; *strath* significa "vale") ao lado do cadáver do marido, e era uma marca de pouco afeto se ela não conseguisse fazer isso com algum entusiasmo.[11] *Jotas* fúnebres (danças rápidas) ainda são usadas em Valência, na Espanha.

Pistas bíblicas

O Antigo Testamento também indica a lamentação como sendo o papel das mulheres, como em 2 Samuel 1:24: "Vós, filhas de Israel, chorai por Saul"; Jeremias 9:17: "Assim diz Jeová dos exércitos: Considerai e chamai as carpideiras, para que venham, e mandai buscar as mais sagazes** entre elas. E que elas se apressem e lamentem por nós, para que os nossos olhos transbordem de lágrimas e águas corram das nossas pálpebras".

Mayer I. Gruber da Ben-Gurion University em Israel, procurando pistas a respeito do papel da dança no judaísmo, descobriu que "é provável que *sabab*

AFRESCO ETRUSCO EM UM TÚMULO, TARQUINIA, ITÁLIA, SÉCULO V A.C. GABINETTO NAZIONALE DELLA STAMPE, ROMA.

---

* Uma animada dança escocesa. (N. dos T.)
** Até o século XIII, a palavra inglesa *cunning* (do latim *cunnende*, "instruído") tinha o significado de "culto, erudito". O radical para *cunning* pode muito bem ter sido "cunt" ou "kunte", indicando uma ligação com Cunti, a Grande Deusa Oriental; Kunda, o Yoni do Universo; a antiga Deusa nórdica Kunta; ou Cunia, uma deusa romana que protegia as crianças no berço (*cunabula*). Nos textos da antiguidade, *cunt* [em inglês, um nome extremamente vulgar para "vagina"] era sinônimo de mulher, embora não no sentido moderno insultante. Assim como aconteceu com tantas palavras relacionadas com as mulheres, esta sofreu de transliteração guiada por intenção malévola. Os clérigos medievais rotulavam os santuários pagãos – tipicamente cavernas sagradas, poços ou bosques – de *cunnus diaboli*, "vagina diabólica". A palavra *cunning* é hoje usada mais com o significado de "astuto, ardiloso", do que "sábio".

ÁGUA-FORTE DANSE FUNELRE (JOTA) ANDALUZA A'JIZONA (PROVINCE D'AHCANTE) DO SÉCULO XIX, DE GUSTAVE DORÉ. BIBLIOTHEQUE NATIONALE DE FRANCE.

(participar em uma dança circular ou procissão) se refira à circungiração do esquife em Qoh 12,5 onde lemos [...]. 'Quando uma pessoa vai para o seu lar eterno, os pranteadores na rua participam das circungirações'".[12] Esse gênero de dança é chamado de *raga* ou *ragad* em hebraico (do assírio *rakadu*), que significa "pisar com força" em sincronia. O objetivo desse tipo de dança era acompanhar o morto na sua partida, e ela consistia em rodear o esquife, no cântico da procissão até o cemitério, e em outra circungiração em volta do túmulo que incluía sete círculos para cada circungiração. Gruber diz o seguinte: "Como a dança é frequentemente uma característica dos ritos de luto, não deve causar surpresa o fato de que, em siríaco, o radical *r-q-d* tenha vindo a ter os dois significados: 'dançar' e 'prantear'. Na Bíblia hebraica, contudo, *riqqûd* era interpretado como uma dança de alegria [...]. Donde, Qoh 3,4 nos diz: 'Há um tempo designado para chorar, e um tempo designado para rir, um tempo designado para bater no peito, e um tempo designado para dançar'".[13]

Dança fúnebre atual

A pesquisa de William O. E. Oesterley de práticas de dança fúnebre mais modernas coincide com as descobertas bíblicas de Gruber. "A razão mais forte para acreditar que esse costume era popular entre os antigos israelitas é o fato de ele existir nos dias atuais". Oesterley está se referindo às sete circungirações do esquife preceituadas que fazem parte dos ritos fúnebres dos sefardim ocidentais da Espanha e de Portugal.[14]

A documentação de Ruth Eshel de um ritual de luto dos Beta Israelis, imigrantes etíopes judeus, em 1992 em Nazaré apresenta uma clara evidência da dança fúnebre que ainda é praticada hoje em dia:

> Procissões de consolo chegaram de todo o país, conduzidas por *Kesses* (líderes espirituais) que usavam chapéus pretos bordados e seguravam guarda-sóis e mata-moscas. Depois que todas as procissões chegaram ao pátio, começou uma espécie de histeria. Um enorme círculo se formou no meio, mulheres andavam aparentemente sem foco, com os joelhos bambos, batendo na cabeça ou flexionando os braços para trás e curvando fortemente o tronco para a frente e para trás. Outras saltavam rapidamente como se o chão embaixo delas estivesse queimando. Vários homens dispostos em pares rodearam as mulheres que dançavam. Segmentos de gritos encheram o ar. Ao meio-dia, ônibus chegaram para levar o grupo ao cemitério para a celebração da típica cerimônia fúnebre israelita, na qual são recitados salmos, o corpo envolvido em um xale é baixado ao solo e os pranteadores recitam "A Kaddish", a oração para os mortos.[15]

A Kaddish, como vimos no Capítulo 2, é às vezes falada ou lida de uma maneira semelhante à dança, com os braços levantados três vezes e as mãos abertas enquanto o suplicante se balança sobre os dedos dos pés.

Na tradição árabe que continuou no século XX, grupos de mulheres vão aos cemitérios 15 dias ou um mês depois do enterro, parando várias vezes no caminho, depois de algumas centenas de metros, para dançar.[16] Elas formam dois círculos dando as mãos e realizando a dança que se chama Raksa. Enquanto dançam, elas cantam o seguinte: "O Todo-Poderoso, o Todo-Poderoso dá e toma".[17]

Em uma dança fúnebre da tribo Abkia do sul do Sudão, trinta dançarinas vestindo trajes de videiras secas lambuzadas de lama, se deslocam em uma fila única ao redor de uma grande mangueira. Embora a música seja rítmica e animada, o pesar delas é confirmado pela monotonia do passo arrastado repetitivo. A dança fúnebre continua durante sete dias e sete noites enquanto elas lamentam a alma que partiu, confortando-a e acompanhando-a no primeiro e difícil estágio da sua jornada.

Nos serviços católicos romanos, as Lamentações são cantadas três vezes durante a Semana Santa. No século XIV, o Lamento di Tristano e o Kyrie Eleison eram uma dança.[18]

Agora, vamos dançar

Neste tipo de dança, você pode escolher o seu próprio foco. A Dança da Lamentação não precisa necessariamente ser reservada para pranter a morte física. Às vezes, precisamos pranter velhas perdas, eventos da nossa infância, uma doença ou o fim de um relacionamento. Você também pode dançar através das memórias de um trauma, de um ataque, do isolamento, do abandono, da raiva ou de relacionamentos fracassados. Dançar a energia do pesar e da perda é uma maneira de expressar e liberar as emoções por meio do movimento do corpo em vez de ficar pensando no assunto.

Esse tipo de dança pode ser executado em comunidade ou isoladamente, dependendo do que for apropriado para você. Como sentimentos profundos poderão aflorar, é interessante que você trabalhe em um ambiente que sinta ser seguro e solidário. Para alguns, poderá ser o topo de uma montanha; para outros, uma grande sala em casa (ou na casa de um amigo chegado) adornada com velas, almofadas e assim por diante. As vítimas de um trauma grave podem precisar trabalhar junto com um terapeuta profissional, para o caso de emoções intensas virem à tona.

Traga à mente um incidente e observe a reação do seu corpo. Há uma leve fraqueza no plexo solar ou na área do estômago quando você se lembra de um erro que cometeu ou de uma mágoa que está tendo que suportar, talvez uma transgressão praticada contra o seu corpo quando você era criança? Preste atenção ao sentimento que acompanha qualquer memória que lhe esteja ocorrendo e amplifique-o com um movimento exagerado. Use qualquer movimento, como jogar os braços para cima ou agitá-los; faça movimentos com as pernas, como

MARTHA GRAHAM EM *LAMENTATION*. NEW YORK PUBLIC LIBRARY FOR THE PERFORMING ARTS.

Na década de 1930, Martha Graham desenvolveu uma obra-prima solo inovadora chamada *Lamentation* [Lamentação]. Nessa dança, ela era envolvida por uma peça de tecido tubular que funcionava como um véu, manto ou traje de luto, dependendo da maneira como os seus olhos o percebessem. Do seu jeito exclusivo, ela parecia estar se debatendo com a negritude envolvente do manto ao mesmo tempo que o enrolava no corpo como um cobertor, para segurança e conforto. Concentrando-se na essência do sofrimento e do pesar, ela destilou essas emoções em uma austera figura isolada em uma luta autocontida e solitária, e no entanto universal, para lidar com a perda.

chutar e saltar; ou execute quaisquer movimentos giratórios que sejam adequados. Além disso, experimente contrair o abdômen, soltando o ar, e depois prendendo a respiração. Em seguida, relaxe e observe os efeitos físicos e o seu estado emocional, vendo agora o seu "sentimento" como uma "sensação".

É importante prestar atenção à respiração enquanto você se move. Inspire pelo nariz, com entusiasmo, e depois solte o ar pela boca – simplesmente deixe que ele saia. O fato de você conceder a si mesma a absoluta liberdade de expressar os seus sentimentos através do seu corpo e da sua voz ajudará muito a revelar e liberar a raiva que frequentemente está por trás do pesar, e o pesar que com frequência está por trás da raiva. Você poderá ficar surpresa ao constatar, à medida que dá seguimento ao seu trabalho com a respiração, que não está mais se agarrando às antigas emoções – você respirou através delas, e o peso desapareceu. Quando você chegar a esse ponto, terá alcançado a sua meta. Relaxe e regozije-se!

Uma Dança da Lamentação Tradicional

Um exemplo coreográfico de dança comunal que você pode copiar é descrito mais adiante pelo historiador da dança Curt Sachs. Essa dança é executada na Segunda-Feira de Páscoa em Megara, perto de Atenas. Você vai reparar que a dança está correlacionada com a imagem da Magna Graecia mostrada anteriormente neste capítulo, que há muitos séculos foi uma colônia grega. Siga o ritmo dos tons de vermelho, azul e amarelo dourado dos vestidos das dançarinas e dos mantos bordados dessa pintura altamente sofisticada.

> Nesses *tratta*, as mulheres caminham perto umas das outras e se seguram transversalmente: a primeira segura a mão da terceira sobre o peito da segunda; a segunda segura a mão da quarta sobre o peito da terceira, e assim por diante. E elas se movem nessa corrente firmemente interligada, sob a direção de uma líder, lenta e tranquilamente, sem balançar de um lado para o outro e sem distorcer nenhum traço. O pé esquerdo cruza o direito, o direito dá um passo para o lado direito, e o esquerdo é levado para o lado dele. Em seguida, o pé direito dá um passo atrás obliquamente para a direita, o esquerdo cruza atrás dele, e o direito se move novamente para a frente obliquamente para a direita a fim de completar o padrão, que é repetido numerosas vezes. As mulheres, às vezes, formam várias correntes, que se encontram, se fundem e se separam novamente enquanto elas avançam em padrões serpentiformes.[19]

11
O Ritmo Universal: a Dança do Tambor

A música e o ritmo encontram o caminho em direção aos lugares secretos da alma.

Platão

Comecei a ter aulas de dança aos trinta e poucos anos. Eu nunca fui muito atlética e nunca me senti particularmente coordenada; por mais que eu adorasse a música e conseguisse ouvi-la na cabeça, precisei de um ano inteiro de aulas para conseguir "entrar no ritmo". Lembro-me nitidamente do que senti quando isso aconteceu. Eu simplesmente deslizei para o lugar certo. Pela primeira vez na vida eu me senti conectada, em harmonia. A turma inteira pareceu dar um suspiro de alívio comigo enquanto eu dançava ao redor da sala. Durante o ano que conduzira a esse momento, eu estivera tentando executar os passos, mas na dança do Oriente Médio, você faz o ritmo, e o próprio ritmo faz os movimentos. Naquele momento,

ESCULTURA DE BARRO MOSTRANDO MULHERES TOCANDO TAMBORES E OUTROS INSTRUMENTOS EM UM RITUAL DE CURA ZAR EGÍPCIO. FOTOGRAFIA DE EVA CERNIK.

o toque do tambor se tornou tudo para mim, elevando-me instantaneamente a uma euforia natural. Eu quis saber mais a respeito do poder do tambor.

A música é formada pelo som e pelo ritmo. Assim como a poesia, ela penetra o mundo misterioso dos nossos sonhos e emoções. Há muito tempo existe a crença de que a música desperta a alma, evocando harmonias celestiais ouvidas antes que a alma se separasse de Deus. Quando compreendemos o ritmo e o som em seu relacionamento e sua natureza místicos, a música se torna uma fonte de cura e inspiração.

As mulheres sempre foram criadoras de música; e os padrões rítmicos, um vínculo vital para a expressão espiritual feminina. As primeiras agricultoras matriarcais inventaram o tambor, realçando a sua dança ritual com um som ostinato regular. Tambores tocam no nascimento de uma criança, na maioridade, no casamento e na ocasião de uma morte na comunidade. Diziam que a Mãe que tudo gera tocava um tambor para marcar o ritmo da vida.

O radical latino para *tempo*,* sendo *tempus*, é semelhante à palavra para o espaço sagrado; *templo* (*templum* em latim). Conhecido por alguns como a chave

---

* *Tempo* em inglês é o termo musical que significa "ritmo", "duração de cada unidade do compasso" (sendo estas algumas acepções da palavra em português). (N. dos T.)

OS TAMBORES BATEM NOS RITMOS DA VIDA. FOTOGRAFIA DE IRIS STEWART.

para outro mundo, o tambor tem um significado simbólico, com a forma redonda sugerindo esferas celestiais e a eternidade. O tambor é ao mesmo tempo o altar e o mediador entre a humanidade e a divindade, entre o céu e a terra. Tocar tambor possibilita que encontremos o ritmo comum, o movimento que emana de uma certa vitalidade ou força vital interior no nível microcósmico/macrocósmico. O ritmo comum é a força de ligação entre dois planos de realidade, entre os mais íntimos recônditos do ser absoluto e a sua manifestação externa no mundo. Encontrar o ritmo comum, a mesma pulsação vital, pode transformar e permutar os dois planos do eu e do outro, do interno e do externo. É o ritmo comum discernível entre os dois que possibilita a nossa percepção do movimento das ondas no oceano como sendo análogo ao de um campo de trigo dourado ondulando na brisa ou à mudança das estações no ciclo de vida, morte e renascimento.

O ritmo comum torna possível para nós integrar o físico e o instintivo com o espiritual, e nos conectarmos com as ondas psíquicas e o fluxo cósmico. O aspecto rítmico/vibracional combinado da voz, do instrumento, do tambor e do movimento do dançarino cria pontes verticais e horizontais entre nós e o cosmo.

A busca da conexão entre o eu e o cosmo é a busca do místico. No misticismo, tudo é vibração, e é a qualidade única da vibração que determina a forma da manifestação. Não é apenas a substância do ser humano que é formada por vibrações; nós, como seres humanos, também vivemos e nos movemos em vibrações – elas nos envolvem como o peixe é envolvido pela água, e nós as encerramos dentro de nós como o poço contém a água. O cérebro humano possui quatro vibrações rítmicas próprias mensuráveis: beta (falar, andar e outras atividades do dia a dia); alfa (relaxada, meditativa); teta (inspiração, criatividade e percepção extrassensorial) e delta (sono profundo). O ritmo é energia, de modo que não é surpreendente que, quando nos movimentamos ao ritmo do tambor, nós sejamos arrastadas pela batida dele – um sentimento de ausência de esforço e

TOCADORA DE TAMBOR, ENTALHE EM UM TEMPLO, ÍNDIA, C. SÉCULOS XI-XIII. ASIAN ART MUSEUM OF SAN FRANCISCO, COLEÇÃO AVERY BRUNDAGE.

segurança que define a sincronia. Talvez seja por isso que o ritmo parece retirar o tempo da esfera do costumeiro, como o conhecemos, e o transmuta em intemporalidade. O ritmo é essencial para a transcendência; por causa do seu poder, o tambor se torna uma força por mérito próprio, com a sua batida mesmerizante afetando o soma e a psique.

Os tambores são usados para a cura em todas as culturas tradicionais, com certos ritmos sendo associados a espíritos ou santos específicos. Um dançarino poderá identificar ou sentir a necessidade de comungar com um espírito particular e solicitará o ritmo com o qual o espírito está conectado. Os ritmos de cura são flexíveis, permitindo variações sutis no ritmo e mudanças no padrão do compasso. Os ritmos de cura também são multidimensionais, como a pulsação, e atuam sobre o batimento cardíaco. Os ritmos do corpo mudam com os ritmos que são tocados. No livro *Drumming at the Edge of Magic*, Mickey Hart explora o impacto do ritmo na fisiologia, afirmando que a natureza sonora e repentina das mudanças percucientes ativa os interruptores do mesencéfalo, o aspecto mais antigo do cérebro, que instantaneamente reage aos estímulos com uma reação de lutar ou fugir. Carregado de adrenalina, porém sem ter nada contra o que lutar ou do que fugir, o corpo quer se mover, dançar, entrar em sincronia com o poder do ritmo. Hart diz o seguinte:

> Isso parece explicar o prazer fisiológico da percussão. Mas existe também um nível mais elevado, o nível do córtex cerebral, a parte do nosso cérebro que lida com níveis simbólicos de significado. O que o resto do cérebro ouve como ritmo e barulho, o córtex concebe como uma majestade mais ampla.[1]

Frequências de som múltiplas que se repetem em uma cadência constante parecem bloquear o aspecto do hemisfério esquerdo do córtex cerebral. O lado esquerdo do cérebro (o lado metódico, intelectual) não consegue processar polirritmos, e em um determinado momento, ele começa a abrir mão do controle. Os ritmos acústicos, vibrando através do líquido vestibular no ouvido interno, afetam o equilíbrio; movimentos do corpo como girar ou balançar criam um efeito semelhante.[2] Uma variedade de ressonâncias entra através de muitos trajetos nervosos e leva as ondas cerebrais a formar diferentes padrões enquanto reverbera no cérebro, produzindo imagens profundas não disponíveis na vida do dia a dia.

A dança inspirada no tambor tem o potencial de restaurar o nosso senso de equilíbrio, de alterar o nosso foco e de acalmar o sistema nervoso. Os estados emocionais de alegria e medo se baseiam em energia e facilmente se expressam ritmicamente; os processos psíquicos exauridos de energia, como o pesar e a depressão, podem se modificar por meio da ativação rítmica externa. Quando os hemisférios direito e esquerdo do cérebro são unidos dessa maneira, tem lugar uma integração mais profunda que expande a consciência.

Por meio de uma variedade de tamanhos e qualidades tonais, os tambores entrelaçam os seus sons individuais de maneiras complexas para criar uma canção de tambor. Nos rituais de dança de tambor tradicionais, o conteúdo da música depende da comunidade que a executa e dos dançarinos que a personificam – os dançarinos respondem aos tocadores de tambor e estes respondem aos dançarinos. Os tambores falantes podem iniciar a dança ou alterar o seu padrão rítmico para acompanhar um dançarino e depois intensificar esse padrão para instigar a pessoa a uma autoexpressão ainda mais energética.

Ninguém consegue escutar simultaneamente todos os ritmos, nem mesmo os tocadores de tambor. Por conseguinte, embora haja uma constante repetição dos mesmos padrões, isso é na verdade vivenciado como uma mudança porque o foco do ouvinte muda de uma linha rítmica para outra. Ao mesmo tempo, o dançarino precisa identificar e manter a batida integradora, chamada de sentimento do metrônomo. A dançarina do ventre pode acompanhar a batida do tambor vibrando os quadris ao mesmo tempo que acompanha a harmonia, a melodia cantada ou o tema com gestos lentos e serpentiformes dos braços e das mãos, deslocando-se o tempo todo suavemente para a frente. Chief Bey,* que interpreta e faz gravações de músicas de tambor africanas tradicionais e contemporâneas, afirma que, tocar tambor e dançar, quando encarados no contexto adequado, são sinônimos. Depois de algum tempo, o dançarino, literalmente, não dança no chão e sim na música, o próprio ritmo.

Os Tuva, praticantes do mais antigo xamanismo na Mongólia, descrevem o tambor como o cavalo que carrega o espírito. Em outras culturas, os xamãs conduzem o seu tambor até a Árvore do Mundo. Nas danças de possessão das culturas caribenhas e da África Ocidental, espíritos ancestrais chamados orixás conduzem o ritmo do tambor para os corpos dançantes. Certos ritmos são identificados com espíritos ou santos específicos no zar, no voudoun (vodu) e em outras danças tradicionais.

---

* Nome artístico de James Hawthorne Bey (17 de abril de 1913 – 8 de abril de 2004), um percussionista de jazz e folclorista norte-americano. (N. dos T.)

DANCE IN RHYTHM – RHYTHM IN DANCE. HEIDRUN HOFFMAN, TOCADORA DE TAMBOR E DANÇARINA.

Uma artista contemporânea que combina as formas da dança e do tambor é Heidrun Hoffman. Seu trabalho, chamado Dance in Rhythm – Rhythm in Dance, é uma mistura de movimento e tambor que usa a interação da pulsação, da respiração, da voz e das palmas para despertar o ritmo inerente por meio do corpo. Heidrun incorpora estilos tradicionais de tocar nos tambores coreanos *sam buk* e *tschanggo* e no tambor japonês *taiko* com formas de dança étnicas, como a kathak e o samba, o movimento moderno e o conhecimento do trabalho rítmico TA KE TI NA.*

---

* Os tambores *sam buk* e *tschanggo* são usados no xamanismo e na música folclórica coreanos. *Taiko* é a palavra para "barril tambor" em japonês. O modo tradicional de tocar *taiko* é uma mistura de arte marcial, dança e música. TA KE TI NA é um caminho para a consciência por meio do ritmo. Consulte Reinhard Flatischer, *TA KE TI NA – The Forgotten Power of Rhythm*, na bibliografia.

Hoffman fala a respeito de sua experiência com o ritmo:

> Sempre gostei de dançar e me expressar por intermédio do meu corpo, mas com os meus tambores eu finalmente me sinto completa. Desde que descobri como dançar e tocar tambor ao mesmo tempo, mundos têm se amalgamado, equilibrando os meus lados masculino e feminino, a minha agressividade e a minha suavidade. Aqui eu encontro a meditação tranquila, a música e direção para os meus movimentos. Quando deixo que ritmos de diferentes culturas circulem através de mim, eu os toco até que eles se tornam meus. Cada batida me dá a chance de crescer e ver a mim mesma e a minha vida.
>
> Os primeiros passos no aprendizado de uma dança do tambor são extremamente cruciais, e eles representaram um desafio inesperado para mim. Eu encontrava a mais profunda satisfação quando não me pressionava. Às vezes, eu sentia momentos de grande alegria, mas também experimentava frequentemente intensas ondas emocionais. Antigas tristezas e uma raiva repentina apareciam, e aprendi a canalizá-las através de todo o meu sistema. A raiva se transformava em uma energia positiva e edificante, e as concessões à tristeza se tornavam um processo verdadeiramente purificante. Ambas libertavam a minha alma. Agora, os tambores são uma maneira poderosa e prazerosa de encontrar paz e liberdade. Tocar tambor envolve voar, mas também permanecer profundamente ligada à terra. Isso para mim é puro remédio.[3]

Toda dança é calculada e rítmica. O ritmo pode ser intuitivo ou ouvido interiormente; pode ser livre como no taxim turco ou construído com a respiração como no yoga e no cântico. Como forma de arte, ela é métrica, matematicamente organizada e cuidadosamente contada. As pausas ou a ausência de movimento, assim como os gestos e passos essenciais, encontram o seu lugar em uma frase rítmica, numerada.

No entanto, embora todo o espectro de batidas e tonalidades rítmicas possa ser contado e praticado, a dança não pode fluir verdadeiramente através do corpo enquanto você não tiver deixado a contagem para trás e sentido emocionalmente a pulsação. Por mais que tenhamos falado a respeito do ritmo, não é o compasso que traz a transcendência. É a pausa, o movimento suspenso, o silêncio inesperado no

LA BEHEMIENE (A CIGANA). ELA DANÇA BEM A GAILLARDE, OS MINUETOS E O PASSEPIED; MAS É PRECISO SEMPRE PRESTAR ATENÇÃO ÀS MÃOS, E NÃO AOS PÉS. COLEÇÃO PARTICULAR: DEBRA E MADISON SOWELL.

final de uma frase que hipnotiza. T. S. Eliot, em *Four Quartets*, disse o seguinte: "Se não fosse o ponto, o ponto imóvel, não haveria nenhuma dança, e existe apenas a dança". Do mesmo modo, um texto taoista afirma que somente quando há imobilidade no movimento é que o ritmo espiritual, que permeia o céu e a terra, pode aparecer. O poder do intervalo é a mensagem que vive lá: você tem tempo e espaço, e tem liberdade com relação ao tempo e ao espaço. É o intervalo – o espaço entre as pulsações, o batimento cardíaco, os passos – que é a alma do ritmo.

Os poetas encontram a métrica para os seus versos no ritmo da batida dos pés. O coração bate o nosso tambor interior. A tonalidade de dois compassos do jazz, descendente dos tambores africanos, nos leva à reminiscência inconsciente do batimento cardíaco do útero. A batida continua ininterruptamente, e assim é ao longo da nossa vida.

Agora, vamos dançar

A Dança do Tambor ou Dança de Ritmo pode ser executada a sós ou com um grupo. Para dançar em ritmos você precisa trabalhar com os tambores, ouvindo-os e sentindo-os. Recomendo que você não comece com uma dança coreografada, mas que, em vez disso, dance uma forma rústica e livre, trabalhando com os conceitos básicos: o ritmo básico, os movimentos básicos e o instinto básico. Você pode se mover diretamente com a pulsação ou a batida inicial, enfatizar as tonalidades ou trabalhar contra o tempo da batida. Você extrairá o máximo de uma Dança do Tambor se se entregar completamente aos ritmos que ouvir e sentir, deixando o seu corpo ser carregado para o movimento. Experimente dançar de olhos fechados; dessa maneira, você não será distraída ou influenciada pelo que outra pessoa estiver fazendo.

Experimente usar um chocalho, joias tilintantes ou qualquer outra coisa que sacuda e chocalhe enquanto você se move, para destacar ainda mais a sua dança. O efeito de uma Dança de Tambor também é fortemente acentuado por meio da vocalização do ritmo, usando sílabas desprovidas de sentido. Um exemplo seria "Um-gugu-la-ro" ou qualquer outra coisa, desde que se encaixe no ritmo. Experimente caminhar pela sala enquanto vocaliza os ritmos. Com o tempo, você poderá conseguir vocalizar o "bizarro" rítmico enquanto se movimenta com a batida inicial, o que pode conduzir a algumas possibilidades interessantes.

Bater o pé como parte da sua dança é uma excelente maneira de pontuar energia dentro de uma frase e também de se sentir poderosa. Como se espera que nós mulheres andemos de uma maneira hesitante e delicada sobre a terra em nossos sapatos de bico fino e salto alto, pode parecer estranho, a princípio, ver como você pode bater o pé de uma maneira firme e ruidosa. Mas bater o pé literalmente a firmará na terra e a ligará com a sua força interior.

Comece com os joelhos flexionados e a caixa torácica elevada, batendo com um pé depois do outro em um ritmo regular e confortável. Você pode então bater duas vezes com cada pé ou mudar o padrão de outras maneiras, do modo como

TRABALHANDO COM OS TAMBORES PARA CRIAR A DANÇA. FOTOGRAFIA DE DAVID GARTEN.

for inspirada pelos ritmos do tambor. Você pode querer acrescentar sinos indianos aos tornozelos para acentuar ainda mais a batida dos pés. Em seguida, tente se mover para os lados, para a frente, para trás ou em um círculo. Depois, experimente adicionar a voz. Enquanto bater com os pés, entoe "Ru", "Ahh" ou qualquer outro som que você ache interessante, deixando que ele venha do abdômen, um som pleno e satisfatório. Você pode então transformar esse som em um compasso triplo: Esquerda, Direita, "Hu".

Em uma dança em grupo, cada pessoa deverá começar movendo-se lentamente de acordo como seu próprio ritmo interior, mas também observar como ela sente esse ritmo dentro do grupo, trabalhando até que todos se reúnam em um ritmo comum. Dentro das diferentes maneiras de nos movermos, dos diversos ritmos e posturas, diferentes passos e direções, estamos procurando alguma coisa: uma pulsação comum, uma batida comum nos sons dos nossos pés sobre o solo. Uma vez que tenhamos alcançado esse consenso não verbal, nós expandimos gradualmente o espírito do grupo que ele expressa. Quando um número suficiente de pessoas se reúne em uma pulsação comum com um propósito comum, uma força incrível, um ritmo extático, com o tempo assume o controle. As pessoas param de se mover como indivíduos e começam a se mover como partes de um único corpo – não em um movimento uniforme mas de maneiras profundamente inter-relacionadas, delineando as formas e padrões de um organismo maior, que é movido por um espírito de grupo.

12

O Extático e o Transcendental

Ouça a música com a sua alma. Agora, enquanto escuta, você não sente um eu interior despertando dentro de você – um eu cuja força ergue a sua cabeça, levanta os seus braços e faz você caminhar lentamente em direção à luz?[1]

Isadora Duncan

O êxtase é encontrado no mundo dos sonhadores e dos artistas, daqueles que nos mostram a totalidade e a sacralidade da vida e do espírito. Vivenciado por meio dos sentidos, ele é o oposto do racional e do materialista; é o sensório diferenciado do sensual. A palavra êxtase se origina do radical grego *ex stasis*, que significa "ficar fora de si mesmo". Estar em um estado de êxtase significa ser invadido por um sentimento de alegria poderoso demais para ser contido pelo corpo ou compreendido pela mente racional. A minha primeira experiência com a dança extática teve lugar durante um espetáculo que apresentei em uma antiga igreja que tinha sido transformada em sala para encontros comunitários. Com o meu véu redondo

A DANÇARINA MODERNA MARY WIGMAN UNIU A FORMA COM O ÊXTASE, O DIVINO COM O HUMANO, PARA PRODUZIR A SUA DANÇA. WIGMAN ERA CAPAZ DE MANTER UMA PRESENÇA CONSCIENTE E OBSERVAR COMO O SEU CORPO SE MOVIA ENQUANTO ELA SE ENTREGAVA AO FLUXO DA DANÇA.

vermelho, comecei a girar ao som da música *Bolero* de Maurice Ravel,* que sempre me agradara. Gostava especialmente da maneira como dançar com o véu possibilitava que eu interpretasse os ritmos sutis porém complexos quando eles começavam a fluir como um pequeno córrego preguiçoso, gradualmente se transformando no crescendo de um caudaloso rio. Como um arabesco intricado, o

---

* Ravel, que compôs *Bolero* quando trabalhava com a bailarina Ida Rubenstein, não tinha certeza do que criara. Não se parecia com nada que ele compusera antes, e tampouco se encaixava em algum gênero de música consagrado. Ele disse o seguinte a respeito de *Bolero*: "Criei uma obra-prima, e não é música". Depois de ouvir a composição ser tocada na sua estreia em Paris, uma mulher se levantou na audiência e disse: "Ravel está louco!". Posteriormente, ao ouvir falar no comentário explosivo, Ravel sorriu e disse: "Ah! Ela compreende!". Talvez *Bolero* seja realmente mágico.

tema de *Bolero* tece um padrão repetitivo, embora o padrão nunca seja exatamente o mesmo. Cada repetição ascende a outro nível de tonalidade, ressonância e emoção, criando um efeito hipnótico e mesmerizante.

Naquela apresentação, senti quase de imediato que alguma coisa estava diferente. Ao me unir à música, de repente eu não estava mais consciente da audiência e nem seguindo conscientemente a coreografia que eu praticara tantas vezes. Com os braços estendidos, porém relaxados, eu estava consciente do véu que me envolvia. Quando eu me virava, ou melhor, quando eu era virada, o véu se derretia em uma nuvem vermelha que flutuava à minha volta, elevando-me. Eu me amalgamei com a música, movendo-me sem esforço, flutuando para cima em direção ao teto de vitral abobadado. Só consigo descrever a experiência como uma sintonização sutil porém definida, com um novo padrão de onda, uma mudança de foco, o abandono do controle. Totalmente absorta no milagre do momento, senti a mais pura euforia!

Nunca me esquecerei dessa experiência. Ela se revelou um catalisador para a minha jornada de exploração das possibilidades de outros planos de realidade. Dançar *Bolero* naquele dia abriu uma porta que me conduziu a uma vida na qual vim a aceitar que estou segura, não importa o que aconteça. Eu me conectei com esse comprimento de onda muitas vezes a partir de então. Por meio dele, vim a aceitar o Mistério.

A dança, por sua própria natureza, é extática. Praticamente todos os dançarinos que escreveram a respeito da dança fazem referência ao êxtase, embora frequentemente descrevam a experiência de outra maneira. A experiência do êxtase está associada a um sentimento de intemporalidade ou eternidade, adicionando outra dimensão à nossa existência temporal familiar. Podemos ter uma sensação de elevação ou levitação, o sentimento de uma fonte ascendente ou de um córrego fluente. Pode ocorrer também a sensação de uma consciência ou percepção interior elevada, ou de um crescente sentimento de paz e quietude. O êxtase nos liberta do eu, da culpa, da tristeza e do desejo. Aquele que recebe sente que teve acesso ao conhecimento de um novo tipo de totalidade, identificando-se com o universo, com todas as coisas vivas, ou com a divindade. O êxtase é um sentimento de glória, alegria, felicidade e satisfação. É o estado mental que resulta de uma experiência religiosa, mesmo que por um breve instante, quando a consciência do dia a dia é removida, deixando apenas o eu essencial. O êxtase cria ao mesmo tempo uma catarse e uma inspiração criativa, esvaziando o receptáculo do corpo e deixando-o preparado para a entrada do divino.

Quase todas as culturas que já existiram tinham conhecimento das danças extáticas ou transcendentais. O propósito dessas danças era propiciar a liberação geral ou a comunicação com o Divino; algumas se destinavam a curar uma doença em particular. A dança extática se apoia nos ritmos, nas palmas, na respiração e no movimento físico para alcançar a transcendência. Como o ingresso no estado extático acontece espontaneamente, dizem que a pessoa é capturada ou possuída por esses poderes, poderes que são muitas vezes considerados uma força externa. Seja ela uma liberação rítmica de energia ou um ato religioso deliberado, a dança extática não precisa de nenhum espectador ou testemunha. Nesse aspecto, ela é diferente da dança como um trabalho de arte, que é criado consciente de si mesmo e destinado à observação. Na dança oriental, a completa absorção da dançarina no caráter ou atmosfera da dança é chamada de o Outro Pensamento.

Selos de anel e a arte cretense de Isopata, perto de Cnossos, dão indicações de práticas transcendentes. Os movimentos da cena sugerem uma dança com a Grande Mãe, que está situada no centro em uma posição elevada, com a cabeça inclinada na direção de uma enorme cobra. Na sua descida em espiral, o cabelo da Deusa esvoaça atrás dela e a sua saia ondula suavemente. Duas mulheres serpenteiam na direção dela, com os braços levantados, bem alto, para a frente. Uma terceira dançarina está virada de frente, de braços erguidos. Cada aspecto do desenho se destina a transmitir a sensação de um rápido movimento rodopiante, uma dança de êxtase e encantamento.

A dança extática é a oferenda do nosso próprio corpo ao Divino, negando a necessidade do lado escuro – a escarificação e a autoflagelação, o sacrifício ou o derramamento de sangue. (O significado original da palavra *sacrifício* era "oferenda sagrada", e não "morte sagrada".) Na dança, nós não tentamos perder o controle e sim alterar a consciência, para entrar no fluxo.

Em *The Dancing Goddess*, Heide Gottner-Abendroth descreve o êxtase como a unificação simultânea dos poderes da emoção, do intelecto e da ação:

> Quando a interação desses poderes de repente acontece, o que é sempre improvável e raro, momentos extáticos são produzidos. São momentos de extrema leveza e liberdade; eles são acordes de energias celestiais tocados no frágil instrumento que é o corpo humano. Ninguém consegue se agarrar a esses momentos extáticos, o que é uma boa coisa, porque o êxtase não pode ser suportado por muito tempo.[2]

O que é habitualmente chamado de estado extático é na realidade um estado mais profundo de relaxamento. Permanecemos no controle do nosso comportamento; permanecemos lúcidos, conscientes e capazes de nos concentrar, e podemos "despertar" a qualquer momento. O êxtase não é fácil ou deliberadamente alcançado, mas, se você permanecer vigilante, ele poderá vir até você com mais facilidade do que imagina. Os estados expandidos de consciência descritos como extáticos, transcendentes e cósmicos tornam-se acessíveis por meio da meditação, do trabalho com a respiração, da entoação de cânticos e mantras, da prece e do movimento. O segredo é o seguinte: não devemos buscar o êxtase, e sim permitir que ele nos invada. No entanto, uma vez que você identificar determinados portais para si mesma, você poderá começar a entrar em contato com o estado extático com uma frequência cada vez maior; isso agora acontece comigo simplesmente quando eu ouço certas músicas ou ritmos. No entanto, mesmo com esse nível de acessibilidade, não devemos entrar no estado transcendental ou extático por um mero capricho. Fazer isso pode conduzir a um hábito, ao escapismo ou a uma dependência semelhante à das drogas. Em vez disso, você deve visitar a esfera da consciência extática com intenção, e depois carregar com você essa visitação na sua vida do dia a dia, trazendo a sua percepção extática para este plano e usando-a para propósitos humanos.

Baile Flamenco é uma dança de êxtase e possessão, com a palavra *baile* se referindo a uma dança cigana andaluza cerimonial. Na dança cigana andaluza, Olé ou Polo se refere à dança e ao canto nos quais a dançarina precisa aguardar e ter esperança de que o seu *duende* pessoal, ou espírito, entre nela e a encha de inspiração antes que ela alcance a verdadeira expressão artística. Até mesmo na forma moderna do flamenco, os ritmos, os movimentos da dançarina, as castanholas, o violão e o cantor se fundem para formar um sentimento estimulante de energia total e concentrada em um crescendo suspenso que leva com ele o espectador. Alheia à audiência, a dançarina permanece completamente absorta, arrastada pela intensidade da

DEIXANDO O ÊXTASE ENTRAR. FOTOGRAFIA DE DAVID GARTEN.

música. Diante desse dramático pano de fundo, o rosto, as mãos e braços delicados da dançarina, e o seu corpo arqueado nos dizem que ela está em pleno controle de todas as forças que ondulam à sua volta.

Talvez a imagem mais amplamente reconhecida da dança extática seja a dos dervixes rodopiantes (*darwish* em persa) da ordem sufista Mevlevi, fundada por Mevlana Jalaluddin Rumi no século XIII.* A palavra *darwish* é traduzida como "a soleira da porta", descrevendo o dançarino como postando-se na porta da iluminação. Algumas ordens sufistas, embora não todas, praticam movimentos de dança recomendados para a obtenção do êxtase espiritual.

A prática da dança rodopiante executada pelas mulheres na antiga China pode ter sido levada pelos mongóis para a Anatólia, armando o cenário para a rotina rodopiante dos dervixes Mevlevi.[3] Nessa dança, as mulheres, atuando como médiuns religiosos, giravam com uma flor na mão até cair no chão em transe. Cítaras, flautas com um tom agudo e tambores acompanhavam o rito.

No século XX, Hazrat Murshid Suleyman Hayati Dede da Turquia recebeu a visão da plena e igual participação das mulheres, uma vez mais, em todos os aspectos dos trabalhos de Mevlana. Em 1980, Postneshin Jelaluddin Loras foi enviado para a América do Norte pelo Xeique Dede, seu pai, para levar o ensinamento das tradições Mevlevi para o Ocidente. Honrando a visão do seu pai, o Xeique Jelaluddin envolve todos os membros da comunidade espiritual em um treinamento formal e nos rituais musicais e tradicionais do Semna, Zikhr Allah (recordação divina), e Sobjet (discurso sagrado).

---

* Os sufistas representam uma pequena minoria da religião muçulmana. Eles não são uma seita, e não existe nenhum corpo de doutrina uniforme que constitua o que é conhecido como sufismo; fortes evidências apontam para influências da cultura helenística, de ideias persas e indianas, e de tradições budistas. Rumi integrou a música, a poesia e a dança em cerimônias e reuniões espirituais; ele também respeitava as mulheres e a igualdade. Embora a história do sufismo inclua uma longa lista de mulheres, elas não são facilmente encontradas nos textos sufistas e na história documentada. Rabi'a al'-Adawiya, uma mulher virtuosa que nasceu em Basra e morreu em Jerusalém, está registrada como tendo participado do desenvolvimento da doutrina de confiança em Deus (*tawakkul*) durante o segundo século do sufismo, que substituiu o rigoroso ascetismo anteriormente radicado nas práticas religiosas (consulte Hastings, *Encyclopedia of Religion and Ethics*). Os seus numerosos versos sobre o tema do amor divino prenunciaram o misticismo extático e entusiástico característico da era seguinte. As mulheres participavam dos giros do *sema* (sol) nos primeiros períodos da ordem. Embora Rumi tenha sido fortemente criticado por seus contemporâneos, o sufismo sobreviveu em muitos lugares em todo o Oriente Médio.

MEVLEVI ORDER OF AMERICA, DIRIGIDA POR POSTNESHIN JELALUDDIN LORAS.
FOTOGRAFIA DE MATIN MIZE.

O historiador da dança Joost Merloo descreve a dança dos dervixes rodopiantes sufistas Mevlevi como uma técnica psicológica consciente e premeditada que visa a obtenção de um estado de exaltação e êxtase espiritual.[4] A dança dos Mevlevis, conhecida como *tannoura* no Egito, é uma invocação e profunda concentração no nome Divino. No livro *Kachf al-Mahdjub,* o sufista al-Hujwiri explica que aquilo que os sufistas fazem não é uma dança como a conhecemos. Ele escreveu o seguinte:

> Mas, quando essa agitação parece resultar de uma emoção sincera e a cabeça é absorvida pelas vibrações; e cada momento se torna mais poderoso, mais irresistível, sem jamais ter consciência de costume ou forma – esse tipo de agitação não é nem uma dança, nem um jogo conduzido pelos pés e nem um prazer carnal – e sim a dissolução da alma. Como estão errados aqueles que chamam isso de "dança"; e como é impossível para aqueles que não vivenciaram a vontade divina afirmar que essa dança não constitui a união com a divindade! Conhecer a inspiração divina e ter experimentado esse estado não pode ser formulado em palavras. Aquele que não o experimentou não pode compreendê-lo.[5]

Podemos tentar explicar o efeito como auto-hipnose, mas os sufistas discordariam: o dervixe sabe exatamente onde está em todos os momentos. Ele não se perde no êxtase; ele se torna o êxtase. Trata-se, na verdade, de um nível de consciência mais elevado, uma hiperconscientização do eu e do ambiente.

Vou descrever em linhas gerais uma dança da ordem sufista Mevelevi, a Sema, para que possamos ter uma ideia de como ela é praticada. A cerimônia é precedida por uma eulogia do Profeta, uma procissão e quatro salamaleques (saudações ou movimentos) e vários outros rituais simbólicos. Cada semazen então contempla lentamente e reconhece a divindade ou o divino na pessoa que está ao seu lado fitando um ponto entre os olhos – a pessoa vê e reconhece, e rodopia.

Começando com os braços cruzados sobre o peito, o dançarino começa a girar na direção anti-horária enquanto se move em uma formação de dança em grupo em círculo fechado, no sentido horário, no início lentamente, e depois estendendo os braços à medida que a velocidade aumenta, indo de "recolhimento" (*gabd*) para a "expansão" (*bast*). Agora, a palma direita é voltada para cima como um receptáculo da Graça Divina, que passa através do coração do dançarino e é transmitida para a terra por intermédio da palma esquerda que está voltada para baixo. O Xeique Kabir Helminski, o representante norte-americano do Turkish Mevlevi Ensemble da Mevlana Culture and Art Foundation, explicou o rodopio para a audiência nos seus comentários introdutórios para o Sema Tour of America do Ensemble de 1997:

> O semazen individual precisa ser capaz de expandir a sua percepção consciente de maneira a incluir simultaneamente várias dimensões: ele ou ela precisa se concentrar no seu próprio eixo físico, que neste caso é a perna e o pé esquerdos, girando 360 graus com cada passo, pronunciando interiormente o nome de Deus, permanecendo consciente de exatamente onde ele/ela está no espaço e das reduzidas margens de erro nessa rígida coreografia, sentindo uma conexão por meio do xeique da cerimônia com toda a linhagem e também com o fundador da ordem, Mevlana, e, acima de tudo, girando com um profundo amor a Deus. A absoluta impossibilidade de realizar essas tarefas por meio da força de vontade pessoal pode empurrar a pessoa em direção a outra possibilidade: a de deixar uma vontade mais profunda assumir o controle. Dessa maneira, a sema se torna uma lição na arte da capitulação ou entrega.

RITUAL ZAR PARA A PURIFICAÇÃO SIMBÓLICA DO AMBIENTE. HARMONIC CONVERGENCE, 1986. HORSESHOE HILLS, SPERRYVILLE, VIRGINIA. DANÇARINA: ANTHEA. FOTOGRAFIA DE ROB PARKER.

Os rodopios continuam durante um bom tempo; o dançarino se torna um "irrigador" da graça divina, espalhando-a pela aridez da nossa existência terrena quando o estado do êxtase sagrado (wajad, nirvana, samadhi) é alcançado. Mais para o final, o poderoso som dos tambores evoca o dia do juízo final e, de repente, tem lugar a invocação, abraçando todos os Nomes de Deus: Hu! A cerimônia é concluída com uma leitura do Corão (Alcorão) e uma recitação do *Fatiha** (poesia).

Outra antiga forma de dança extática que tem atraído a atenção de historiadores, antropólogos, pesquisadores da dança e etimologistas, bem como reformadores e alguns burocratas de governo ao longo dos séculos é o zar, uma dança circular. Acredita-se que a palavra *zar* ("círculo") tenha derivado do verbo árabe *zara*, ou *zahar*, que significa "tornar-se visível" ou "perceptível". A palavra *munzara* é usada para descrever um participante.[6] Embora seja hoje mais amplamente conhecido como uma dança de cura feminina no Egito, o zar tem sido praticado em Marrocos, no Iêmen, na Turquia, na Tunísia, no Sudão, na Arábia Saudita e no sul do Irã, com os seus praticantes variando de sociedades tradicionais relativamente isoladas a cristãos coptas, muçulmanos e judeus etíopes.

Os rituais zar incluem a dança, invocações ou preces, incenso e encantações; a cerimônia pode durar de um a vários dias. Como é praticada no Sudão, a cerimônia é um evento de quatro dias no qual os participantes, em nome da pessoa que solicitou o ritual, buscam entrar em contato com a Anciã. Geralmente, a pessoa para quem o zar é convocado solicita a cerimônia porque ela sente que desenvolveu uma enfermidade preocupante causada por um mau espírito. (Na terminologia psicológica atual provavelmente nós chamaríamos essa pessoa de deprimida.) O propósito do ritual é conciliar a pessoa que não está bem com o espírito visitante, ou que está "possuindo" a pessoa, por meio de súplicas e do apaziguamento.

---

* O primeiro capítulo do Corão (Alcorão). (N. dos T.)

A GUEDRA, EXECUTADA POR MULHERES TAURAEG, "POVO AZUL" DO MARROCOS.
A FOTOGRAFIA É CORTESIA DE CAROLINA VARGA DINICU.

A *scheikha* (sacerdotisa) conduz a pessoa a ser curada em uma dança, com a repetição e o constante crescendo tanto da música quanto dos movimentos, criando um efeito hipnótico na dançarina e nos espectadores. Quando a pessoa que está sendo curada é capaz de identificar o espírito (o que às vezes é ajudado pelo uso de diferentes trajes), este é atraído para um diálogo. Arqueios e contrações da caixa torácica e/ou do abdômen são os movimentos característicos do ritual. Os movimentos da dançarina se sincronizam com a batida dos tambores, cuja intensidade aumenta gradualmente. Quando a dançarina se movimenta com mais intensidade, ou um espectador exibe uma reação a uma canção, a *scheikha* e as suas assistentes se erguem diretamente sobre essa mulher, encorajando a máxima participação na dança. Essa intensificação da atmosfera energizada assegura o sucesso do zar. Com o tempo, a dançarina cai em transe e, mais tarde, é reanimada.

Cerimônias semelhantes ao zar podem ser encontradas em muitos outros países da África; os ciganos (cujo idioma é o romani) têm um ritual semelhante. A dança pode compartilhar uma origem comum com o vodu, o candomblé e outras cerimônias de diáspora encontradas na América Central e no Caribe. No Brasil, uma cerimônia semelhante chamada macumba é considerada a "irmã de sangue do zar".

A Guedra (*Ghedra*) é uma dança transcendental dos berberes, os habitantes originais do Marrocos, que é executada no Saara espanhol e francês no sul do Marrocos e em parte da Argélia.[7] A Guedra também é conhecida como a dança da bênção, e acredita-se que o seu resultado seja a elevação espiritual e emocional. Seu nome deriva do tambor usado para a dança e para a cadência do compasso (o ritmo do batimento cardíaco, com ênfase na segunda batida).

A Guedra do povo Chleuh é uma dança solo executada por uma mulher enquanto mulheres e homens dispostos em um círculo cantam e batem palmas, acompanhando o ritmo da Guedra. A dançarina começa de joelhos, completamente coberta por um ou dois véus pretos, dos quais ela lenta e progressivamente emerge enquanto estende os braços para a frente. O foco principal da dança são os movimentos hipnóticos das mãos e dos dedos. À medida que as mãos da dançarina emergem de debaixo do véu, ela saúda as quatro direções (cantos), Norte, Sul, Leste e Oeste; as saudações são seguidas por homenagens aos quatro elementos: Fogo, Terra, Vento e Água.[8] Ela toca o abdômen, o coração e a cabeça, sacudindo rapidamente os dedos na direção das pessoas presentes para envolvê-las com uma boa energia, paz e amor espiritual.

Embora muitas das antigas danças transcendentais tenham se originado de culturas que tinham um contato mais próximo com a terra do que nós hoje, a capacidade de entrar em êxtase é, acima de tudo, uma questão de permitir que essa possibilidade exista e de dar permissão a nós mesmos para nos tornarmos igualmente ilimitados. Entrar em êxtase, independentemente de quantas vezes isso aconteça, nos confere um crescente sentimento de distanciamento do mundano, ao mesmo tempo que vivemos no dia a dia. Podemos não nos tornar seres humanos "perfeitos" por meio dessas experiências, mas obtemos uma qualidade majestosa que neutraliza a qualidade adesiva da terra. Visões, emoções e sonhos se combinam na sabedoria, e começamos a enxergar com os olhos do coração. Isso altera o nosso centro de manifestação da mente para o coração, do exterior para o interior, delicadamente afastando o nosso foco do resultado final e aproximando-o do processo. Por meio da identificação extática com o Todo, tem lugar uma união que faz com que a percepção consciente do eu recue diante de um crescente sentimento de totalidade.

Agora, vamos dançar

A dança transcendental vai muito além do funcionamento consciente do cérebro ou da mente. Dançando de dentro para fora, não é a mente que guia os movimentos da dança ou interpreta a função muscular. Mais exatamente, é por meio da concentração acumulada de energia promovida pelo prolongado movimento ritual e físico que a mente é influenciada, abrindo-se à revelação intuitiva.

Na dança extática em grupo, a energia se desloca através dos participantes de maneira a sugerir não apenas que somos todos um só, mas também que existe um maior número de nós ou que nós encerramos mais coisas – que o todo é maior do que a soma das suas partes. Existe o contágio, um estado mental combinado no qual as coisas parecem inexplicavelmente se unir e se expandir durante algum tempo. Como nas épocas antigas, a dança em grupo proporciona o prazer da participação coletiva. Os ritmos persuasivos da dança, das canções e da salmodia possibilitam que as pessoas no grupo formem uma união umas com as outras, que deixem cair momentaneamente as barreiras do individualismo – a autoconsciência do ego e o medo do distanciamento. Com o coração aberto e a confiança dentro do círculo, é possível alcançar uma vibração mais elevada. Quando usada com essa intenção positiva, a energia do grupo tem o potencial de ajudar a restabelecer a paz e o equilíbrio. As pessoas dançando juntas expandem os seus limites individuais e são movidas pelo corpo coletivo. Ao se tornar espiritualmente consciente, você é capaz de concentrar e canalizar a energia, por meio de qualquer nome que você decida chamá-la. Essa é a essência dos Mistérios.

Gabrielle Roth, xamã urbana autodenominada, chama o nível extático de consciência – um estado interior de cura e pureza –, um estado de existência desprovido de ego e intemporal no qual ficamos completamente eletrizados, completamente "ligados". É um estado de existência no qual, na verdade, nós *somos* a divindade – a divindade que dança. Quando lhe perguntaram em uma entrevista qual a sensação do Divino quando ela dança, Roth respondeu: "Um vazio eletrificado. Eu me sinto repleta de vazio".[9]

Para a sua dança solo, talvez seja interessante você estudar o método dos Cinco Ritmos Sagrados de Gabrielle Roth: o ritmo *Fluente* começa com movimentos lentos e pesados, subindo e afundando, inspirando e soltando o ar profundamente, e conduz ao *Staccato*, um jazz do corpo enquanto você se funde com o compasso, depois o *Caos*, enquanto você cai cada vez mais profundamente

GABRIELLE ROTH. FOTOGRAFIA DE ROBERT ANSEL.

dentro de si mesma, o corpo girando e ondulando. Mas "exatamente quando você pensa que vai explodir, ou desmoronar, aterrissa como uma pluma no lado leve de si mesma, no ritmo *Lírico* de violinos que a arrebatam em uma valsa. Em seguida vem a *Quietude*, quando entra a tranquilidade".[10] Gabrielle Roth oferece um vídeo e gravação da música dos seus Cinco Ritmos Sagrados (consulte a seção "Recursos" no final do livro). Roth também disse que "por meio da sua prece extática, a própria dançarina avança para mais perto da imortalidade". Ela perde a si mesma: o ego que deseja ser visto dançando desaparece. Sentindo-se transportada para além da atração da gravidade, a dançarina agora entra no fluxo da graça, traçando a distância mais curta entre a sua alma e o Divino. O corpo deixa para trás a expressão da individualidade e se torna a interface entre o finito e o infinito.

Outra forma de movimento sufista que chegou aos Estados Unidos não há muito tempo é chamada de *Zhikr* (turco), *Dhikr* (árabe) ou *Zekr* (persa), que é traduzida como "recordação", especificamente do Divino, e "ser atento".[11] A execução externa dessa forma especificamente sufista de invocação varia de uma ordem sufista para outra, mas é fundamental em todas elas. E exatamente como no caso da prece ritual, o efeito só se expõe gradualmente. Um antigo preceito diz o seguinte:

"Inicialmente, você finge que faz a *zhikr*; depois, você faz a *zhikr*; por fim, a *zhikr* faz você". O doutor Nahid Angha, cofundador da International Association of Sufism, autor e tradutor de vários livros sobre sufismo, faz a seguinte advertência: "Para ser eficaz e benéfica, a *zekr* precisa ser transmitida ao *salek* [aluno] por um professor; ela não pode ser lida em nenhum livro e muito menos inventada pelo *salek*. As *zekrs* são dadas muito confidencialmente somente àqueles alunos que adequadamente as merecem".[12]

Diferentes *zhikrs* podem ser executadas isoladamente ou em grupo, em voz alta ou internamente (*zhikr* do coração), na posição sentada, em pé ou rodopiando. A dança é uma forma de concentração que liberta a pessoa do controle limitante dos sentidos e do intelecto, uma experiência de êxtase na qual a personalidade se perde no amor do Divino. É esse ato de concentração no momento que abre a porta para outro tipo de conhecimento. A *zikhr* é uma combinação de som (externo ou interno), concentração, respiração e movimento, sempre empreendida sob a orientação de um xeique/*scheikha*, ou professor/a. Começamos a *zhikr* na língua, frequentemente em correspondência com a respiração, repetindo verbalmente "La ilahe illallah," que pode ser interpretado como "não existe nada além de Alá, ou Realidade Divina": *Al* ("tudo") *lah* ("nada"). A cabeça (na posição sentada) ou o corpo inteiro (na posição em pé) se move ritmicamente da direita para a esquerda. Outros passos e movimentos dos braços podem ser adicionados. A combinação do som e do movimento dá origem a padrões de respiração específicos, que podem se tornar conscientemente intensificados. À medida que a concentração aumenta, a recordação se desloca para o coração.

Com o tempo, quando a recordação ocorre em todos os níveis, a *zikhr* "La ilahe illallah" é realizada em todo o ser, quando o viajante se junta na unidade com o Divino. O nosso ser recorda por meio da experiência que não existe nada além do Divino, e a separação se dissolve "como uma gota d'água caindo no oceano".

Por meio da identificação extática com o Todo, o Universal ou qualquer termo que utilizemos para definir a experiência, tem lugar uma união que faz com que a percepção consciente do eu recue diante de um crescente sentimento de comunidade ou totalidade. Ao longo das eras, esse conhecimento sutil, porém poderoso, tem estado disponível para aqueles que foram capazes de reconhecê-lo.

A sabedoria do líder místico é importante porque é responsabilidade dele, ou dela, instruir e cuidadosamente zelar pelo discípulo, para que este último não seja exposto a fenômenos mentais e psíquicos para os quais não está preparado. Por

A MENTE NÃO GUIA OS MOVIMENTOS NA DANÇA TRANSCENDENTAL; MAIS EXATAMENTE, OS MOVIMENTOS INFLUENCIAM A MENTE. FOTOGRAFIA DE DAVID GARTEN.

conseguinte, acrescento uma precaução: seja seletiva e esteja muito bem informada ao escolher alguém com quem vá estudar.

No caso da maioria de nós, neste ponto, o nosso entendimento dos costumes tradicionais é muito superficial. Não temos a experiência cultural ou os líderes treinados. Resista à tentação de "entrar em transe" apenas como outra forma de ficar inconsciente – já temos maneiras suficientes de fazer isso. A nossa meta é alcançar um estado de consciência elevado.

13

A Dança dos Elementos

É perfeitamente possível que as iniciadas em Elêusis, com receptáculos na cabeça, tenham executado uma dança durante a qual o fogo – coberto de cinzas – era atiçado e irrompia em chamas [...]. O círculo de mulheres dançando com luzes na cabeça e o seu reflexo no mar enquanto as estrelas pareciam dançar para acompanhá-las devem ter sido um espetáculo surpreendente.

Carl Kerenyi, Eleusis[1]

Nós, na condição de pessoas modernas, limitadas ao que é urbano, nos tornamos inconscientes, de muitas maneiras, dos efeitos dos elementos. Por que deveríamos nos preocupar com o fogo? Quando a sala fica fria, mexemos no termostato que está conectado a um aquecedor em algum lugar das entranhas do prédio. Alguns de nós experimentamos os distúrbios de tempestades ou furacões, ou lemos a respeito de um agricultor que está preocupado com uma possível seca, mas de modo geral, simplesmente abrimos a torneira e recebemos um interminável suprimento de água quente e fria. Raramente tocamos a terra, já que caminhamos em calçadas cimentadas usando elegantes solas de couro e dirigimos sobre pneus de borracha nas ruas de asfalto. Até pouco tempo atrás, aceitávamos como algo normal uma disponibilidade ilimitada de recursos naturais. No entanto, nas últimas décadas, ficou claro que estamos inquestionavelmente conectados ao ambiente e que dependemos dele, já que o sistema ecológico ficou ameaçado por causa da má administração dos recursos e da má interpretação dos limites. Embora a maioria de nós possa ter perdido para sempre a capacidade dos nossos ancestrais de andar pelo deserto e sentir o fluxo de um curso d'água subterrâneo, de conseguir orientarnos em uma floresta guiados por uma estrela, ou saber como viajar para um lugar em uma linha ley magnética para cura, viemos a compreender que precisamos renovar a nossa reverência dos elementos para que possamos sobreviver. Ao examinar os costumes da Avó, podemos redefinir as nossas conexões.

Os quatro elementos – Terra, Água, Fogo e Ar (Éter) – são as partes fundamentais de todas as substâncias. Os mesmos elementos formam a base da vida: a terra, o universo e o nosso corpo. O lótus vermelho era frequentemente um símbolo dos quatro elementos clássicos, indicando a condição primordial antes da criação quando todos os elementos estavam unidos no útero cósmico. Ele tem as suas raízes na lama da Terra, é sustentado pela água e obtém a cor vermelha do Fogo do sol; a sua flor compartilha da essência do Ar, liberando o seu perfume nas brisas. O simbolismo dos quatro elementos também é encontrado na Árvore da Vida – a figueira em alguns lugares e a romãzeira (macieira) em outros – que enterra as suas raízes profundamente na terra para trazer a água que forma a seiva vermelha oculta dentro da sua fruta, enquanto se estende para cima, transportando o eletromagnetismo para o firmamento e permutando oxigênio por dióxido de carbono.

A Deusa era vista como a Mãe Criadora dos quatro elementos. Encontramos desenhos quádruplos representados por toda a religião da Deusa. Esses desenhos são frequentemente formados por um círculo central com quatro círculos ou espirais em volta dele, sugerindo conceitos do centro como fonte cósmica e da unificação dos opostos. Cada um dos quatro círculos ou espirais encerra um de vários símbolos: cruz, X, M, zigue-zague, lagarta, pintinho, borboleta, semente ou dupla semente. Desse modo, cada um é mostrado como contendo a centelha da vida. Existem também quatro repetições no constructo do ritmo de muitas cerimônias e danças.

BATER O PÉ COM FORÇA AJUDA A INTENSIFICAR A ENERGIA DE UMA DANÇA DA TERRA.
FOTOGRAFIA DE DAVID GARTEN.

Agora, vamos dançar

A fim de dançar os quatro elementos, você precisará se familiarizar com cada um deles, física, psíquica e metaforicamente. Descobri que muitas tradições incorporam os quatro elementos nas suas cerimônias em reconhecimento das influências sutis e ao mesmo tempo profundas que as diferentes energias deles exercem na nossa vida. A história dessas tradições será discutida para cada elemento, individualmente, junto com descrições do estilo da dança recomendada para esse elemento particular.

Além dessas sugestões, talvez seja interessante que você inclua mantras para os elementos nas suas danças dos elementos, usando o som primordial de cada um deles como a base do mantra. Criados por Kali, a Grande Mãe pré-védica da Índia, esses sons primordiais são "La", terra; "Va", água; "Ya", ar; e "Ra", fogo. Foi Kali, cujo nome em sânscrito é Ma, que significa tanto "mãe" quanto "inteligência", que combinou os quatro elementos para criar a vida, e símbolos dos elementos são encontrados em cada uma das quatro mãos de Kali.

Dança da Terra

Sem exceção, as divindades para a expressão da Terra sempre foram femininas. Gaia (Terra) é a nossa Mãe, a provedora e sustentadora de todas as coisas vivas, o nosso começo e o nosso fim. Representada pela cornucópia da abundância, um atributo de Ceres, a Deusa da Agricultura e da Abundância, o elemento Terra tudo dá e tudo toma de volta em si mesmo. A genuflexão e a prostração do corpo na prece religiosa foram um dia a forma de um contato mais próximo com a Mãe Terra, assim como o costume de andar descalço nos lugares sagrados. As danças para o elemento Terra impregnam o dançarino do sentimento de estar em sintonia com a força vital básica, e por intermédio dessa conexão tem início um processo de revitalização.

Na dança para o elemento Terra, todos os movimentos são feitos perto do chão. Mantenha os joelhos flexionados, e experimente se inclinar para a frente, abaixando-se bastante, até mesmo agachando-se. As suas mãos e braços se estendem em direção à terra, com as palmas voltadas o mais possível para baixo. Os seus pés devem estar firmemente apoiados no chão. Bater os pés desperta a energia dessa dança, energizando o corpo com a energia eletromagnética da terra.

Você também pode experimentar rolar no chão e fazer outros movimentos que tirem os seus pés do chão a fim de conectar outras partes do corpo à terra. A Dança da Terra não foi concebida para ser graciosa e sim para conectar o nosso corpo ao mundo natural à nossa volta – para nos lembrar de que a nossa carne e os nossos ossos foram formados a partir da terra, que somos parte da terra, e que, quando morrermos, retornaremos a ela. Em algumas culturas, uma dança para a Terra é feita de joelhos.

Embora o foco dos movimentos seja descendente, a Dança da Terra pode ter um sentimento aberto, libertador e expansivo. Imagine-se como uma criança brincando sobre a barriga da mãe a fim de se abrir para os muitos movimentos possíveis nessa dança.

Dança da Água

A água sempre desempenhou um papel importante na mitologia das culturas da Antiguidade. Eurínome, a deusa mais importante dos povos indígenas da Grécia, dançava sobre as águas do caos; Afrodite nasceu da espuma do mar. Tiamat, a deusa do oceano, tinha o seu lar no Mar Vermelho. Brigantia (Brighid, Brigit), a poderosa e ainda amplamente popular deusa céltica, não apenas é o poder da lua nova e da primavera, mas também do mar ondulante. Diziam que a Terra Prometida dos hebreus era formada por rios de leite e mel.

A Água é o elemento da renovação. As deusas mergulhavam regularmente nos rios para se renovar. Banhar-se nas águas do sagrado rio Ganges lavava os pecados dos seres humanos. O batismo no rio Jordão garantia a vida eterna. E não vamos nos esquecer da esquiva fonte da juventude.

A água representa integridade, força, movimento para a frente e determinação. No entanto, a água é fluida. A água flui constantemente para a frente, contornando obstáculos no seu caminho, mudando de forma e de curso conforme necessário. Mas independentemente do trajeto ou do destino, a sua essência permanece intacta. Aprendemos com a água como manter o nosso rumo, ao mesmo tempo que permanecemos flexíveis e abertos às possibilidades – aprendemos como manter a nossa identidade e integridade pessoal quando lidamos com pessoas ou problemas difíceis.

As mulheres têm um relacionamento especial com o elemento Água. As propriedades revigorantes da água remetem aos fluidos revigorantes do corpo das mulheres: o sangue, o leite, o líquido amniótico. As propriedades confortantes e purificadoras da água não são diferentes das nossas lágrimas, do nosso suor e nem mesmo do nosso sangue menstrual. Algumas mulheres gostam de incluir uma Dança da Água como parte dos seus ritos menstruais.

A Dança da Água pode começar tão suavemente quanto uma fonte fluente e se avolumar, transformando-se em um rio ruidoso e cheio de redemoinhos. Ela pode incluir mudanças na direção e na velocidade, assim como um rio pode alterar o seu curso. Entre os símbolos da energia da água estão as linhas sinuosas, as espirais, as fitas e os padrões longos e fluentes, todos os quais podem ser personificados nos movimentos da dança. A ondulação da dança do ventre – a onda-mãe – frequentemente se encaixa bem na Dança da Água, com a pulsação da pelve refletindo o fluxo e refluxo da água. Quando você é a água, a sua energia é ilimitada enquanto você

A QUIETUDE DA ÁGUA INSPIRA PREMA DASARA NESSA DANÇA DA ÁGUA NA COSTA DO HAVAÍ.
FOTOGRAFIA DE DOYA NARDIN.

descansa sobre a onda imóvel imediatamente antes de ela se avolumar em uma cachoeira. Você controla o ritmo e o *timing*, escolhendo a dinâmica e o nível de energia adequados ao corpo de água com o qual você está se sincronizando.

Experimente dançar na chuva e veja como esse ambiente pode ser estimulante. Dance no mar, em um rio ou em uma piscina, deixando que a água o engolfe e inspire diferentes movimentos. Você pode até mesmo experimentar dançar quando estiver deitada em uma banheira com água. Imagine-se dançando com Perséfone ao redor do Poço das Belas Dançarinas.

Como a água também tem seus próprios efeitos sonoros, você pode escolher dançar ao som desse acompanhamento natural. Descobri, contudo, que a música de Debussy é particularmente adequada para as Danças da Água.

Dança do Ar (Éter, Atmosfera)

O ar é o manto invisível que nos envolve. Ele alimenta os nossos pulmões com vida e nos conecta ao cosmo por intermédio da nossa pele. O ar flui eternamente. Ele é o firmamento infinito que abriga os céus. O ar também representa a alma, as memórias, o sopro vital e os fantasmas. No Egito, os pássaros, considerados almas reencarnadas, eram símbolos do ar. Do mesmo modo, é a Aurora alada que nos traz o brilhante amanhecer.

A nossa palavra *atmosfera* vem dos gregos e de outros povos que postulavam uma Alma do Mundo na forma do ar para enfatizar a importância desse elemento invisível. A palavra *atmos* vem do sânscrito *atmen*, que significa "respiração". Como a respiração afeta a saúde de todo o corpo, não existe maneira melhor de reconhecer esse milagre do que praticar a respiração profunda na dança. A inspiração, ou inalação, é o que as musas trouxeram para os videntes e poetas – o poder do entendimento e da criatividade.

A dança para o elemento do Ar deve ser leve e livre. Os zigue-zagues e as espirais inspiram movimentos para esta dança. Use roupas soltas que possam "apanhar" o ar enquanto você se movimenta, para acentuar os seus passos e possibilitar que veja e sinta o ar dançando com você. Da mesma forma, dançar com véus, flâmulas ou fitas possibilitará que você sinta que está flutuando ou voando através do ar.

Imagine-se dançando com a serena Eurínome, que colocou o vento em movimento para começar o seu trabalho de criação. Pegue a mão dela enquanto Eurínome

DANÇA DO AR. JAMIE PARNUM É CAPAZ DE "APANHAR" O AR COM CADA FIBRA DA SUA ROUPA. FOTOGRAFIA DE KELLY RICHARDS/VAL VISTA LAKES STUDIO.

gira sem parar. Dance com Ófion, a serpente do vento de Eurínome, que foi criada a partir do vento do norte. Veleje com a deusa Ishtar da antiga Mesopotâmia, que navegava nos céus em seu belo e luminoso barco da lua na Via Láctea, o Leite Celestial da deusa Hera. Sinta a energia cósmica da deusa indiana Shakti, a Resplandecente.

O ideal é que a Dança do Ar seja executada ao ar livre, para que as correntes de ar que ocorrem naturalmente possam inspirar e ampliar ainda mais os seus movimentos. Dançar à beira-mar ou no alto de um morro, onde as correntes de vento são frequentemente mais fortes, pode ser verdadeiramente estimulante, mas até mesmo uma leve brisa no seu quintal pode conduzir a uma dança maravilhosa. Até mesmo quando o ar está completamente imóvel – seja do lado de fora ou quando você dança dentro de casa –, você ainda pode sentir o ar roçar em seu corpo quando você salta, desliza, gira ou corre. Os seus movimentos devem ser dirigidos para cima, elevados e leves.

DIANA LUCIFERA, PORTADORA DA LUZ.

Dança do Fogo

O elemento Fogo representa o sol e o relâmpago. A energia dinâmica dele envolve uma constante verificação e renovação. Ele também representa a criatividade, o calor e a paixão. O fogo é o elemento mais frequentemente associado ao ritual. O acender de velas há muito tempo é considerado um símbolo de santificação e marca o início de diversos ritos sagrados.

O fogo e a luz eram os mais elevados componentes cósmicos para os povos da Antiguidade porque eles emanavam do sol e das estrelas. Durante milênios, o fogo tem sido considerado um poderoso símbolo de transformação e geração. Acreditava-se que o sangue das mulheres era uma forma de fogo, uma manifestação da luz da lua.

Embora os acadêmicos talvez não sejam capazes de identificar com precisão como e quando dominamos o fogo pela primeira vez, a maioria concorda em que as mulheres é que controlavam a sua utilização. As mulheres controlaram primeiro o fogo cuidando do fogo doméstico; o fogo doméstico na casa foi o primeiro altar.

AS MÊNADES CARREGAVAM *THYRSI* ARDENTES NAS SUAS DANÇAS.

Acreditava-se que se o fogo doméstico se apagasse, a própria família se extinguiria. O fogo era literalmente uma ferramenta, uma arma e uma barreira de proteção para a mulher e os seus filhos. Ao criar o fogo doméstico, os fornos e os santuários, as mulheres alteraram o curso da civilização.

A afinidade das mulheres com o fogo também se reflete nas numerosas associações de deusas com esse símbolo. A deusa Fuji do Japão; Sekhmet (Senhora das Línguas de Fogo), Nut e Hathor do Egito; e Diana Lucifera da Itália (Portadora da Luz) são alguns exemplos. A tocha está especialmente conectada com a deusa grega Deméter. As Eleusínias (ritos para Deméter) incluíam um "dia da tocha" quando os seguidores de deslocavam pela costa com tochas acesas a fim de purificar a terra e repelir a pestilência. As tochas também eram usadas em Elêusis nas cerimônias mais solenes, as quais tinham lugar à noite. Era executada uma dança sagrada na qual o fogo era carregado na cabeça em um receptáculo coberto chamado *kerna*, ou "pequeno fogo doméstico".[2] Na procissão da Noite do Mistério, as sacerdotisas também executavam uma dança, descendo até o mar, durante a qual o fogo, coberto com cinzas, era atiçado e irrompia em chamas.

A *Katha-rouene* (Roda de Catarina)* representava um anel de luz que marcava uma dança do fogo circular do solstício, um vestígio do antigo culto de Fortuna com o giro da sua roda do tempo (que também se tornou a Roda da Fortuna).[3] Algumas das nossas festividades atuais no Natal são remanescentes dessa antiga dança do solstício.

As Mênades carregavam *thyrsi* (tochas) ardentes nas suas danças rituais. Elas corriam até o mar e as mergulhavam nele, e, quando retiravam as tochas da água, elas ainda estavam acesas. Na Índia, as *deva-dasis* carregavam luzes sagradas em processões para divindades esculpidas abrigadas nos templos. Existe um vestígio dessa tradição em um ritual chamado *jata-karma samskara*, ritual de "impressão do nascimento", no qual uma lâmpada sagrada é acesa no aposento de uma mãe hindu que está dando à luz para atrair *devas* guardiãs.

A festa judaica de Tabernáculos continha uma cerimônia a respeito da qual era dito no Mishnah que quem não a tivesse visto nunca tinha presenciado uma verdadeira

---

* Mais tarde descrita como o instrumento da tortura de Santa Catarina no seu martírio.

festa. Era a Dança da Tocha, que tinha lugar no pátio das mulheres no Templo no segundo dia da festa e contava com a presença de multidões de mulheres e homens. A celebração também incluía o canto de salmos e procissões de pessoas.

As Danças do Fogo ainda são encontradas em muitas danças e cerimônias femininas em todo o mundo. Na Escandinávia, donzelas dançam lentamente atrás de Santa Lúcia, a Rainha da Luz, que usa uma coroa com seis velas no cabelo durante uma procissão no dia 13 de dezembro.* As velas são fixadas em uma pequena coroa de folhas vivas escavadas de debaixo da neve. Na tradição do casamento turco, uma cerimônia de hena feminina é realizada para a noiva à noite, incluindo uma grande dança circular na qual as participantes seguram velas acesas em pratos. Tanto a decoração com hena quanto as velas são consideradas como tendo função de um modo geral protetora. Tipos de danças semelhantes são encontrados em outras regiões, como na Pérsia, no norte da África e na Malásia, onde ela é chamada de *menari hinei*. Na Armênia caucasiana oriental, uma dança feminina chamada Mom Bar, que significa "dança da vela", é tradicionalmente a última dança nas festas de casamento.

A dança do candelabro (*Sham'adin*), cuja origem é atribuída à influência turca durante o reinado otomano, pode ser vista nos dias atuais no Egito nas casas noturnas em apresentações das dançarinas do ventre, em danças folclóricas e nos casamentos. Carregando na cabeça o candelabro com talvez uma dúzia de velas, a dançarina balança de um lado para o outro, caminha rebolando os quadris e torce o corpo com um extraordinário equilíbrio e fluidez. Caindo de joelhos e, finalmente, deitando-se de lado, com a cabeça levantada para manter firmes as velas acesas, ela desliza pelo chão com movimentos serpentiformes.

Embora você possa não se sentir pronta para dançar com um anel de fogo na cabeça, existem muitas maneiras pelas quais você pode incorporar o fogo à sua dança: pedir a sua audiência que faça um círculo à sua volta com velas acesas, criando um anel de velas no chão para que ninguém precise segurar as chamas, (especialmente se você planeja não ter testemunhas na sua dança), ou dançar ao redor de um fogo central – uma tradição da Dança do Fogo clássica. A maneira como você usa o fogo na sua dança causa um grande impacto na disposição de

---

* Foi a partir da realidade da luz vivificante de lâmpadas carregadas ou usadas na dança em círculo ritual que surgiu a forma solidificada representada como o halo (ou *uaello*, a "roda") nas pinturas e estátuas de períodos posteriores.

DANÇA DO CANDELABRO. EGYPTIAN FOLKLORIC TROUPE, DIRIGIDA POR MAHMOUD REDA. CAIRO, EGITO. A FOTOGRAFIA É CORTESIA DA *ARABESQUE MAGAZINE*.

ânimo que você cria e na energia com a qual você se conecta e a qual libera por meio da dança. A Dança do Fogo, assim como a Dança da Água, pode ser meditativa e serena ou dinâmica e frenética, assim como o fogo pode ser a chama tremeluzente de uma única vela ou uma grande fogueira fulgurante.

Como o fogo está associado à energia, ao calor e à paixão, as Danças do Fogo tendem a ser mais energéticas do que as danças dos outros elementos. Muitos dançarinos gostam de incluir o toque de tambores para manter a energia da Dança do Fogo no seu nível mais elevado. A música do tipo flamenco, ou uma música clássica como a *Suíte Pássaro de Fogo* é outra maneira de evocar a paixão e a energia do elemento Fogo. Usar uma roupa vermelha ondulante possibilita que você personifique as chamas dançantes do fogo com os seus movimentos. Permita-se se tornar o mítico pássaro do fogo – a fênix renascendo.

A dança para o elemento Fogo pode fazer com que você se sinta extremamente poderosa – tão poderosa quanto o revigorante sol. Os raios penetrantes do

EVA CERNIK, DANÇARINA ORIENTAL, MOSTRA OS ASPECTOS SERENOS E MEDITATIVOS DE UMA DANÇA DO FOGO. FOTOGRAFIA DE FRITZ RENNING.

sol, a luz ofuscante da qual você não consegue se esconder e o calor escaldante são poderosas imagens que você pode ter em mente enquanto dança. Você pode escolher se identificar com Kali como a deusa do Fogo, as suas chamas cintilantes repletas de compaixão, purificando e rejuvenescendo. Ou pense na guirlanda de chamas que circunda a deusa havaiana do vulcão, Pele. Ninguém é capaz de resistir aos fogos da sabedoria que emanam do corpo de Pele; eles consomem todas as ilusões.

A Dança do Fogo também é uma grande dança que pode ajudá-la a resolver a raiva enquanto você dança com vigor e com poderosos movimentos repentinos como um relâmpago, ou com movimentos absorventes e abrangentes como um fogo que se inflamou. Quer você dance para se sentir poderosa ou para liberar a raiva, as emoções e a exuberância que dançar ao ar livre ao redor de um fogo central crepitante podem proporcionar é uma experiência que você não deve deixar escapar.

Dança dos Quatro Elementos

A dança que se segue foi adaptada de uma bênção céltica muito antiga de todos os elementos e de *Dances of Universal Peace: Europe II*, 1988, e pode ser realizada com a fita de áudio mencionada na seção "Recursos" no final do livro.

Os dançarinos formam um círculo e depois viram para a direita ou esquerda para ficar de frente para um parceiro. Dando um aperto de mão no parceiro, o dançarino segue adiante para dar a mão à pessoa seguinte, e assim prossegue em um estilo trançado ou direita e esquerda abrangente enquanto canta as seguintes frases:

1. Paz profunda da onda corrente para você,
2. Paz profunda das estrelas silenciosas (as estrelas são o símbolo para o fogo),
3. Paz profunda do ar fluente para você,
4. Paz profunda da terra tranquila.

Neste ponto, todos param e permanecem onde estão; aqueles que estão virados no sentido anti-horário levantam os braços e trazem as mãos para baixo diante dos parceiros, em um gesto de bênção, enquanto cantam:

5. Que a paz, que a paz, que a paz encha a sua alma.

Em seguida, aqueles que estão virados no sentido horário copiam esse gesto na direção dos seus parceiros, e cantam:

6. Que a paz, que a paz, que a paz
7. O torne completo.

14

A Dança do Espelho

Existe um núcleo profundo no nosso ser que tem a natureza de um espelho que nunca pode ser empanado pelo que é impresso sobre ele.

Hazrat Inayat Khan,
The Mysticism of Sound and Music[1]

Enquanto eu examinava a dança como uma maneira de redescobrir alguns dos símbolos e rituais das mulheres como eles podem um dia ter sido, encontrei o espelho. Imbuído de uma qualidade espiritual, e simbolizando as qualidades sobrenaturais do sol, da lua e das estrelas, e a influência deles na vida da humanidade, o brilho do espelho refletia a inteligência do céu. O espelho estava frequentemente suspenso no teto do templo durante certos ritos e cerimônias como uma representação celestial. O número infinito de reflexos proporcionados por espelhos colocados diante um do outro refletia a infinidade do tempo e a crença de que cada elemento do universo contém dentro de si todos os outros elementos do universo – uma teoria hoje verificada pela física quântica. Metafisicamente, o espelho proporcionava os recursos pelos quais o fogo era extraído do sol e a água, da lua. A forma arredondada do espelho simbolizava a abóbada celeste. Pequenos espelhos são integrados aos vestidos e trajes em todo o Oriente Médio e Extremo Oriente, e são sempre circulares.

O espelho é frequentemente encontrado nos cemitérios das sacerdotisas e das mulheres importantes no mundo inteiro, incluindo Egito, Creta, Etrúria (Itália), Corinto, Micenas, Japão, as regiões olmecas e astecas da América do Sul, Sibéria, Mongólia e China. Os espelhos eram colocados no esquife ou na sepultura, geralmente no peito do falecido, na esperança de conduzi-lo a uma suprema harmonia com o mundo celestial, com o céu e com os ancestrais cujo mundo a pessoa havia percorrido. Em Catal Huyuk na Turquia, espelhos de obsidiana eram enterrados com os mortos em santuários.[2] As mulheres celtas eram sepultadas com os seus espelhos pessoais, os quais, segundo se acreditava, eram portadores da alma.

O espelho também era a alma proverbial da mulher japonesa. Ele era dado à noiva pela sua mãe como parte da cerimônia do casamento. O espelho estava repleto dos espíritos ancestrais com quem ela poderia comungar, mesmo estando separada da sua família. Para ela, o espelho era um amigo íntimo a quem ela poderia revelar os seus sentimentos mais profundos e purificar a sua alma.

Na filosofia do Extremo Oriente, o espelho cósmico fornecia simbolicamente o ponto crítico no qual o yin e o yang poderiam existir em perfeito equilíbrio, alcançando desse modo paz e harmonia em todas as coisas em todo o universo. Nas práticas confucionista e taoista chinesas, os espelhos continham um simbolismo cosmológico e eram réplicas em miniatura do mundo ideal (não do geográfico). Um espelho ritual na China era fabricado em um processo cujas origens recuam, pelo menos, à dinastia Han (100 a.C.). Bronze fundido era derramado em um molde que criava uma imagem em relevo na parte de trás do espelho. Por meio de um processo único e complexo, a imagem, que podia ser de signos do zodíaco e, numa época posterior, do Buda, era invisível, e só se tornava visível se fosse apontada para o sol e o seu reflexo fosse lançado em uma parede.

O espelho também estava associado à Deusa Divina. A deusa egípcia Hathor é frequentemente retratada como uma mulher vestindo um touçado com chifres de vaca e um disco do sol ou espelho redondo entre os chifres. Na Índia, a Grande Deusa era chamada de Espelho do Abismo, no qual Shiva constantemente se reflete. Parvati segura um espelho que reflete a luz radiante da presença divina. O espelho (*Darpana*), como um símbolo de sabedoria e, ao mesmo tempo, do vazio de todos os assuntos mundanos, é um dos atributos específicos da deusa indiana Durga.

A DANÇA DO ESPELHO AJUDA A AUMENTAR A SENSIBILIDADE MÚTUA DAS PESSOAS.
FOTOGRAFIA DE MATIN MIZE.

A prática de deixar que o coração sirva como um espelho é usada em muitas escolas sufistas e se chama *mujahida*, o esforço para manter claras as impressões interiores. Quando uma pessoa consegue refletir o mundo inteiro no espelho do seu coração, esse momento cheio de graça é chamado de *mushahida*, um estado de existência que proporciona um maior testemunho e experiência da realidade.[3] Algumas danças circulares tradicionais eram realizadas no sentido anti-horário para ilustrar que o outro mundo é uma imagem especular desta realidade, o gêmeo da realidade secular corriqueira.

Certas danças do zodíaco são provenientes de alguns países tropicais, e um padrão circular é proporcionado a elas por meio de um espelho sutilmente elaborado, com mais ou menos trinta centímetros de diâmetro, geralmente feito de uma liga metálica de prata e bronze. Ele ostenta um padrão gravado de um antigo desenho circular. O espelho é segurado de maneira a receber na superfície um único raio de luar ou de sol em uma sala escurecida. Esse raio incidente é então refletido sobre um piso de mármore branco, onde aparece ampliado como uma forma levemente ovoide sobre a qual uma jovem dança de acordo com o padrão rítmico do canto e da música. Um desses espelhos da Arábia do século XIII portava um desenho triplo, com o círculo externo mostrando um zodíaco árabe; o círculo seguinte, os dias da semana; e o círculo mais interno, o pássaro *rukh*.

O espelho também está associado a milagres. O termo *milagre* deriva do vocábulo latino *miraculum*, ou espelho. Peças teatrais de milagre, que incluíam danças e "interludis" (*ludis* indicando luz refletida, um tempo para reflexão), eram oferecidas como a "imagem" ou reflexo de uma lenda ou ensinamento e eram uma das formas mais públicas de ensinamento religioso.[4] No Tibete, elas são conhecidas como *Tsam*.

Assim como tantos símbolos e rituais, folclore e superstições se desenvolveram em torno do espelho como uma forma de magia e adivinhação, como na frase "espelho, espelho meu" da história de "Branca de Neve" e as histórias de Dionísio e Narciso, cujas almas foram capturadas em um espelho ou reflexo na água. No entanto, podemos agora recuperar e voltar a apreciar o espelho e a sua intenção original. Começamos usando o espelho como um veículo para a reflexão interior. O espelho continua a ser um poderoso instrumento de introspecção, uma metáfora orientadora para distinguir entre a aparência exterior e a verdade interior. Ele é uma maneira de trazer para a consciência o conteúdo do subconsciente.

Toda dançarina é capaz de reconhecer a sua própria ambivalência com relação ao espelho, mesmo que ela nunca tenha pensando nisso antes. Pesquisas mostram que ele pode desenvolver a autoestima mas, por outro lado, ele nos diz a verdade a respeito do fato de estarmos envelhecendo, exibindo novas rugas e pneuzinhos, e nos mostrando que talvez nunca venhamos a alcançar a perfeição que o mundo exige de nós.

Para a dançarina, o espelho é essencial para o desenvolvimento da objetividade e de uma melhora adicional na forma da dança. No entanto, aprender a usar o espelho pode ser um pouco ardiloso. Ele pode se parecer com o inimigo, sempre refletindo a nossa falta de jeito. Ou então, assim como Narciso, a dançarina pode ficar presa à imagem do espelho e perder o contato com a realidade das sensações físicas dentro do corpo e com o propósito da dança. O espelho pode representar o encontro com a qualidade terrena dionisíaca instintiva do corpo, que foi colocada à sombra devido aos esforços ocidentais de torná-la civilizada e racional. Aprender a enfrentar o espelho requer uma coragem tanto física quanto psicológica.

Se usado de uma nova maneira, o espelho pode se tornar nosso aliado. Com a ajuda do espelho, podemos descobrir uma nova percepção de imagens a respeito de nós mesmas e dos outros que são inconscientemente mantidas na mente. No espelho reluzente, vemos que um belo objeto produz um belo reflexo, e um objeto feio gera um reflexo feio, mas o espelho não faz nenhum julgamento. A verdadeira sabedoria é o autoconhecimento obtido por meio do reflexo não distorcido ou da contemplação e da receptividade. Quando a mente está tranquila, ela se torna o espelho do universo e o reflexo de todas as coisas.

A dança sagrada é um espelho ou uma reapresentação do processo cósmico, a ordem macrocósmica dos céus. A dançarina como o microcosmo e o universo ou a natureza como o macrocosmo são dois aspectos da mesma realidade. A dança sagrada representa as nossas constatações trazidas para a consciência e para a manifestação física por meio da reflexão sobre o nosso próprio processo criativo e da participação nele.

Tendo o espelho como guia, você, enquanto dançarina, pode se tornar o seu próprio xamã. As energias exploradas, liberadas e redirecionadas por intermédio das suas danças sagradas se tornam um instrumento de fins criativos e espirituais. Ao fazer isso, o corpo como *athletae Dei* (acrobata de Deus)* é a ponte do arco-íris, o *axis mundi*, que une o mundo cósmico ao mundo material. Na condição de dançarina sacerdotisa, você é o receptáculo físico que contém, revela e transforma imagens divinas do feminino. Você é o veículo por meio do qual imagens arquetípicas podem ser trazidas para a realidade, refletidas e manifestadas.

Agora, vamos dançar

Você talvez esteja familiarizada com uma dança do espelho que é executada em muitos ambientes, desde a terapia do movimento da dança aos workshops sobre relacionamento. A dança ajuda a aumentar a sensibilidade mútua das pessoas e

---

* Em 1960, Martha Graham coreografou uma dança intitulada *Acrobats of God* [Acrobatas de Deus]. Ela emprestou o título dos primeiros ascetas cristãos que "se submetiam à disciplina do deserto". A dança apontava para as provações, tribulações, disciplina e rejeições, bem como para as glórias e prazeres do mundo do dançarino.

desenvolver a confiança. Ela é executada em pares, com os parceiros de frente um para o outro.

Nesta dança, você e o seu parceiro se revezam, com um dos dois conduzindo lentamente os movimentos, para que o outro possa copiá-los com exatidão, espelhando-os. Não existem movimentos preestabelecidos para a dança do espelho. Você pode se mover do jeito que desejar, e por essa razão a música é muito proveitosa para inspiração. Sugiro que você use todo o corpo para evitar excesso de movimento dos braços e das mãos, uma armadilha comum nesse tipo de dança do espelho. O contato visual também é bastante importante. Mantenha os olhos fixos nos do seu parceiro, usando ao máximo a visão periférica para seguir os movimentos que estiverem sendo executados. Os parceiros podem começar em lados opostos da sala de maneira a vivenciar o espelhamento tanto à distância quanto na proximidade.

Eis uma coisa à qual você deve prestar atenção: em algum momento da dança, o papel de liderança será assumido com bastante naturalidade por um ou pelo outro. Uma mudança na liderança para a outra pessoa frequentemente também acontece sem ser induzida por ninguém. Os parceiros poderão conversar posteriormente sobre esse fenômeno e os seus sentimentos a respeito dele.

15
Chaves para Entrar em Contato com a Espiritualidade por meio da Dança Sagrada

Um arquétipo é como um antigo curso d'água ao longo do qual a água da vida flui há séculos, cavando um profundo canal para si mesma. Quanto mais tempo ela tiver circulado nesse canal, mais provável é que, mais cedo ou mais tarde, a água retorne ao seu antigo leito.

The Collected Works of C. G. Jung, Vol. X:
Civilization in Transition

O propósito do ritual é a criação de uma certa atitude mental nos participantes. Ele não é um sistema de crença, e não envolve a manipulação sobrenatural ou a crença de que a natureza pode ser controlada por ela; a pessoa não está adorando ídolos ou apaziguando espíritos. O ritual, por definição, não pertence nem a este mundo nem à forma divina, desempenhando o papel de intermediário entre os dois para a centralização psicológica intrapessoal e o equilíbrio espiritual. Os rituais envolvem a conexão e o equilíbrio, oferecendo significado com base no familiar bem como no misterioso.

A dança como liturgia ou ritual sempre foi uma maneira de reverenciar o sagrado, o mistério, convertendo-se na espiral da vida e do universal, o fluxo constante da força divina. Ela tem profundas implicações para a cura, a psicoterapia, o crescimento espiritual e a plena expansão do potencial humano. A dança sagrada pode ser executada por qualquer pessoa e em qualquer estilo. Ela pode ser parte de uma antiga tradição ou pode emanar do momento. Ela pode variar de simples passos dados em um círculo a procissões com trajes elaborados. Quando você consegue se entregar totalmente, o fluxo natural da energia faz você dançar. Ele abre os canais do corpo para remover velhos bloqueios emocionais, sistemas de crença que não são mais adequados e memórias a que o corpo se agarrou muito depois de a utilidade delas ter desaparecido. Nós permitimos que a vida nos faça dançar novamente.

Trazendo a dança sagrada de volta à vida

O princípio terrestre é uma força vital nutritiva, que incute na pessoa o sentimento de estar em sintonia com os ritmos universais básicos que a Avó conhecia tão bem. Dançar em grupo é uma das maneiras de entrar novamente em contato com essa fonte que sustenta a vida, conferindo à pessoa a sensação de entrosamento. É por intermédio do corpo, no corpo e através do corpo que a Existência se manifesta. Por meio da linguagem e do movimento, ela expressa a sua presença.

Na dança como ritual, o nosso modo de aprendizado é invertido e a mente aprende com o corpo. A dança não é apenas uma linguagem; ela também envolve "escutar". Ouça os sons das ondas dentro de você. A consciência usa o poder de escutar para entrar no ser. À medida que a capacidade de escutar aumenta, a consciência se expande; ao buscar a nossa essência, que é o que verdadeiramente somos, começamos a compreender, em níveis cada vez mais profundos, que somos todos iguais. A dança integra a meditação e a ação, dissolvendo a barreira entre a contemplação e a vida do dia a dia, acumulando as energias do *ruach*, o alento de Deus.

Como toda a dança é uma evocação ao mesmo tempo subjetiva e objetiva do que existe de mais profundo dentro da psique, ela confere à dançarina um extraordinário controle das dimensões espaciais e uma grande sensação de poder, realização e liberdade. Essa experiência pode ser diferente daquela do mundo real, onde os movimentos corporais das mulheres ainda são limitados em um grau surpreendente por tabus sociais. Quer você dance no seu quarto, em uma aula ou em grupo, ou diante de espectadores receptivos, você virá a sentir e emanar um sentimento de unidade com o grupo, com a audiência, com o mundo e com a humanidade. Agora, você se torna a criadora da sua própria dança, do seu próprio movimento, a energizadora do seu corpo, do seu mundo, e a modeladora do seu próprio destino.

Entramos nesse processo a fim de explorar a nossa condição feminina separadamente dos conceitos distorcidos predominantes de feminilidade e dos nossos papéis femininos convencionais. Libertar-nos para poder voltar novamente a atenção para dentro de nós e para a comunidade possibilita que enxerguemos quem nós somos, de modo que este será um processo de autodescoberta complexo porém, ao mesmo tempo, simplificado. Inicialmente, encontraremos muitas vozes dentro de nós que são desconhecidas, que estão reprimidas, receosas de falar e desabituadas de se expressar de uma maneira espontânea e direta. Estaremos literalmente usando a dança como uma ponte entre a consciência e a psique. Por meio da dança, entramos em contato com as memórias inconscientes do corpo, camada por camada. Em seguida, tem início a cura. À medida que damos seguimento à nossa disciplina de movimento e diálogos de imagem, vislumbres poéticos e privados emergem por meio da expressão relaxada e espontânea para nos mostrar o caminho.

O papel da audiência na dança sagrada

A dança como arte interpretativa enfatiza um estilo extrovertido. A dançarina se movimenta para o professor, os colegas, a audiência. Na dança sagrada ritual, não temos a separação entre o intérprete e aquele que recebe a interpretação, na qual o artista executa a ação simbólica, e a audiência a contempla teoricamente ou avalia o seu efeito. Na dança sagrada ritual, todos os membros da comunidade reunidos participam de alguma forma, quer de uma maneira ativa, quer solidariamente. Por conseguinte, a ação ritual é impedida de degenerar em um mero efeito, espetáculo ou entretenimento. Na realidade, a concentração das testemunhas concentra a energia dos movimentos e fortalece os poderes transformadores.

A DANÇA CRIA UM SENTIMENTO DE UNIDADE COM O GRUPO. DANCES OF UNIVERSAL PEACE, CALIFÓRNIA, 1994. FOTOGRAFIA DE MATIN MIZE.

Na antiga tradição comunitária do Flamenco Puro, por exemplo, a atmosfera ou ambiente – *el ambiente* – é um componente extremamente importante. As audiências são formadas por seguidores entusiastas, iniciados nos segredos do flamenco. O(a) cantor(a)/dançarino(a) recebe um forte apoio da intensa concentração da audiência, a qual estimula e anima o(a) artista com *palmas* e *el jaleo* (gritos de admiração espontâneos e encorajadores). Somente nesse *ambiente* o(a) artista pode fazer total justiça ao seu esforço e, na realidade, superar a si mesmo(a). É crucial que a audiência participante esteja bem informada e em sintonia com o processo, caso contrário, o efeito poderá ser exatamente o oposto.

Anna Halprin, fundadora do Tamalpa Institute perto de San Francisco, é uma das grandes pioneiras dos poderes transformadores, curativos e terapêuticos da dança. Ela se concentra em um processo de visualização psicocinético que conecta a imagem, o movimento e o sentimento. Annie diz o seguinte: "nas comunidades nas quais a dança é uma necessidade, não existe nenhuma diferença entre a audiência e o intérprete. Todo mundo está presente com um único propósito – garantir que a dança faça o que tem fazer". Os membros das audiências não são apenas espectadores, mas estão lá para rezar, encorajar e ajudar os intérpretes a realizar a sua tarefa, e para estar total e irrevogavelmente presentes como testemunhas. Quando estudei com Anna Halprin, descobri que eu gostava da ideia da dança como um ritual comunitário, uma prece em movimento do espírito coletivo e da visão das pessoas que a criam, inclusive daquelas que atuam como testemunhas. O fato de a dança ser testemunhada por pessoas que compreendem, encorajam e apoiam o seu propósito, e por esse motivo têm uma participação ativa, a torna uma poderosa cerimônia. Nas sociedades tradicionais nas quais a dança sagrada é executada, as habilidades técnicas complexas são altamente valorizadas, mas a técnica é uma ferramenta, subserviente à emoção do(a) intérprete. O papel do(a) dançarino(a) é o de um canal que traz expressões de uma esfera superior para a audiência. Para dançar nessa tradição, o(a) dançarino(a) precisa esquecer o ego, a fama ou a fortuna e fazer a sua apresentação apenas para a pura beleza e a possibilidade de um sentimento de unidade com a fonte divina. Aquele(a) que dança é uma lente que concentra essa energia divina como os raios do sol.

Criando a sua dança sagrada

O palco, o altar, o estúdio – não importa qual espaço você escolha – é uma pista de dança sagrada, e o tempo da dança é um tempo fora do tempo comum. Os dançarinos entram conscientemente, sentindo a diferença entre o movimentado mundo exterior e o espaço de dança reservado. Este é o solo santificado, dedicado a forças que não são pessoais, nem individualistas, e por elas governado.

Depois que a pessoa entra no espaço sagrado, ocorre, idealmente, um período de tranquilização. Fisiologicamente, você pode começar com uma respiração lenta e profunda, conduzindo os pensamentos esporádicos a um ponto de foco sereno e introvertido. Você poderá notar que os espectadores solidários começam naturalmente a participar, ou você pode planejar a participação deles. O processo pode ser beneficiado pelo diálogo ou o feedback da audiência, quando apropriado. Você pode experimentar passar alguns minutos depois de uma dança contemplando o trabalho, falando a partir da posição do que cada pessoa vivenciou. Esse efeito é inteiramente diferente do de um espetáculo, o qual visa obter a atenção da audiência por meio de uma grandiosa ou sonora entrada em cena, e é importante que os membros da audiência reconheçam essa diferença e participem de forma correspondente.

Eis algumas dicas que ajudarão a sua dança a se tornar mais significativa para você, as quais eu extraí, em parte, do meu trabalho com a Dances of Universal Peace.[1] Até mesmo uma ou duas dessas técnicas causarão um efeito bastante profundo.

Abandone as expectativas e a autoconsciência. A habilidade virá com o tempo. A sua dança não é uma competição atlética ou uma apresentação formal. Ela é uma janela através da qual nos fundimos com o universal, saciando a sede que existe na alma de todos nós. A mente leva algum tempo para entregar o controle. Não fique surpresa se ela se tornar rebelde, argumentativa ou entediada. Deixe que ela se canse. Isso lhe dará tempo para desenvolver a sensibilidade ao ambiente e à energia do grupo, gerando uma sensibilidade transformadora à comunicação corporal enquanto estabelece a comunhão com os movimentos internos, o diálogo interior.

Sinta. As danças/rituais são concebidos para nos conduzir cada vez mais ao universo do sentimento. Resista ao impulso de começar a analisar ou julgar; permaneça no presente, continue a dar permissão a si mesma para sentir e deixar que a dança refine e purifique a sua vida emocional. Os rituais de movimento podem conduzir a estados tranquilos de paz ou a um sentimento jubiloso. Simultaneamente, enquanto você desfruta a experiência, procure manter a consciência na sua conexão com o plano terrestre, com o seu corpo terreno e com o corpo do grupo.

Respire. A respiração é vida, movimento, expressão. Um verso, um mantra ou uma canção podem quebrar a retenção habitual da respiração e treinará esta última para a expiração prolongada que automaticamente causa uma profunda inspiração.

Escute a si mesma e a voz das outras pessoas recitando as palavras ou a canção, quando a vocalização estiver incluída na sua dança. Mesmo que as palavras sejam em outro idioma e você não compreenda inteiramente o significado delas, preste atenção ao som. Em sânscrito, o próprio som causa um impacto. Quando você passa a escutar, as vozes automaticamente começam a se harmonizar. Encontre o centro do som. Note a energia se acumulando.

Repita. A dança ritual ou litúrgica é geralmente uma simples fórmula incessantemente repetida. Essa repetição a conduz além das esferas da vida do dia a dia por meio do movimento e da harmonia mental. Não tenha medo de que todo mundo fique entediado com a repetição. A simplicidade externa do ritual, do rito ou da cerimônia oculta uma complexa transferência de conhecimento, uma mensagem da Antiguidade passada através das gerações, ensinando-nos não de uma forma material, mas em espírito, através do corpo. A concentração em uma frase ou símbolo sagrado e no movimento de todas as pessoas juntas tocará o seu ser de uma maneira cada vez mais profunda.

Crie um espaço de dança. Para algumas danças, você talvez vá precisar desenhar a pista de dança. Os padrões guiam e contêm energia e fluxo, conferindo orientação ao propósito da dança. O desenho pode ser permanente ou temporário, do lado de dentro ou do lado de fora. Pode ser formado por conchas marinhas e madeira flutuante, de pedras e gravetos que formam um padrão, ou por um desenho na areia. Faça um círculo, dupla espiral ou labirinto com entrada e saída.

Movimente-se junto com os outros. Resista à tentação de executar uma dança individualista quando dançar em grupo. Você ficará impressionada com quanto as danças serão mais fortes quando você se concentrar em se harmonizar com os outros e o seu sentimento do ego de si mesma começar a desaparecer. Pequenos grupos que se reúnem, com consciência, de uma maneira regular serão muito mais eficazes. Confie na dança. Quando você dançar em um círculo, este deverá permanecer claramente um círculo; é bom colocar no centro, de tempos em tempos, um objeto especial, símbolo ou pessoa, talvez o tocador de tambor e os músicos. Comece sentindo plenamente o seu corpo e, depois, gradualmente, conecte-se com todo o círculo. Lembre-se de fazer contato visual claro com as outras pessoas do círculo.

A música precisa ser simples e rítmica. O movimento do grupo é o foco; a música acentua o ritmo natural do movimento com a canção, o mantra ou a frase sagrada. Os tocadores de tambor, especialmente, precisam ter isso em mente, e evitar se entregar à autoexpressão.

Use um traje de dança. Algumas danças ou oferendas são intensificadas por meio da cor, da forma e dos tecidos. A roupa pode retirar a dançarina do seu eu comum do dia a dia, conduzindo-a a um estado diferente. Para algumas, o ritual de vestir um traje e despi-lo no fim do ritual marca o limite entre as esferas opostas do pessoal e do arquetípico, do divino e do eu. Roupas especiais, um ornamento ou joia para a cabeça, junto com a prática arcaica de pintar e decorar o corpo, nos traz outra característica da deusa ou sacerdotisa dançarina. Isso não significa que a roupa tenha sempre que ser adornada. Vestidos esvoaçantes com mangas de cafetã, como aqueles usados por Isadora Duncan e Martha Graham em certas coreografias, são muito poderosos na sua modesta simplicidade.

Propicie o silêncio. Depois do som, da música e do movimento, pare, e depois entre no silêncio. Nele, é possível absorver as qualidades evocadas durante a dança. Essa é a parte mais importante da dança, portanto não a apresse. Você está aprendendo a meditação por meio da dança e aprendendo a dança por meio da meditação. A presença é intensificada por meio do silêncio, e há um sentimento da energia concentrada do grupo e da animação do espaço físico designado, que se torna o templo, o local sagrado.

Tente novamente. É extremamente provável que, em certas ocasiões, quando você estiver participando de um seminário, dançando com o seu grupo ou praticando sozinha, você não se sinta conectada. Isso é desalentador, eu sei, mas você talvez fique surpresa, às vezes, ao descobrir que sente os efeitos mais tarde. Assim sendo, permaneça aberta para um momento "Heureca!" onde quer e quando quer que ele aconteça.

Espere que a sua vida mude. Quanto mais você dançar, mais você se encontrará na sua presença pura e natural enquanto se desloca pelo mundo. Você provavelmente constatará, como eu constatei, que é capaz de prolongar o estado mental calmo e centrado engendrado por meio da dança ritual em tudo o que você faz. Em um determinado momento, descobri que apenas escutar ritmos ou canções particulares enquanto dirigia o meu carro podia evocar aquele mesmo sentimento de paz e harmonia.

As danças que sugeri em todo este livro confirmam o expressivo princípio de que o menos equivale a mais. Quanto mais simples, mais profundo. Nós não queremos ficar enredados na nossa singularidade, na nossa individualidade. Guarde a inovação e a autoexpressão para outra ocasião. Movimente-se de uma maneira simples e lenta. Não exagere na sua interpretação. Siga cada movimento com a sua concentração, dando a si mesma e aos outros a oportunidade de meditar sobre a sua presença. No nível fisiológico, pesquisas em neurofisiologia revelaram que existe um processo de feedback de informações entre os nossos sentidos, os músculos e o cérebro. Um excesso de esforço muscular sobrecarrega a capacidade do cérebro de fazer distinções sensoriais e restringe a capacidade da mente de trabalhar em benefício do corpo. Um menor esforço muscular produz um maior aprendizado motor. A repetição e a simplicidade ativam os centros de movimento do cérebro e geram um fluxo de valiosas informações entre a mente e os músculos do corpo. Essa abordagem é encontrada no yoga, no t'ai chi gong e em outras práticas meditativas. Automaticamente, como se por obra de magia, a tensão, a pressão, a fadiga e o desconforto desaparecerão à medida que o seu sistema neuromuscular

NINGUÉM NUNCA É JOVEM DEMAIS OU VELHO DEMAIS PARA PARTICIPAR DA DANÇA SAGRADA. CRIANÇAS QUE PARTICIPAM DO DELIGHT IN THE ARTS CAMP, CAMP STONEY, NOVO MÉXICO, APRENDEM *OUR GOD IS AN AWESOME GOD*. COREOGRAFIA DE KERI SUTTER, SURGITE, A SACRED DANCE COMPANY, ALBUQUERQUE, NOVO MÉXICO.

for se reprogramando para uma saúde melhor. Você notará que esse efeito permanecerá com você em todos os dias que se seguirem.

Alguns dos rituais de dança sugeridos neste livro são rituais privados destinados à autodescoberta. Algumas das danças são rituais em grupo destinados a juntar os participantes em uma ação conjunta, na qual todos sentem e agem de comum acordo. Os rituais se originam de uma forma ou tema, mas a forma gradualmente se dissipa à medida que a repetição marca a mente e todos se movem como um só ser. Lembre-se de que um ritual autêntico não apenas satisfaz uma necessidade momentânea, mas pode também se irradiar exponencialmente para influenciar a consciência do mundo.

Recursos

O que se segue é uma síntese de pessoas e grupos que estão envolvidos com a dança sagrada. Muitas abordagens estão incluídas: igrejas, o trabalho corpo-mente-espiritual, abordagens de dançaterapia e outros. Como as organizações surgem e desaparecem, e os endereços mudam, para obter a lista de recursos mais atualizada visite a minha página na internet (www.SacredDancer.com) ou faça uma pesquisa em sites de busca na internet ou no YouTube.

Com a internet e a moderna comunicação, pela primeira vez na história podemos nos comunicar, aprender e compartilhar informações com pessoas no mundo inteiro. Caso você decida ingressar em um grupo, procure determinar a intenção correta da pessoa que estiver liderando e das pessoas que estiverem seguindo, e certifique-se de que os princípios éticos básicos do grupo estão de acordo com os seus valores e a sua consciência individual. Como estamos trabalhando em níveis de energia muito sutis, o nosso nível de consciência ou atitude pode afetar enormemente o resultado das nossas danças.

Recursos na internet

Há uma vasta comunidade de dançarinos no mundo inteiro trocando informações na internet. A minha página na internet, como o seu primeiro recurso, pode ser uma maneira de você permanecer atualizada com relação ao que está acontecendo em outros lugares, para que você possa se conectar. A página também terá listas atualizadas de cursos intensivos, seminários e encontros de dança. Além disso, você poderá compartilhar as suas atividades com outras pessoas.

Grupos

The Abode of the Message
www.theabode.net

Catholic Women's Network em Santa Clara County
http://www.catholiccharitiesscc.org/
Incorpora a dança sagrada a rituais mensais e a um encontro anual de mulheres. É uma organização sem fins lucrativos que promove a espiritualidade e o crescimento pessoal das mulheres. Um exemplar gratuito de uma publicação bimestral está disponível mediante solicitação.

Christian Dance Fellowship of Australia
http://www.cdfa.org.au/

Dance in Rhythm – Rhythm in Dance
Heidrun Hoffmann
www.dirrid.com
Retiros, workshops sobre ritmo e movimento; Body Oracle Cards.

Euritmia
School of Eurythmy
www.eurythmy.org

Findhorn Foundation
www.findhorn.org

**International Association of Sufism
e Sufi Women's Organization**
www.ias.org

International Christian Dance Fellowship
http://www.icdf.com/

International Liturgical Dance Association
http://www.ildf.org/

Processo Vida/Arte
Anna Halprin
http://www.annahalprin.org/

Marian Chace Foundation e American Dance Therapy Association
www.adta.org
Organização voltada para terapeutas da dança/movimento, requer a afiliação. Conferências, publicações.

The Moving Center
Gabrielle Roth
http://www.5rhythms.com/
Retiros, seminários, livro: Maps to Ecstasy: Teachings of an Urban Shaman; *CD's de música.*
www.ravenrecording.com

Omega Liturgical Dance Company
The Cathedral of Saint John the Divine
www.stjohndivine.org

PanEuRhythmy
Ardella Nathanael
http://www.paneurhythmy.us/

Sacred Circle Dance
Laura Shannon
http://www.laurashannon.net/

Sacred Dance Guild
www.sacreddanceguild.org
Organização interdenominacional (com divisões locais para os membros) de dançarinos, coreógrafos, membros do clero e pessoas leigas que oficiam e participam de cultos por meio do movimento. Catálogo de recursos, festivais anuais da Dança Sagrada.

Tara Dhatu
Prema Dasara
http://www.taradhatu.net/about/whos-who-in-tara-dhatu/introducing-prema-dasara/
Workshops, retiros, peregrinações, apresentações, CD's de áudio e vídeos.

Touchstone Farm and Yoga Center
www.sacredcircles.com
Acampamentos de dança, yoga, longa dança circular sagrada [sacred circle longdance].

Veriditas Labyrinth Walk
Grace Episcopal Cathedral
www.gracecathedral.org/labyrinth
Retiros, seminários, kits de labirinto, livros, fitas.

Outras abordagens da cura relacionada ao movimento com praticantes no mundo inteiro: Authentic Movement Institute, Feldenkrais, Trager, hakomi, yoga, t'ai chi, sinergia Rubenfeld, técnica Alexander, Naropa, Somatics Society.

Estúdios de dança litúrgicos e espirituais

California Institute of Integral Studies
www.ciis.edu

Graduate Theological Union
Professor Doug Adams
www.gtu.edu

New College of California
www.newcollege.edu

Publicações

Ariadne Productions
Kathy Jones
http://www.kathyjones.co.uk/index.php/all-books

Armando
http://www.amazon.com/Uncle-Mafufos-Basic-Rhythms-Arabic/dp/B001BFYVNA
Vídeos, CD's – estilos rítmicos tradicionais para tambor árabe: dumbek, tabla, darbuka.

Caroline Records, Inc.
http://caroline.com/

Circle of Song – Songs, Chants, and Dances for Ritual and Celebration
de autoria de Kate Marks
Full Circle Press
http://www.amazon.com/Circle-Song-Chants-Dances-Celebration/dp/0963748904

Continuum Press and Productions
Emilie Conrad
Seminários de movimento, publicação de livros.

The Dancing Church – Video Impressions of the Church in Africa e Dancing Church of the South Pacific, Liturgy and Culture in Polynesia and Melanesia
de autoria de Thomas A. Kane
Paulist Press
http://www.paulistpress.com/Products/NCR655/dancing-church-around-the-world.aspx

Delilah
Visionary Dance Productions
http://delilahs-belly-dance-retreat.com/
Workshops, vídeos, inclusive a Dance to the Great Mother

Uzbek Dance and Culture Society
www.uzbekdance.org
Workshops, danças das mulheres das culturas do Caminho da Seda; CD's de música, vídeos.

Dictionary of the Dance
de autoria de W. G. Raffee
A. S. Barnes & Co.
Cranbury, NJ 08512
Estados Unidos
ISBN 0-498-01643-9

The Music and Dance of the World's Religions: A Comprehensive, Annotated Bibliography of Materials in the English Language
de autoria de E. Gardner Rust
Greenwood Press
www.greenwood.com

Elizabeth Artemis Mourat
http://www.amazon.com/Turkish-Style-Elizabeth-Artemis-Mourat/dp/B000NA2BIG
Workshops, arquivos de fotos, CD's de música turca e em língua romani (ciganos), vídeos.

Oruj Guvenc and Tumata
Ocean of Remembrance
Worldwise Music, Interworld Music Association
http://www.amazon.com/Ocean-Of-Remembrance-Improvisation-Zhikrs/dp/B00004UEPO

Peaceworks International Network for the Dances of Universal Peace
http://phoo.com/local/wa/seattle/community-services/peaceworks-intl-network-for-the-dances-of-universal-peace/12957610/index.htm

Realworld Records Ltd.
realworldrecords.com

Toma's Howie Drum Web
http://www.drummingweb.com/

Peregrinação/turnês de estudo

Ana Tours
www.anatours.com

Ariadne Institute for the Study of Myth and Ritual
www.goddessariadne.org/

"Dreaming About Egypt" e "Delightful Turkish Tours"
Eva Cernik
http://home.earthlink.net/~evacernik
Inclui aulas de dança ministradas por Eva e professores egípcios e turcos.

Notas

INTRODUÇÃO

1. Gerardus van der Lewiv, *Sacred and Profane Beauty – The Holy in Art* (Londres: Weidenfeld & Nicolsen, 1963).
2. Lillian B. Lawler, *The Dance of the Ancient Greek Theatre* (Iowa City: University of Iowa Press).
3. Agnes DeMille, *The Book of the Dance* (Nova York: Golden Press, 1963).
4. Walter Sorell, *Dance in Its Time* (Garden City, NY: Doubleday, 1981).
5. La Meri (Russell Meriwether Hughes), *Total Education in Ethnic Dance* (Nova York: Marcel Dekker, 1977).
6. Elisabeth Schussler Fiorenza, *Bread Not Stone: The Challenge of Feminist Biblical Interpretation* (Boston: Beacon Press, 1984).
7. Sorell, *The Dance through the Ages* (Nova York: Grossett & Dunlap, 1967).
8. G. Raffe, *Dictionary of the Dance* (Nova York: A.S. Barnes and Company, 1975).
9. Clarissa Pinkola Estes, *Women Who Run with the Wolves* (Nova York: Ballantine Books, 1992).
10. Ann Cain McGinnis, "Women and Music", Heresies, Vol. 10.

11. Anna Halprin, *Moving toward Life* (Hanover, NH: University Press of New England, 1995).

PRIMEIRA PARTE

1. Steven Lonsdale, *Animals and the Origin of Dance* (Nova York: Thames & Hudson, 1981).

CAPÍTULO 1

1. Merlin Stone, *Ancient Mirrors of Womanhood, Our Goddess and Heroine Heritage*, Vol. 2 (Nova York: New Sibylline Books, 1979).
2. Carl Kerenyi, *Eleusis* (Princeton, NJ: Princeton University Press, 1967).
3. Ibid.
4. Ibid.
5. Extraído de *Peri Orcheseos*, citado por W.O.E. Oesterley, *The Sacred Dance* (Cambridge: Cambridge University Press, 1923).
6. Ivor H. Evans, *Brewer's Dictionary of Phrase and Fable*, 14. ed. (Nova York: Harper & Row, 1989).
7. Charlene Spretnak, *Lost Goddesses of Early Greece* (Boston: Beacon Press, 1981).
8. Patricia Monaghan, *The Book of Goddesses and Heroines* (St. Paul, MN: Llewellyn Publications, 1990).
9. Anne Baring e Jules Cashford, *The Myth of the Goddess, Evolution of an Image* (Middlesex, Inglaterra: Penguin Books, Inc., 1993).
10. Dudly Young, *Origins of the Sacred, The Ecstasies of Love and War* (Nova York: St. Martin's Press, 1991).
11. Asia Shepsut, *Journey of the Priestess* (Londres: Aquarian Press; San Francisco: HarperCollins, 1993).
12. Baring e Cashford, *The Myth of the Goddess*.
13. Monaghan, *The Book of Goddesses and Heroines*.
14. Wendy Buonaventura, *Belly Dancing* (Londres: Virago Press, 1983).
15. Walter Wiora, *The Four Ages of Music* (Nova York: W. W. Norton & Co., 1965).
16. Raffe, *Dictionary of the Dance*.
17. Henri Wild, "Les Danses Sacrees de l'Egypt Ancienne", Paris 1963. Citado em *Arabesque*, Vol. 7, Nº 1, maio–junho de 1981.
18. Wiora, *The Four Ages of Music*.

19. Raffe, *Dictionary of the Dance*.
20. Swami Prajnanananda, *Historical Development of Indian Music* (Calcutá: Firma K. L. Mukhopadhyay, 1973).
21. Sophie Drinker, *The Origins of Music: Women's Goddess Worshiper; The Politics of Women's Spirituality* (Nova York: Anchor Books, 1982).
22. G. Jung, *The Collected Works*, Vol. 10, *Civilization in Transition* (Princeton, NJ: Princeton University Press, 1970).

CAPÍTULO 2

1. Nor Hall, *The Moon and The Virgin: Reflections on the Archetypal Feminine* (Nova York: Harper & Row, 1980). Extraído de *The Bacchae*, de Eurípides, traduzido por Gilbert Murray.
2. Robert Payne, *Lost Treasures of the Mediterranean World* (Nova York: Thomas Nelson & Sons, 1962).
3. Giovanni Becatti, *The Art of Ancient Greece and Rome: From the Rise of Greece to the Fall of Rome* (Nova York: H. N. Abrams, 1967).
4. Sarah B. Pomeroy, *Goddesses, Whores, Wives and Slaves* (Nova York: Schocken Books, 1974).
5. Marija Gimbutas, *Civilizations of the Goddess* (San Francisco: Harper & Row, 1991).
6. DeMille, *The Book of the Dance*.
7. Ananda K. Coomaraswamy, *History of Indian and Indonesian Art* (1927; reedição, Nova York: Dover Publications, 1985).
8. Maria-Gabrielle Woisen, *Sacred Dance: Encounter With the Gods* (Nova York: Avon Books, 1974).
9. Kerenyi, *Eleusis*.
10. Ruth Padel, "Women: Model For Possession By Greek Daemons", *in* Averil Cameron e Amelie Kuhrt, orgs., *Images of Women in Antiquity* (Detroit: Wayne State University Press, 1983).
11. Gimbutas, *Civilizations of the Goddess*.
12. Raffe, *Dictionary of the Dance*.
13. Jacquetta Hawkes, *Dawn of the Gods* (Londres: Random House, 1968).
14. John Kieran, *The Story of the Olympic Games,* 1936 (Nova York: Lippincott, 1948).
15. Josephine Balmer, *Sappho: Poems and Fragments* (Secaucus, NJ: Meadowland Books, 1984).

16. Barbara G. Walker, *The Woman's Encyclopedia of Myths and Secrets* (San Francisco: HarperSan Francisco, 1983).
17. Charles Seltman, *Women in Antiquity* (Nova York: Thames & Hudson, 1956).
18. William Blake Tyrrel, *Amazons: A Study in Athenian Mythmaking* (Baltimore: Johns Hopkins University Press, 1984).
19. Resit Ergener, *Anatolia: Land of Mother Goddess* (Ankara, Turquia: Hitit Publications, Inc., 1988).
20. Lloyd Miller e Katherine St. John, *Radif-E Raqs: Collection of Dance Sequences of the Persian Tradition* (1987, não publicado).
21. Nancy Qualls-Corbett, *The Sacred Prostitute* (Toronto: Inner City Publishers, 1988).
22. Merlin Stone, *When God Was a Woman* (Nova York: Harcourt Brace Jovanovich, Inc., 1976).
23. Raffe, *The Dictionary of the Dance*.
24. Tikva Frymer-Kensky, *In the Wake of the Goddesses* (Nova York: Fawcett Columbine, 1992).
25. Paul K. Meagher, Thomas C. O'Brien e Irmã Consuelo Maria Aherne, eds. *Encyclopedic Dictionary of Religion* (Washington, DC: Corpus Publications, 1979).
26. Marina Warner, *Alone of All Her Sex: The Myth and the Cult of the Virgin Mary* (Nova York: Wallaby, Pocket Books, 1976).
27. Geoffrey Ashe, *The Virgin: Mary's Cult and the Re-emergence of the Goddess* (Londres: Arkana, 1988).
28. *Encyclopedia Judaica* (Jerusalém: Peter Publishing House, Ltd., 1972).
29. Neil Douglas-Klotz, *Desert Wisdom: Sacred Middle Eastern Writings from the Goddess Through the Sufis* (San Francisco: HarperSan Francisco, 1995).
30. Gertrude Jobes, *Dictionary of Mythology, Folklore, and Symbols* (Nova York: The Scarecrow Press, Inc., 1962).
31. Gimbutas, *Civilizations of the Goddess*.
32. Curt Sachs, *World History of the Dance* (1937; reedição, Nova York: W. W. Norton & Company, 1965).
33. Mircea Eliade, *Rites and Symbols of Initiation* (Dallas, TX: Spring Publications, 1994), p. 43.
34. Riane Eisler, *Sacred Pleasure* (San Francisco: HarperSan Francisco, 1995).
35. Elise Boulding, *The Underside of History* (Boulder, Co: Westview Press, 1976).

36. Steven Lonsdale, *Animals & the Origins of Dance* (Londres: Thames & Hudson, 1981).
37. Rex Warner, org., *Encyclopedia of World Mythology* (Nova York: Galahad Books, 1975).
38. Serenity Young, *An Anthology of Sacred Texts by and about Women* (Nova York: Crossroad Publishing Co., 1993).
39. Lawler, *The Dance of the Ancient Greek Theatre*.
40. Gimbutas, *The Civilizations of the Goddess*.
41. Henry George Farmer, "The Music of Islam", *New Oxford History of Music* (Londres: Oxford University Press, 1957).
42. La Meri (Hughes), *Total Education in Ethnic Dance*.
43. Raffe, *Dictionary of the Dance*.
44. Barbara G. Walker, *Women's Rituals: A Sourcebook* (San Francisco: HarperSan Francisco, 1990).
45. *Arabesque*, Vol. 7, Nº 4, novembro–dezembro de 1982.
46. La Meri (Hughes), *Total Education in Ethnic Dance*.
47. Prema Dasara, "The Twenty-One Praises of Tara", *Pele 1992/TANTRA: The Magazine.*
48. Ibid.

CAPÍTULO 3

1. *In The Fiddler's House*, Public Broadcasting System, Producers: James Arntz, Sarah Lukinson, 1995.
2. Oesterley, *The Sacred Dance*.
3. Mayer I. Gruber, "Ten Dance-Derived Expressions in the Hebrew Bible", Capítulo 4 de Doug Adams e Diane Apostolos-Cappadona, orgs., *Dance as Religious Studies* (Nova York: Crossroads, 1993).
4. Douglas-Klotz, *Desert Wisdom,*
5. Raffe, *Dictionary of the Dance*.
6. Ibid.
7. Oesterley, *The Sacred Dance*.
8. John Stainer, *Music of the Bible* (Nova York: H. W. Gray Co., 1879).
9. *The Jewish Encyclopedia,* Vol. 4, p. 425a, Nova York, 1901.
10. Adams e Apostolos-Cappadona, *Dance as Religious Studies*.
11. *The Catholic Encyclopedia* (Nova York: Knights of Columbus, 1913).
12. Raphael Patai, *The Hebrew Goddess* (Nova York: Avon Books, 1978).
13. Douglas-Klotz, *Desert Wisdom*.

14. Oesterley, *The Sacred Dance*.
15. Elizabeth A. Johnson, *She Who Is: The Mystery of God in Feminist Theological Discourse* (Nova York: Crossroad Publishing, 1994).
16. Lynn Gottlieb, *She Who Dwells Within: A Feminist Vision of a Renewed Judaism* (San Francisco: HarperSan Francisco, 1995).
17. Arthur Weiser, *The Psalms; a Commentary* (Filadélfia: The Westminster Press, 1962).
18. Walker, *The Woman's Encyclopedia of Myths and Secrets*.
19. Alan Unterman, *Dictionary of Jewish Lore & Legend* (Londres: Thames & Hudson, 1991).
20. *New English Bible* (Oxford University Press; Cambridge University Press, 1961).
21. Margaret Kinney e Troy West, *The Dance, Its Place in Art and Life* (Nova York: Frederick A. Stokes Co., 1924).
22. Sorell, *Dance in Its Time*.
23. Elaine Pagels, *The Gnostic Gospels* (Nova York: Vintage Book, 1979).
24. Willi Apel, *Harvard Dictionary of Music* (Cambridge, MA: Harvard University Press, 1972).
25. Sorell, *Dance in Its Time*.
26. Peter Buckman, *Let's Dance* (Middlesex, Inglaterra: Penguin Books, 1979).
27. Gloria Weyman e Lucien Deiss, "Movement and Dance as Prayer", *Liturgical Ministry*, primavera de 1993.
28. Malcolm Godwin, *Angels, an Endangered Series* (Nova York: Simon and Schuster, 1990).
29. Menestrier, *Des Ballet Anciens et Modernes* (Paris, 1682), como citado em Margaret Fisk-Taylor, *A Time to Dance* (Berkeley, CA: The Sharing Company, 1967), p. 113.
30. Kinney e West, *The Dance, Its Place in Art and Life*.
31. Margaret Taylor, "A History of Symbolic Movement in Worship", *in* Adams e Apostolos-Cappadona, *Dance as Religious Studies*.
32. Sorell, *Dance in Its Time*.
33. Adams e Apostolos-Cappadona, *Dance as Religious Studies*.
34. DeMille, *The Book of the Dance*.
35. Lonsdale, *Animals and the Origins of Dance*.
36. Raffe, *Dictionary of the Dance*.
37. Sachs, *World History of the Dance*.
38. Ibid.

39. Sorell, *Dance through the Ages*.
40. Louis Backman e E. Classen, trads., *Religious Dances in the Christian Church and in Popular Medicine* (Londres: Allen & Unwin, 1952).
41. Ibid.
42. Ibid.
43. Taylor, "A History of Symbolic Movement in Worship".
44. Alan Bleakley, *Fruits of the Moon Tree* (Bath, Inglaterra: Gateway Books, 1984).
45. Sorell, *Dance through the Ages*.
46. Raffe, *Dictionary of the Dance*.
47. William Ridgeway, *The Dramas and Dramatic Dance of Non-European Races* (Cambridge University Press, 1915).
48. Adams e Apostolos-Cappadona, *Dance as Religious Studies*.
49. Raffe, *Dictionary of the Dance*.
50. Ibid.
51. Ann Wagner, *Adversaries of Dance, From the Puritans to the Present* (Chicago: University of Illinois Press, 1997).
52. Jane Litman, "How to Get What We Want by the Year 2000," *Lilith*, Nº 7, 1980.
53. *Dance*, dezembro de 1996.
54. Thomas A. Kane, vídeo: "The Dancing Church: Video Impressions of the Church in Africa", disponível na Paulist Press.
55. Carlynn Read, *And We Have Danced: A History of the Sacred Dance Guild 1958-1978* (Berkeley, CA: The Sharing Company, 1978).

CAPÍTULO 4

1. Walker, *The Woman's Dictionary of Symbols and Sacred Objects*.
2. Gay Morris, "Subversive Strategies", *in The Hard Nut* (Proceedings, Society of Dance History Scholars, 1994) [Trabalhos da Society of Dance History Scholars, 1994].
3. Rabbi Lynn Gottlieb, *She Who Dwells Within: A Feminist Vision of a Renewed Judaism* (San Francisco: HarperSan Francisco, 1995).
4. Armen Ohanian, *The Dancer of Shamahka*, trad. de Rose Wilder Lane (Nova York: E. P. Dutton, 1923).
5. La Meri (Hughes), *Total Education in Ethnic Dance*.
6. Caroline Varga Dinicu, "Belly Dancing and Childbirth", *Sexology*, abril de 1965, e *Dance Pages*, inverno de 1984.

7. Tama-Do ("The Way of the Soul") é o trabalho de Fabien Maman, francês, mestre espiritual, músico e praticante de artes marciais, como informado em *Gnosis*, primavera de 1993, "Esoteric Sound and Color" de autoria de Jeff Chitouras.
8. Alfred A. Tomatis, *The Conscious Ear, My Life of Transformation through Listening* (Barrytown, NY: Station Hill Press, 1991).
9. Walker, *The Woman's Dictionary of Symbols and Sacred Objects*.
10. Tomatis, *The Conscious Ear*.
11. William Irwin Thompson, *The Time Falling Bodies Take to Light* (Nova York: St. Martin's Press, 1981).
12. Paul Madaule, *When Listening Comes Alive: A Guide to Effective Learning and Communication* (Norval, Ontário, Canadá: Moulin Publishing, 1994).
13. Buonaventura, *Belly Dancing: The Serpent and the Sphinx*.
14. Karen Andes, *A Woman's Book of Power: Using Dance to Cultivate Energy and Health in Mind, Body and Spirit* (Nova York: Berkeley Publishing Group, 1998).
15. *Encyclopedia of Islam* 1960, de acordo com a referência de Magda Saleh, Ph.D., *Arabesque*, Vol. 19, Nº 2, julho–agosto de 1993: "The Ghawazi of Egypt, A Preliminary Report".
16. Carolina Varga Dinicu, "Dance as Community Identity Among Selected Berber Nations of Morocco", Proceedings of the Society of Dance History Scholars Joint Conference with The Congress on Research in Dance [Trabalhos da Conferência Conjunta da Society of Dance History Scholars com o Congress on Research in Dance], Nova York, junho de 1993, p. 63.
17. Sachs, *World History of the Dance*.
18. Lonsdale, *Animals and the Origins of Dance*.
19. Sachs, *World History of the Dance*.
20. Jamila Salimpour, *From Cave to Cult to Cabaret* (publicado pela autora, 1978).
21. Jean Shinoda Bolen, M.D., *Crossing to Avalon* (San Francisco: HarperSan Francisco, 1994).

CAPÍTULO 5

1. Taj Inayat, *The Crystal Chalice: Spiritual Themes for Women* (Santa Fe, NM: Sufi Order Pub., 1981).
2. Leona Wood, "Danse Du Ventre: A Fresh Appraisal", *Arabesque*, Vol. 5, Nº 6, março–abril de 1980.

3. Edward William Lane, *An Account of the Manners and Customs of the Modern Egyptians* (1860; reedição, Nova York: Dover Publications, 1973).
4. Gimbutas, "Women and Culture in Goddess-Oriented Old Europe".
5. Gimbutas, *The Language of the Goddess*.
6. Ibid.
7. Nor Hall, *The Moon and the Virgin*.
8. Eliade, *The Forge and the Crucible* (Nova York: Harper & Row, 1971).
9. Monica Sjoo e Barbara Mor, *The Great Cosmic Mother: Rediscovering the Religion of the Earth* (San Francisco: Harper & Row, 1987).
10. Gimbutas, *The Language of the Goddess*.
11. Kerenyi, *Eleusis*.
12. Jamila Salimpour, *From Cave to Cult to Cabaret* (São Francisco, 1979).
13. Walker, *The Woman's Dictionary of Symbols and Sacred Objects*.
14. Mardi Rollow, "The Tunisian Experience", *Arabesque*, Vol. 5, Nº 1, maio de 1979.
15. Ajit Mookerjee, *Kali: The Feminine Force* (Rochester, VT: Destiny Books, 1988).
16. L. Basham, *The Wonder That Was India* (Nova York: Grove Press, 1959).
17. Van Donzel, org., *Encyclopaedia of Islam, II* (Kinderhook: Brill, 1996).
18. Jean-Paul Clebert, *The Gypsies* (Londres: Penguin Books, 1967).
19. Shahrukh Husain, *The Goddess* (Nova York: Little, Brown and Company, 1997).
20. Randy P. Conner, *Blossom of Bone* (San Francisco: HarperSan Francisco, 1993).
21. Mookerjee, *Kali*.
22. Robert Graves, *The Greek Myths*, Vols. 1 e 2 (Baltimore: Penguin Books, 1955).
23. Penelope Shuttle e Peter Redgrove, *The Wise Wound: Eve's Curse and Everywoman* (Nova York: Richard Marek, 1978).
24. Graves, *The Greek Myths*.
25. Raffe, *Dictionary of the Dance*.
26. Walker, *The Woman's Encyclopedia of Myths and Secrets*.
27. Shepsut, *Journey of the Priestess*.
28. Spretnak, *Lost Goddesses of Early Greece*.
29. Sabatino Moscati, *The Face of the Ancient Orient* (Nova York: Anchor Books, 1962).
30. E. Cirlot, *A Dictionary of Symbols* (Nova York: Philosophical Library, 1971).
31. Raffe, *Dictionary of the Dance*.
32. Walker, *The Woman's Dictionary of Symbols and Sacred Objects*.
33. Walker, *The Woman's Encyclopedia of Myths and Secrets*.

34. James Hall, *Dictionary of Subjects and Symbols in Art* (Nova York: Harper & Row, 1974).
35. Stone, *Ancient Mirrors of Womanhood*, Vol. 1 (Nova York: New Sibylline Books, 1979).
36. Ernst A. Heiniger e Jean Heiniger, *The Great Book of Jewels* (Lausanne, Suíça: Edita S.A., 1974).
37. Walker, *The Woman's Encyclopedia of Myths and Secrets*.
38. Ibid.
39. Freiburg Herder, *The Herder Dictionary of Symbols* (Wilmette, IL: Chiron Publications, 1986).
40. Buffie Johnson, *Lady of the Beasts* (San Francisco: Harper & Row, 1981).
41. Ibid.
42. Walker, *The Woman's Encyclopedia of Myths and Secrets*.
43. Monaghan, *The Book of Goddesses and Heroines*.
44. Gimbutas, *The Language of the Goddess*.
45. Ibid.
46. Herder, *The Herder Dictionary of Symbols*.
47. Walker, *The Woman's Encyclopedia of Myths and Secrets*.
48. *Hinduism Today*, agosto de 1990.

CAPÍTULO 6

1. William Hamilton, "The Best Body for Ballet", *Dance Magazine*, outubro de 1982.
2. Sorell, *Dance in Its Time*.
3. Katherine Dunham, *Island Possessed* (Nova York: Doubleday, 1969).
4. Selma Jeanne Choen, *Doris Humphrey: An Artist First* (Middletown, CT: Wesleyan University Press, 1972).
5. Martha Graham, *The Notebooks of Martha Graham* (Nova York: Harcourt, Brace, Jovanovich, 1973).
6. Graham, *Blood Memory* (Nova York: Washington Square Press, 1991).
7. Ibid.
8. Murshida Rabia Ana Perez-Chisti, "Autobiography—They Are by My Side", *Sufi Women: The Journey Towards the Beloved* (San Rafael, CA: International Association of Sufism, 1998).
9. Ericka Ostrovsky, *Eye of Dawn* (Nova York: Macmillan, 1978).
10. Tristram Potter Coffin, *The Female Hero in Folklore and Legend* (Nova York: Seabury Press, 1975).

11. Ruth St. Denis, *An Unfinished Life* (Nova York: Harper and Brothers, 1939).
12. La Meri (Hughes), *Total Education in Ethnic Dance*.
13. Joan L. Erdman, "Dance Discourses: Rethinking the History of the 'Oriental Dance'", Trabalhos, Society of Dance History Scholars, 1994.
14. Kamae A. Miller, org., *Wisdom Comes Dancing: Selected Writings of Ruth St. Denis on Dance, Spirituality and the Body* (Seattle, WA: PeaceWorks, International Network for the Dances of Universal Peace, 1997).
15. Perez-Chisti, "Autobiography: They Are by My Side".
16. St. Denis, *The Divine Dance*, org. Neil Douglas-Klotz (San Francisco: PeaceWorks Press, 1989).
17. St. Denis, *The Divine Dance*.
18. Suzanne Shelton, *Divine Dancer* (Nova York: Doubleday, 1981).
19. Carlynn Reed, *And We Have Danced: A History of the Sacred Dance Guild 1958-1978* (Richmond, CA: The Sharing Company, 1978).
20. Doug Adams e Diane Apostolos-Cappadona, *Dance As Religious Studies* (Nova York: Crossroad, 1990).
21. Joan Dexter Blackmer, *Acrobats of the Gods: Dance and Transformation* (Toronto: Inner City Books, 1989).
22. Carla DeSola, *The Spirit Moves: A Handbook of Dance and Prayer* (Berkeley, CA: The Sharing Company, 1986).
23. Laura Shannon, "Living Ritual Dance for Women: Journey out of Ancient Times", American Dance Therapy Association 27th Annual Conference Proceedings [Trabalhos da 27ª Conferência Anual da American Dance Therapy Association], Columbia, Maryland, outubro de 1992.
24. Shannon, "Living Ritual Dance: Dreaming the Past, Dancing the Future", American Dance Therapy Association 28th Annual Conference Proceedings [Trabalhos da 28ª Conferência Anual da American Dance Therapy Association], Atlanta, Georgia, outubro de 1993.
25. Isadora Duncan, *The Art of the Dance* (Nova York: Theatre Arts Books, 1928).

CAPÍTULO 7

1. Donna Wilshire, *Virgin, Mother, Crone: Myths and Mysteries of the Triple Goddess* (Rochester, VT: Inner Traditions, 1994).
2. Kerenyi, *Eleusis*.
3. Ibid.

4. W. M. Broner, *Naomi Nimrod, The Women's Haggadah* (San Francisco: HarperSan Francisco, 1994).

5. Lucy Goodison, *Death, Women and the Sun* (Londres: University of London, 1989).

CAPÍTULO 8

1. Gimbutas, *The Language of the Goddess*.
2. Starhawk, "Witchcraft and Women's Culture", *Womanspirit Rising*, org. Carol P. Christ e Judith Plaskow (San Francisco: HarperSan Francisco, 1992).
3. Gimbutas, *The Language of the Goddess*.
4. Lauren Artress, *Walking a Sacred Path: Rediscovering the Labyrinth As a Spiritual Tool* (Nova York: Riverhead Books, 1995).

CAPÍTULO 9

1. Joost A. M. Meerloo, M. D., *The Dance, From Ritual to Rock and Roll—Ballet to Ballroom* (Filadélfia: Chilton Co., 1960).
2. Raffe, *The Dictionary of the Dance*.
3. H. E. L. Mellersh, *Minoan Crete* (Nova York: G. P. Putnam, 1965).
4. *Dawn of the Gods*.
5. Raffe, *Dictionary of the Dance*.
6. Walker, *The Woman's Encyclopedia of Myths and Secrets*.
7. Sachs, *World History of the Dance*.
8. Raffe, *Dictionary of the Dance*.
9. Sjoo e Barbara Mor, *The Great Cosmic Mother*.
10. Gimbutus, *Language of the Goddess*.
11. Anna Ilieva e Anna Shturbanova, "Some Zoomorphic Images in Bulgarian Women's Ritual Danes in the Context of Old European Symbolism", *in* Joan Marler, org., *From the Realms of the Ancestors: An Anthology in Honor of Marija Gimbutas* (Manchester, CT: Knowledge, Ideas & Trends, Inc., 1997).

CAPÍTULO 10

1. Graham, *Blood Memory*.
2. DeMille, *The Book of the Dance*.
3. Kerenyi, *Eleusis*.
4. Ibid.
5. Gruber, "Ten Dance-Derived Expressions in the Hebrew Bible".

6. Ibid.
7. William Ridgeway, *The Dramas and Dramatic Dances of Non-European Races* (Londres: Cambridge Press, 1915).
8. Raffee, *Dictionary of the Dance*.
9. Ibid.
10. Lane, *An Account of the Manners and Customs of the Modern Egyptians*.
11. DeMille, *The Book of the Dance*.
12. Gruber, "Ten Dance-Derived Expressions in the Hebrew Bible".
13. Ibid.
14. Oesterley, *The Sacred Dance*.
15. Ruth Eshel, "Dance of the Ethiopian Jews", Proceedings of the Society of Dance History Scholars Joint Conference with the Congress on Research in Dance [Trabalhos da Conferência Conjunta da Society of Dance History Scholars e do Congress on Research in Dance], Nova York, junho de 1993.
16. *Encyclopedia of Religion and Ethics*.
17. Oesterley, *The Sacred Dance*.
18. Apel, *Harvard Dictionary of Music*.
19. Sachs, *World History of the Dance*.

CAPÍTULO 11

1. Mickey Hart, *Drumming at the Edge of Magic* (San Francisco: Acid Test Productions, 1998).
2. Tomatis, *The Conscious Ear*.
3. Heidrun Hoffman, workshop em Santa Cruz, Califórnia, 1994.

CAPÍTULO 12

1. Isadora Duncan, *The Art of the Dance*.
2. Heide Gottner-Abendroth, *The Dancing Goddess: Principles of a Matriarchal Aesthetic* (Boston: Beacon Press, 1992).
3. "Mystic Orders of the Middle East", *Habibi*, Vol. 7, Nº 8, 1983.
4. Meerloo, *The Dance: From Ritual to Rock and Roll*.
5. Bettina L. Knapp, "Islam and the Dance", *Arabesque*, Vol. 7, Nº 3, 1977.
6. Fatma El Masri, "The Zar: A Psychological Anthropological Study", *Arabesque*, Vol. 5, Nº 2, 1975.
7. Raffe, *Dictionary of the Dance*.

8. Carolina Varga Dinicu, "Dance as Community Identity Among Selected Berber Nations of Morocco: From the Ethereal and Sublime to the Erotic and Sexual". Apresentado em uma conferência conjunta do Congress on Research in Dance e da Society of Dance History Scholars, Nova York, 11 de junho de 1993.
9. Lisa Alpine, "Dancing the Divine", *Yoga Journal*, novembro–dezembro de 1990.
10. Gabrielle Roth, *Maps to Ecstasy: Teaching of an Urban Shaman* (Novato, CA: Nataraj Publishing, 1989).
11. Nahid Angha, Ph.D., cofundadora da International Association of Sufism e fundador da Sufi Women's Organization. A Dra. Angha é uma das principais autoras e tradutoras da literatura sufista da atualidade. Ela foi a primeira mulher designada para ensinar e realizar reuniões no Uwaiysi Tarighat.
12. Nahid Angha, *Principles of Sufism* (Freemont, CA: Asian Humanities Press, 1991).

CAPÍTULO 13

1. Kerenyi, *Eleusis*.
2. Ibid.
3. Raffe, *Dictionary of the Dance*.

CAPÍTULO 14

1. Hazrat Inayat Khan, *The Mysticism of Sound and Music* (Rockport, MA: Element, 1991).
2. Peg Streep, *Sanctuaries of the Goddess* (Boston: Little, Brown & Co., 1994).
3. Douglas-Klotz, *Desert Wisdom*.
4. Raffe, *Dictionary of the Dance*.

CAPÍTULO 15

1. As palavras e ideias desta seção vieram em formato de seminário e foram publicadas anteriormente no artigo "How to Dance – 11 Keys", de Wali Ali Meyer, citado em *Spiritual Dance and Walk: An Introduction to the Dances of Universal Peace and Walking Meditations of Samuel L. Lewis*, organizado por Neil Douglas-Klotz e Zarifah Demcho-Wagor (Fairfax, CA: PeaceWorks International Center for the Dances of Universal Peace, 1990). Direitos autorais registrados em 1978 pela Sufi Islamia Ruhaniat Society. Todos os direitos reservados. www.dancesofuniversalpeace.org

BIBLIOGRAFIA

Adams, Doug, e Diane Apostolos-Cappadona. *Dance as Religious Studies.* Nova York: Crossroad Publishing Co., 1993.

Alpine, Lisa. "Dancing The Divine." *Yoga Journal*, novembro–dezembro de 1990.

Andes, Karen. *A Woman's Book of Power: Using Dance to Cultivate Energy and Health in Mind, Body and Spirit.* Nova York: Berkeley Publishing Group, 1998.

Angha, Nahid. *Principles of Sufism.* Fremont, CA: Asian Humanities Press, 1991.

Apel, Willi. *Harvard Dictionary of Music.* Cambridge, MA: Harvard University Press, 1972.

Arntz, James e Sarah Lukinson, produtores. "In The Fiddler's House." Public Broadcasting System, 1995.

Artamonov, M. I. *The Splendor of Scythian Art.* Nova York: Frederick A. Praeger, 1969.

Ashe, Geoffrey. *The Virgin: Mary's Cult and the Re-Emergence of the Goddess.* Londres: Arkana, 1988.

Backman, E. Louis. *Religious Dances in the Christian Church and in Popular Medicine*, traduzido por E. Classen. Londres: George Allen & Unwin Ltd., 1952.

Balmer, Josephine. *Sappho: Poems and Fragments.* Secaucus, NJ: Meadowland Books, 1984.

Baring, Anne, e Jules Cashford. *The Myth of the Goddess: Evolution of an Image.* Middlesex, Inglaterra: Penguin, 1993.

Basham, A. L. *The Wonder That Was India.* Nova York: Grove Press, 1959.

Becatti, Giovanni. *The Art of Ancient Greece and Rome, From the Rise of Greece to the Fall of Rome*. Nova York: H. N. Abrams, 1967.

Blackmer, Joan Dexter. *Acrobats of the Gods, Dance and Transformation*. Toronto: Inner City Books, 1989.

Blakeslee, Sandra. "Behind the Veil of Thought." *New York Times*, 21 de março de 1995.

Bleakley, Alan. *Fruits of the Moon Tree*. Bath, England: Gateway Books, 1984.

Bolen, Jean Shinoda. *Crossing to Avalon*. San Francisco: HarperSan Francisco, 1994.

Boulding, Elise. *The Underside of History*. Boulder, CO: Westview Press, 1976.

Broner, W. M. e Naomi Nimrod. *The Women's Haggadah*. San Francisco: HarperSan Francisco, 1994.

Brow, Karen McCarthy. "Women's Leadership in Haitian Voudon." *Weaving the Visions: New Patterns in Feminist Spirituality*, organizado por Judith Plaskow e Carol P. Christ. San Francisco: HarperCollins, 1989.

Buckman, Peter. *Let's Dance*. Middlesex, Inglaterra: Penguin, 1979.

Budge, E. A. Wallis. *The Egyptian Book of the Dead (The Papyrus of Ani), Egyptian Text Transliteration and Translation*. 1895. Reedição, Nova York: Dover Publications, 1967.

Buonaventura, Wendy. *Belly Dancing: The Serpent and the Sphinx*. Londres: Virago Press Ltd., 1983.

Campbell, Joseph. *The Inner Reaches of Outer Space: Metaphor as Myth and as Religion*. Nova York: Alfred Van Der March Editions, 1986.

Capra, Fritjof. *The Tao of Physics*. Boulder, CO: Shambhala, 1975. [*O Tao da Física*, publicado pela Editora Cultrix, 1985.]

Casserly, Gordon. "The White City of Algiers." *National Geographic*, fevereiro de 1928, citado em *Arabesque*, Vol. 3, Nº 2, julho–agosto de 1977. *The Catholic Encyclopedia*. Nova York: Knights of Columbus, 1913.

Choen, Selma Jeanne. *Doris Humphrey: An Artist First*. Middletown, CT: Wesleyan University Press, 1972.

Chopra, Deepak. "Bliss and the Quantum Mechanical Human Body." *Mind/Body Connection*, verão de 1993.

———. *Perfect Health: The Complete Mind/Body Guide*. Nova York: Harmony Books, 1991.

Cirlot, J. E. *A Dictionary of Symbols*. Nova York: Philosophical Library, 1971.

Clause, Bonnie T., org. *Hula Historical Perspectives*. Honolulu: Department of Anthropology, Bernice Pauahi Bishop Museum, 1980.

Clebert, Jean-Paul. *The Gypsies*. Londres: Penguin Books, 1967.

Coffin, Tristram Potter. *The Female Hero in Folklore and Legend*. Nova York: Seabury Press, 1975.

Conner, Randy P. *Blossom of Bone*. San Francisco: Harper, 1993.

Coomaraswamy, Ananda K. *History of Indian and Indonesian Art.* 1927. Reimpressão, Nova York: Dover Publications, 1985.

Corley, Kathleen E. *Private Women, Public Meals: Social Conflict in the Synopic Tradition.* Peabody, MA: Hendrickson Publishers, Ltd., 1993.

De Lubac, Henri. *The Eternal Feminine.* San Francisco: Harper & Row, 1968.

DeMille, Agnes. *The Book of the Dance.* Nova York: Golden Press, 1963.

Desmonde, William H. *Money, Myth and Magic.* Nova York: Freepress of Glencoe, 1962.

DeSola, Carla. *The Spirit Moves: A Handbook of Dance and Prayer.* Berkeley, CA: The Sharing Company, 1986.

Dinicu, Carolina Varga. "Belly Dancing and Childbirth," *Sexology Magazine*, abril de 1965, e *Dance Pages Magazine*, inverno de 1984.

———. "Dance as Community Identity among Selected Berber Nations of Morocco." Proceedings, Society of Dance History Scholars Joint Conference with The Congress on Research in Dance [Trabalhos da Conferência Conjunta da Society of Dance History Scholars e do Congress on Research in Dance], Nova York, junho de 1993.

Donzel, E. Van, org. *Encyclopaedia of Islam, II.* Kinderhook: Brill Academic Pub., Inc., 1996.

Douglas-Klotz, Neil. *Desert Wisdom: Sacred Middle Eastern Writings from the Goddess through the Sufis.* San Francisco: HarperSan Francisco, 1995.

Dunham, Katherine. *Island Possessed.* Nova York: Doubleday, 1969.

Einzig, Paul. *Primitive Money.* Londres: Eyre Spattirwode, 1963.

El Guindy, Howaida e Claire Schmais. "The Zar: An Ancient Dance of Healing." *American Journal of Dance Therapy*, Vol. 16, Nº 2, outono–inverno de 1994.

Eliade, Mircea. *The Forge and the Crucible.* Nova York: Harper & Row, 1971.

———. *A History of Religious Ideas*, Vol. 1. Chicago: University of Chicago Press, 1978.

———. *Rites and Symbols of Initiation.* Dallas, TX: Spring Publications, 1994.

El Masri, Fatma. "The Zar, A Psychological Anthropological Study." *Arabesque*, novembro de 1975.

Encyclopedia of Islam, 1960, de acordo com referência de Magda Saleh, Ph.D., *Arabesque*, Vol. 19, Nº 2, julho/agosto de 1993: "The Ghawazi of Egypt, A Preliminary Report".

Erdman, Joan L. "Dance Discourses: Rethinking the History of the 'Oriental Dance.'" Proceedings, Society of Dance History Scholars, 1994 [Trabalhos da Society of Dance History Scholars].

Ergener, Resit. *Anatolia: Land of Mother Goddess.* Ankara: Hitit Publications, Inc., 1988.

Eshel, Ruth. "Dance of the Ethiopian Jews." Proceedings, Society of Dance History Scholars Joint Conference with the Congress on Research in Dance [Trabalhos da Conferência Conjunta da Society of Dance History Scholars e do Congress on Research in Dance], Nova York, junho de 1993.

Estes, Clarissa Pinkola. *Women Who Run with the Wolves*. Nova York: Ballantine Books, 1992.

Evans, Ivor H. *Brewer's Dictionary of Phrase and Fable*, 14. ed. Nova York: Harper & Row, 1989.

Fairservis, Walter A., Jr., *The Origins of Oriental Civilization*. Nova York: New American Library, 1959.

Farmer, Henry George. *The Music of Islam*, New Oxford History of Music. Londres: Oxford University Press, 1957.

Farrah, Ibrahim. "Dance Encyclopedia – The Guedra." *Arabesque*, julho–agosto de 1978.

Fiorenza, Elisabeth Schussler. *Bread Not Stone: The Challenge of Feminist Biblical Interpretation*. Boston: Beacon Press, 1984.

Flatischer, Reinhard. *TA KE TI NA: The Forgotten Power of Rhythm*. Berlim: LifeRhythm, 1992.

Frazer, Sir James. *The New Golden Bough*, organizado por Theodor H. Gaster. Nova York: Criterion Books, 1959.

Friedlander, Ira. *The Whirling Dervishes*. Nova York: Collier Books, 1975.

Frymer-Kensky, Tikva. *In the Wake of the Goddesses*. Nova York: Fawcett Columbine, 1992.

Ganesh, Indumathy. *Hinduism Today*, agosto de 1990.

Gaster, Theodor H. *Myth, Legend and Custom in the Old Testament*. Nova York: Harper & Row, 1969.

Gimbutas, Marija. *Civilization of the Goddess*. San Francisco: HarperSan Francisco, 1991.

———. *The Language of the Goddess*. San Francisco: Harper & Row, 1989.

———. "Women and Culture in Goddess-Oriented Old Europe." In *The Politics of Women's Spirituality*, editado por Charlene Spretnak. Nova York: Anchor Books, 1982.

Gleick, James. *Chaos: The Making of a New Science*. Nova York: Penguin, 1987.

Godwin, Malcolm. *Angels: An Endangered Species*. Nova York: Simon and Schuster, 1990.

Goldbert, Benjamin. *The Mirror and Man*. Charlottesville, VA: University Press of Virginia, 1985.

Goodison, Lucy. *Death, Women and the Sun*. Londres: University of London, 1989.

Gottlieb, Lynn. *She Who Dwells Within: A Feminist Vision of a Renewed Judaism*. San Francisco: HarperSan Francisco, 1995.

Gottner-Abendroth, Heide. *The Dancing Goddess: Principles of a Matriarchal Aesthetic*. Boston: Beacon Press, 1992.

Graham, Martha. *Blood Memory*. Nova York: Doubleday, 1991.

———. *The Notebooks of Martha Graham*. Nova York: Harcourt, Brace, Jovanovich, 1973.

Graves, Robert. *Greek Myths*. Londres: Penguin Books, 1981.

———. *The Greek Myths*, Vols. 1 e 2. Baltimore: Penguin Books, 1955.

Graves, Robert. *The White Goddess*. Nova York: Farrar, Straus and Giroux, 1992.

Gray, Laurel. *Habibi*, Vol. 7, Nº 9, 1994.

Hall, James. *Dictionary of Subjects and Symbols in Art*. Nova York: Harper & Row, 1974.

Hall, Nor. *The Moon and the Virgin: Reflections on the Archetypal Feminine*. Nova York: Harper & Row, 1980.

Halprin, Anna. *Moving Toward Life*. Hanover, NH: University Press of New England, 1995.

Harding, Karol Henderson. "The World's Oldest Dance: The Origins of Oriental Dance." *Society for Creative Anachronism*, Nº 70, novembro de 1993.

Hart, Mickey. *Drumming at the Edge of Magic*. San Francisco: Acid Test Productions, 1998.

―――― e Fredrick Lieberman. *Planet Drum: A Celebration of Percussion and Rhythm*. San Francisco: HarperSan Francisco, 1991.

Hastings, James, org. *Encyclopaedia of Religion and Ethics,* Vol. 6. Nova York: Charles Scribner's Sons, 1926.

Hawkes, Jacquetta. *Dawn of the Gods: Minoan and Mycenean Origins of Greece*. Nova York: Random House, 1968.

Heiniger, Ernst A. e Jean Heiniger. *The Great Book of Jewels*. Lausanne, Suíça: Edita S.A., 1974.

Herder, Freiburg. *The Herder Dictionary of Symbols*. Wilmette, IL: Chiron Publications, 1978.

Hirsch, E. G. "Dancing: Biblical Data." *The Jewish Encyclopedia,* Vol. 4. Nova York, 1901, p. 425a.

Hitouras, Jeff. "Esoteric Sound and Color." *Gnosis*, primavera de 1993.

Humes, Edward. "Expert Finds Genes Carry a Tune." *Sacramento Bee*, January 8, 1988.

Husain, Shahrukh. *The Goddess*. Nova York: Little, Brown and Company, 1997.

Ilieva, Anna e Anna Shturbanova. "Zoomorphic Images in Bulgarian Women's Ritual Dances in the Context of Old European Symbolism", *From the Realms of the Ancestors: An Anthology in Honor of Marija Gimbutas*, organizado por Joan Marler. Manchester, CT: Knowledge, Ideas & Trends, Inc., 1997.

Jaffrey, Madhur. "A Total Theatre Filled with Dance, Music and Myth." *Smithsonian Magazine,* junho de 1979.

Jobes, Gertrude. *Dictionary of Mythology, Folklore, and Symbols*. Nova York: The Scarecrow Press, Inc., 1962.

Johnson, Buffie. *Lady of the Beasts: The Goddess and Her Animals*. Rochester, VT: Inner Traditions International, **1994.**

Johnson, Elizabeth A. *She Who Is: The Mystery of God in Feminist Theological Discourse*. Nova York: Crossroad Publishing, 1994.

Juvenal. *Satire, Juvenal and Persius*. Nova York: Putnam, 1924.

Kane, Thomas A. "The Dancing Church: Video Impressions of the Church in Africa." Videotape. Mahwah, NJ: Paulist Press.

Khan, Hazrat Inayat. *The Music of Life*. New Lebanon, NY: Omega Publications, Inc., 1988.

———. *The Mysticism of Sound*. Genebra: International Sufi Movement, 1979.

———. *The Mysticism of Sound and Music*. Rockport, MA: Element, 1991.

Kerenyi, Carl. *Eleusis*. Princeton, NJ: Princeton University Press, 1967.

Kieran, John. *The Story of the Olympic Games, 1936*. Nova York: Lippincott, 1948.

Kinney, Margaret, e Troy West. *The Dance: Its Place in Art and Life*. Nova York: Frederick A. Stokes Co., 1924.

Kirk, Martha Ann. "Biblical Women and Feminist Exegesis: Woman Dancing Men's Ideas of Women Dancing Women." *Dance as Religious Studies*, organizado por Doug Adams e Diane Apostolos-Cappadona. Nova York: Crossroad, 1993.

———. "Mystic Orders of the Middle East." *Habibi*, Vol. 7, Nº 8, 1983.

Knapp, Betinna L. "The Classical Dance of Iran." *Arabesque*, novembro–dezembro de 1978.

———. "Islam and the Dance." *Arabesque*, Vol. 7, Nº 3, 1982.

La Meri (Russell Meriwether Hughes). "Learning the Danse du Ventre." *Dance Perspectives Magazine*, primavera de 1961.

———. *Total Education in Ethnic Dance*. Nova York: Marcel Dekker, Inc., 1977.

Lane, Edward William. *An Account of the Manners and Customs of the Modern Egyptian*. 1836. Reedição, Nova York: Dover Publications, 1973.

La Plante, John D. *Asian Art*. Dubuque, IA: Wm. C. Brown Company, 1968.

Lawler, Lillian B. *The Dance of the Ancient Greek Theatre*. Iowa City: University of Iowa Press, 1964.

Lederer, Wolfgang. *The Fear of Women*. Nova York: Harcourt Brace Jovanovich, 1968.

Lewis, I. M. *Ecstatic Religion*. Londres: Routledge, 1989.

Litman, Jane. "How to Get What We Want by the Year 2000." *Lilith*, Vol. 7, 1980.

Lonsdale, Steven. *Animals and the Origin of Dance*. Nova York: Thames & Hudson, 1981.

Madaule, Paul. *When Listening Comes Alive: A Guide to Effective Learning and Communication*. Norval, Ontário: Moulin Publishing, 1994.

Malm, William P. *Japanese Music and Musical Instruments*. Tóquio: Charles E. Tuttle Co., 1959.

Martial. *Epigrams*. Cambridge, MA: Harvard University Press, 1947.

Martins, John. *Book of the Dance*. Nova York: Tudor Publishing Company, 1963.

McGinnis, Ann Cain. "Women and Music." *Heresies Magazine*, Vol. 10, 1984.

Meerloo, Joost A. M. *The Dance: From Ritual to Rock and Roll, Ballet to Ballroom*. Filadélfia: Chilton, 1960.

Mellersh, H. E. L. *Minoan Crete*. Nova York: G. P. Putnam, 1965.

Menestrier. *Des Ballet Anciens et Modernes* (Paris, 1682). *In* Margaret Fisk-Taylor, *A Time to Dance*. Berkeley, CA: The Sharing Company, 1967.

The Merriam-Webster New Book of Word Histories. Springfield, MA. Merriam-Webster, 1991.

Miller, Kamae A. *Wisdom Comes Dancing: Selected Writings of Ruth St. Denis on Dance, Spirituality and the Body.* Seattle: PeaceWorks, International Network for the Dances of Universal Peace, 1997.

Mills, Jane. *Womanwords: A Dictionary of Words About Women.* Nova York: Free Press, 1992.

Monaghan, Patricia. *The Book of Goddesses and Heroines.* St. Paul, MN: Llewellyn Publications, 1990.

Mookerjee, Ajit. *Kali: The Feminine Force.* Rochester, VT: Destiny Books, 1988.

Moscati, Sabatino. *The Face of the Ancient Orient.* Nova York: Anchor Books, 1962.

Murphy, Joseph M. *Working the Spirit: Ceremonies of the African Diaspora.* Boston: Beacon Press, 1994.

Nadeau, R. *News & Views.* Cerritos, CA: Nadeau Test & Treatment Center, abril de 1993.

New English Bible. Londres: Oxford University Press; Cambridge University Press, 1961.

Nicholson, Renold A. *A Literary History of the Arabs.* Londres: Cambridge University Press, 1956.

Nieuwkerk, Karin van. *A Trade Like Any Other: Female Singers and Dancers in Egypt.* Austin, TX: University of Texas Press, 1995.

Oesterley, W. O. E. *The Sacred Dance: A Study in Comparative Folklore.* Nova York: Macmillan, 1923. Reeditado em 1960, *Dance Horizons*, Brooklyn, NY.

Ohanian, Armen. *The Dancer of Shamahka*, traduzido do francês por Rose Wilder Lane. Nova York: E. P. Dutton & Co., 1923.

Ostrovsky, Ericka. *Eye of Dawn.* Nova York: Macmillan, 1978.

Ozelsel, Michaela. *Forty Days: The Diary of a Traditional Solitary Sufi Retreat.* Brattleboro, VT: Threshold Books, 1994.

Padel, Ruth. "Women: Model for Possession by Greek Daemons." *Images of Women in Antiquity,* editado por Averil Cameron e Amelie Kuhrt. Detroit: Wayne State University Press, 1983.

Pagels, Elaine. *The Gnostic Gospels.* Nova York: Vintage Books, 1979.

Patai, Raphael. *The Hebrew Goddess.* Nova York: Avon Books, 1967.

Payne, Robert. *Lost Treasures of the Mediterranean World.* Nova York: Thomas Nelson & Sons, 1962.

Perez-Chisti, Murshida Rabia Ana. "Autobiography: They Are by My Side." *Sufi Women: The Journey Towards the Beloved.* San Rafael, CA: International Association of Sufism, 1998.

Plaskow, Judith e Carol P. Christ. *Weaving the Visions: New Patterns in Feminist Spirituality.* San Francisco: HarperCollins, 1989.

Pomeroy, Sarah B. *Goddesses, Whores, Wives and Slaves.* Nova York: Schocken Books, 1974.

Prajnanananda, Swami. *Historical Development of Indian Music.* Calcutá: Firma K.L. Mukhopadhyay, 1973.

Qualls-Corbett, Nancy. *The Sacred Prostitute.* Toronto: Inner City Publishers, 1988.

Raffe, W. G. *Dictionary of the Dance.* Nova York: A. S. Barnes and Company, 1975.

Ranke-Heinemann, Uta. *Putting Away Childish Things.* San Francisco: HarperSan Francisco, 1994.

Rawson, A. L. *The Comprehensive Pronouncing Bible Dictionary.* Filadélfia: A. J. Holman & Co., 1872.

Redmond, Layne. *When the Drummers Were Women: a Spiritual History of Rhythm.* Nova York: Three Rivers Press, 1997.

Reed, Carlynn. *And We Have Danced: a History of the Sacred Dance Guild 1958-1978.* Richmond, CA: The Sharing Company, 1978.

Ridgeway, William. *The Dramas and Dramatic Dance of Non European Races.* Nova York: Benjamin Blom, Inc., 1964.

Roth, Gabrielle. *Maps to Ecstasy: Teachings of an Urban Shaman.* Novato, CA: Nataraj Publishing, 1989.

Sachs, Curt. *World History of the Dance.* Nova York: W. W. Norton & Co., 1937 e 1965.

St. Denis, Ruth. *The Divine Dance*, org. Neil Douglas-Klotz. San Francisco: PeaceWorks Press, 1989.

———. *An Unfinished Life.* Nova York: Harper and Brothers, 1939.

Saleh, Magda Ahmed Abdel. *A Documentation of the Ethnic Dance Traditions of the Arab Republic of Egypt.* Ann Arbor, MI: University Microfilms International, 1980.

———. "Egypt Dances." Tese de doutorado em forma de filme, Nova York: Library for the Performing Arts, 1979.

Salimpour, Jamila. *From Cave to Cult to Cabaret.* San Francisco: publicado pelo autor, 1979.

Sandel, S., S. Chaiklin e A. Lohn. *Foundations of Dance/Movement Therapy: The Life and Work of Marian Chace.* Columbia, MD: The Chace Foundation, 1993.

Schwartz, Charles. *Money Symbolism: The Psychological Standards of Value That Back Money.* Unpublished thesis, Zurique: Instituto C. G. Jung, 1978.

Seltman, Charles. *Women in Antiquity.* Nova York: Thames & Hudson, 1956.

Shelton, Suzanne. *Divine Dancer.* Nova York: Doubleday, 1981.

Shepsut, Asia. *Journey of the Priestess.* San Francisco: HarperCollins, 1993.

Shuttle, Penelope, e Peter Redgrove. *The Wise Wound: Eve's Curse and Everywoman*. Nova York: Richard Marek, 1978.

Sjoo, Monica, e Barbara Mor. *The Great Cosmic Mother: Rediscovering the Religion of the Earth*. San Francisco: Harper & Row, 1987.

Smith, Donna Lea. "Morocco and its Dances." *Arabesque,* dezembro de 1982.

Sorell, Walter. *Dance in Its Time*. Garden City, NY: Anchor Press, Doubleday, 1981.

———. *Dance through the Ages*. Nova York: Grosset and Dunlap, 1967.

Spretnak, Charlene. *Lost Goddesses of Early Greece*. Boston, MA: Beacon Press, 1981.

Stainer, John. *Music of the Bible*. Nova York: H. W. Gray Co., 1879.

Starhawk. *The Spiral Dance*. San Francisco: Harper & Row, 1979.

Stone, Merlin. *Ancient Mirrors of Womanhood,* Vol. I. Nova York: New Sibylline Books, 1979.

———. *Ancient Mirrors of Womanhood,* Vol. II: *Our Goddess and Heroine Heritage*. Nova York: New Sibylline Books, 1979.

———. *When God Was a Woman*. Nova York: Harcourt Brace Jovanovich, 1976.

Streep, Peg. Sanctuaries of the Goddess. Boston: Little, Brown & Co., 1994.

Taggart, James. *Enchanted Maidens: Gender Relations in Spanish Folktales of Courtship and Marriage*. Princeton, NJ: Princeton University Press, 1990.

Taj, Inayat. *The Crystal Chalice: Spiritual Themes for Women*. Santa Fe, NM: Sufi Order, 1981.

Tannahill, Rea. *Sex in History*. Lanham, MD: Scarborough House, 1992.

Taylor, Margaret. "A History of Symbolic Movement in Worship." *Dance as Religious Studies*, organizado por Doug Adams e Diane Apostolos-Cappadona. Nova York: Crossroad, 1993.

Teubal, Savina J. *Sarah the Priestess: The First Matriarch of Genesis*. Athens, OH: Ohio University Press, 1984.

Thiel-Cramér, Barbara. *Flamenco: The Art of Flamenco: Its History and Development Until Our Days*. Remark, Suécia: Lidingö, 1991.

Thompson, William Irwin. *The Time Falling Bodies Take to Light*. Nova York: St. Martin's Press, 1981.

Thorsten, Geraldine. *The Goddess in Your Stars: The Original Feminine Meanings of the Sun Signs*. Nova York: Simon and Schuster, 1989.

Tomatis, Alfred A. *The Conscious Ear: My Life of Transformation through Listening*. Tarrytown, NY: Station Hill Press, 1991.

Tyrrel, William Blake. *Amazons: A Study in Athenian Mythmaking*. Baltimore: Johns Hopkins University Press, 1984.

Unterman, Alan. *Dictionary of Jewish Lore and Legend*. Londres: Thames & Hudson, 1991.

Van der Lewiv, Gerardus. *Sacred and Profane Beauty: The Holy in Art*. Londres: Weidenfeld & Nicolsen, 1963.

Wagner, Ann. *Adversaries of Dance: From the Puritans to the Present*. Chicago: University of Illinois Press, 1997.

Walker, Barbara G. *The Woman's Dictionary of Symbols and Sacred Objects*. San Francisco: HarperSan Francisco, 1988.

———. *The Woman's Encyclopedia of Myths and Secrets*. San Francisco: HarperSan Francisco, 1983.

Warner, Marina. *Alone of All Her Sex: The Myth and the Cult of the Virgin Mary*. Nova York: Wallaby, Pocket Books, 1976.

Warner, Rex, org., *Encyclopedia of World Mythology*. Nova York: Galahad Books, 1975.

Waters, Frank. *Book of the Hopi*. Nova York: Penguin Books, 1972.

Weiser, Artur. *The Psalms: A Commentary*. Filadélfia: Westminster Press, 1962.

Weyman, Gloria, e Lucien Deiss. "Movement and Dance as Prayer." *Liturgical Ministry*, Vol. 2, primavera 1993.

Wild, Henri. "Les Danses Sacrees de l'Egypt Ancienne." Paris, 1963. Citado em *Arabesque*, Vol. 7, Nº 1, maio/junho de 1981.

Wilshire, Donna. *Virgin, Mother, Crone: Myths and Mysteries of the Triple Goddess*. Rochester, VT: Inner Traditions International, 1994.

Wiora, Walter. *The Four Ages of Music*. Nova York: W. W. Norton & Co., 1965.

Woisen, Marie-Gabriele. "The Divine Mother Dances." *Arabesque*, Vol. 9, Nº 4, janeiro–fevereiro de 1984.

———. *Sacred Dance: Encounter with the Gods*. Londres: Thames & Hudson, 1974.

Wood, Leona. "Danse du Ventre: A Fresh Appraisal." *Arabesque*, Vol. 5, Nº 6, março–abril de 1980.

Yagan, Murray. "Sufism and the Source." *Gnosis*, inverno de 1994.

Young, Serenity. *An Anthology of Sacred Texts by and About Women*. Nova York: Crossroad, 1993.

Zolla, Elemire. *The Androgyne: Reconciliation of Male and Female*. Nova York: Crossroad, 1981.

Zukav, Gary. *The Dancing Wu Li Masters: An Overview of the New Physics*. Nova York: Bantam, 1979.